KB232726

재일코리안 디아스포라 문학

저자

임채완 전남대학교 정치외교학과 교수, 전남대학교 세계한상문화연구단 단장, 정치사회학 박사

임영언 전남대학교 세계한상문화연구단 전임연구원, 사회학 박사

허성태 조선대학교 러시아어과 교수, 문학 박사

홍현진 전남대학교 문헌정보학과 교수, 문헌정보학 박사

전남대학교 세계한상문화연구 4차 총서 **7**

재일코리안 디아스포라 문학

2012년 7월 25일 초판 인쇄
2012년 7월 30일 초판 발행

지은이 | 임채완 임영언 허성태 홍현진
펴낸이 | 이찬규
펴낸곳 | 북코리아
등록번호 | 제03-01240호
주소 | 462-807 경기도 성남시 중원구 상대원동 146-8
　　　우림2차 A동 1007호
전화 | 02) 704-7840
팩스 | 02) 704-7848
이메일 | sunhaksa@korea.com
홈페이지 | www.bookorea.co.kr
ISBN | 978-89-6324-102-9 (94020)
　　　978-89-6324-095-4 (전9권)

값 18,000원

· 본서의 무단복제를 금하며, 잘못된 책은 구입처에서 바꾸어 드립니다.
· 이 도서의 국립중앙도서관 출판시도서목록(CIP)은 e-CIP홈페이지(http://www.nl.go.kr/ecip)와
국가자료공동목록시스템(http://www.nl.go.kr/kolisnet)에서 이용하실 수 있습니다.
(CIP제어번호: CIP2012004697)
· 이 총서는 2007년도 한국연구재단의 기초연구과제지원(인문사회분야)에 의하여 연구되었음(KRF-2007-322-H00001).

전남대학교 세계한상문화연구 4차 총서 7

재일코리안 디아스포라 문학

Literature of Japanese–Korean Diasporas

임채완 임영언 허성태 홍현진 지음

북코리아

이 총서는 전남대학교 세계한상문화연구단이 2007년 8월부터 2010년 7월까지 수행한 한국연구재단 기초연구과제 "근현대 한인디아스포라 지식자원 발굴과 DB 구축" 사업의 연구 결과를 담은 것이다. 이 연구의 목적은 재외한인이 생산한 문헌정보자원(도서, 신문 등)의 발굴, 수집, 그리고 체계적인 정리와 데이터베이스(DB)화를 통해 자료의 영구보존과 학술적 활용체계를 갖추는 데 있다.

근대 한민족 역사에서 발생한 정치·사회적 급변은 우리 민족이 생산한 수많은 지적·문화적 유산들을 망실하게 하였다. 또한 재외한인이 집단적으로 거주한 지역에서도 이들이 생산한 많은 자료들 역시 관리 소홀과 체계적 정리의 미흡으로 망실되었다. 이러한 현실 인식을 바탕으로 우리 연구단은 해외 한민족 이주 100년사를 정리하는 중요한 학문적 접근의 하나로 그동안 생성된 해외 한민족의 지식자원을 발굴하고 이를 학문적으로 활용할 수 있도록 체계적 정리작업을 수행하였다.

현재 연구결과는 이미 DB화되어 있으며, 그 가운데 중요한 내용은 이 분야에 관심 있는 연구자와 후학들을 위하여 총서로 출판하게 되었다. 총 9권으로 구성된 이번 4차 총서의 내용은 다음과 같다. 즉『재일코리안 디아스포라 문화콘텐츠』,『근현대 중국 조선족 문헌집』,『중국 조선족 교육자료 해제』,『연해주 고려인의 법과 생활 그리고 교육(1920~30년대)』,『연변조선족 기업의 형성사』,『중앙아시아 고려인 지식자원 해제』,『재일코리안 디아스포라 문학』,『이미지로 보는 한인디아스포라와 한반도』,『흑룡강성 조선족 기업의 성장과 기업가정신』등이다.

연구의 내용은 구체적으로 러시아, 중앙아시아, 중국 지역에 한인디아스포라가 이주한 이후 1990년대까지 100년 동안 생산된 문헌정보자원의 핵심원문정보를 수집·정리하여 메타데이터를 작성하고 데이터베이스를 구축하는 것이다.

연구단은 사업기간 3년 동안 5개 국가, 50여 곳의 기록보관소와 도서관 및 언론사 등을 대상으로 자료조사를 수행하였다. 방문조사 지역은 러시아의 모스크바, 페테르부르크, 연해주, 사할린 지역의 국립도서관, 역사문서보관소, 대학도서관, 그리고 한인언론사 등이다. 또한 중앙아시아 지역은 우즈베키스탄, 카자흐스탄, 그리고 키르기즈스탄의 국립도서관, 국립중앙기록보존소, 대학도서관 등이다. 특히 카자흐스탄에서는 고려신문 등 한인언론사도 방문하였다. 중국 지역 조사대상은 길림성, 흑룡강성, 요령성, 그리고 북경 지역의 민족도서관, 대학도서관, 민족출판사, 연변일보 등 한인언론사 등이다. 재외한인 관련 자료 가운데 희귀한 것들은 개인이 소장하고 있는 경우가 많기 때문에, 시간이 촉박함에도 불구하고 일일이 개별방문을 통하여 개인 소장 자료들을 수집하였다.

지난 3년간 수집한 자료는 다음과 같다. 중국 지역에서 단행본 3,686건, 저널 3,449건, 신문 5,426건, 러시아 지역에서 단행본 2,327건, 논문 506건, 신문 1,964건, 그리고 중앙아시아 지역에서 단행본 1,167건, 논문 249건, 저널 494건, 신문 394건을 수집하였다. 제3차년도 한 해 동안 수집한 일본 지역 자료는 단행본 1,210건, 저널 226건, 신문 465건 등이다.

이러한 사업의 성과는 학술적으로 학문후속세대에게 귀중한 토대자료를 제공하고, 재외한인이 남긴 지적 유산을 영구 보존함과 동시에 교육적 활용 체계를 구축하는 데 그 의의가 있다. 또 구체적인 조사결과는 재외한인이 거주하는 국가의 초기 이주사를 비롯하여 재외한인들의 생활상, 사회상, 그리고 문화활동 등을 담고 있으므로 재외한인 연구의 귀중한 자료로 활용될 수 있을 것이다. 특히 거주국 재외한인과 관련하여 어떠한 자료가 어디에 어느 정도 있는지 소상히 밝혀 줌으로써 재외한인 관련 문헌자료에 대한 정보를 제공하는 데 큰 의의를 갖는다. 수집된 자료 중에는 거주국과 모국과의 관계를 엿볼 수 있는 자료도 포함되어 있어 지구화시대 국제경쟁력을 제고하는 데 기여할 수 있을 것이다.

9권으로 구성된 이번 총서는 전남대학교 세계한상문화연구단이 그동안 출판한 33권의 총서에 이어서 발간되는 네 번째 시리즈이다. 이번 4차 총서 역시 재외동포 연구자들에게 귀중한 자료로 활용되어 한국연구재단이 추구하는 사업성과의 사회적 확산이라는 사업목적에 부응할 수 있었으면 한다. 특히 재외동포학 또는 디아스포라학의 심화를 위하여 열심히 연구하고 있는 학문후속세대에게도 재외한인 사회와 문화연구에 큰 도움이 되기를 바란다.

총서 발간을 위하여 성원과 협조를 아끼지 않은 모든 분들께 이 기회를 빌려 깊은 감사의 마음을 전한다. 지난 3년간 현지 조사과정에서 많은 도움을 주신 관련 단체, 연구자, 현지 조력자들의 노고에 감사드린다. 그리고 이번 연구가 원활하게 수행될 수 있도록 배려해 주신 한국연구재단, 전남대학교 산학연구처에 진심으로 감사드린다. 특히 현지에서 연구조사를 수행한 연구원은 누구도 가지 않은 전인미답의 길을 개척하는 심정으로 현지조사에 최선을 다하여 임하였다. 또한 자료 복사의 시설과 조건이 너무도 열악하였으며, 자료의 열람 자체가 험난한 과정의 연속이었기 때문에 조사기간

동안 열성을 다하여 유종의 미를 거둔 연구원들의 노고에 진심으로 감사드린다. 끝으로 총서 출간을 위하여 애쓰신 북코리아 이찬규 사장님께도 심심한 사의를 표한다.

2012년 7월

전남대학교 세계한상문화연구단장 임채완

1960년대 후반부터 한국인의 미국 및 서구 국가로의 대량 이민과 1990년대 초기부터 한국 정부가 중국 및 독립국가연합(CIS)과 국교를 정상화함에 따라 재외동포는 한국과 점점 밀접한 관계를 유지하게 되었다. 이러한 과정에서 한국 내에서 재외동포에 관한 연구가 점차 활성화되었다. 1980년대 미국에서는 재외동포를 연구하는 한국계 학자들이 많았으며 일본에서도 재일동포를 연구하는 한국계 및 일본계 학자들이 상당히 있었다. 하지만 사회과학이 별로 발달하지 못했던 중국과 독립국가연합에서의 재외동포 연구는 한국 소재 대학과 학자들의 몫이었다. 한국에서는 그동안 재외동포를 연구하는 학자의 수가 급격히 증가했으며 전문연구소도 여러 개 설립되었다.

한국의 재외동포 연구소 중 지금까지 제일 큰 규모의 연구진을 구성하여 가장 큰 연구업적을 이룬 기관은 단연 전남대학교 세계한상문화연구단과 연구자 양성기관인 디아스포라학과이다. 세계한상문화연구단은 2002년 설립 이후 세계한상과 글로벌 디아스포라 연구를 통해 700만 한인디아스포라를 민족 자산으로 활용할 수 있는 대안과 구체적인 실천 방법을 모색하기 위해 노력해 왔다. 그동안 세계한상문화연구단은 어떠한 다른 연구소보다 월등히 많은 연구비를 한국연구재단으로부터 지원받아 세계 여러 나라에 흩어져 있는 재외동포와 그곳 동포사회의 구조에 대해서 다방면으로 연구해 왔다. 그 결과 33권이나 되는 거대한 분량의 책을 발간하기도 했다.

전남대학교 세계한상문화연구단이 이번에는 "근현대 한인디아스포라 지식자원 발굴과 DB 구축"의 연구 성과를 집약해서 총서로 발간하게 되었다. 재외동포를 연구하는 학자로서 임채완 교수와 연구단의 다른 관련 교수 및 연구원들에게 이 책의 출판에 대해서 심심한 축하를 보낸다. 총 9권으로 구성된 연구총서는 지난 2007년 8월부터 3년간 한국연구재단의 지원을 받아 수행된 결과이다. 이 책의 내용은 19세기 후반부터 1990년대까지 100년간 중국, 러시아, 중앙아시아 국가와 일본 등지로 이주한 한인디아스포라들에 의해 생산된 도서와 신문들 중 학술적 가치, 활용도가 높은 문화자원을 중심으로 발굴·수집하여 이들의 해제 및 소개에 중점을 두고 있다. 9권의 책 내용을 훑어보니 모두 중요해 보이는데, 특히『근현대 중국조선족 문헌집』, 『재일코리안 디아스포라 문화콘텐츠』및『중앙아시아 고려인 지식자원 해제』는 현지 동포를 연구하는 학자들에게 매우 중요한 자료가 될 수 있다.

한국 내 재외동포를 연구하는 학자들이 지금까지는 현지에서 동포와의 개인 인터뷰나 역사자료를 수집하여 분석함으로써 저서와 논문을 쓰는 데 바빴다. 하지만 이 총서는 재외동포가 크게 집중되어 있는 세 지역의 동포에 대한 중요한 문화·역사·지식자료를 정리하고 해설하였기 때문에, 다른 학자들이 재외동포를 연구하는 데 많은 도움을 줄 수 있게 만들었다는 점에서 재외동포 연구의 수준을 한 단계 높였다고 생각한다. 특히 독립국가연합과 중국지역에서 한인디아스포라 주요 문화자원에 대한 접근이 현지 사정상 갈수록 어려워지고, 또한 현지 한글사용세대의 고령화와 3~4세대의 무관심으로 개인소유 문화자원이 폐기와 훼손의 위기에 처해 있는 시점에서 이 총서의 발간은 매우 시의적절한 것이다.

2012년 7월
뉴욕시립대학교 퀸즈칼리지 재외한인연구소장 민병갑

이 책은 전남대학교 세계한상문화연구단에서 2008년 1월, 한 달 동안 일본 도쿄에서 수집한 재일코리안 디아스포라 문학관련 각종 문헌과 단행본 자료를 중심으로 서지정보와 내용을 정리한 것이다. 이 책에서 다루고 있는 중심내용은 문학작품의 머리말, 서문, 목차 등을 참고하여 작성하였으며 소개된 책들이 어떤 내용을 담고 있는지 재일코리안 디아스포라 문학작품에 대한 해설과 목차를 달아 가능한 한 자세히 소개하고자 노력하였다.

이 책의 특징은 재일코리안 디아스포라 문학의 공통점을 끄집어 낼 수 있다는 점에 있다. 주로 1960년대 이후 재일코리안 디아스포라 문학 관련 수집문헌에 대하여 시대별로 정리하여 구체적으로 소개하는 형식으로 구성되어 있다. 이 책은 1910년 한일합방 이후 2000년까지 도일한 재일코리안들이 일본 현지에서 생산한 문학작품들을 수집대상으로 하였기 때문에 당시 재일코리안들의 생활문화상을 엿볼 수 있는 상당한 양의 문학작품들을 소개하고 있다.

한국인의 일본으로의 이동은 크게 두 시기로, 첫 번째는 1910년부터 1945년까지 조선이 일본의 식민지 지배하에 있었던 시기에 다수의 한인들이 강제징용이나 징병 등 비자발적으로 일본에 거주하게 된 시기이다. 두 번째는 한국인들이 일본의 글로벌시대와 더불어 1980년대 이후 자발적으로 유학이나 상업을 목적으로 이주하게 된 시기이다.

이와 같이 1910년 이후 일본에 정착하기 시작하면서 재일코리안 100년의 역사 가운데 그들이 생산한 디아스포라 문학작품들을 여기에 모두 다 소개하기는 어렵다. 하지만 그들이 생산한 다양한 종류의 주요 문학작품들을 여기 한곳에 소개함으로써 당시 재일코리안들의 생활문화, 민족차별, 민족

교육, 민족정체성, 참정권 문제, 남북한과의 관련, 일본사회와의 관련성 등을 한눈에 파악할 수 있어 관심 있는 독자들에게는 행운이 될 것이다. 또한 여기에 소개된 재일코리안 디아스포라 문학작품들은 소설, 문화, 역사, 시, 수필 등 다양한 장르의 문학작품이 포함되어 있기 때문에 타 학문과의 다학제적 성격을 띠고 있다.

이 책에 소개된 문헌들의 기본적인 정보로서는 표지사진, 저자, 출판사, 출판연도, 페이지 수, 그리고 내용에 관한 정확한 정보 등을 자세히 수록하였다. 또한 재일코리안 디아스포라 문학 장르에 속하는 재일코리안 관련 역사, 문화, 수필, 사회, 정치, 경제, 그리고 개인의 수기집이나 생활사까지를 포함하여 총망라하고 있다.

재일코리안 디아스포라 문학의 태동은 일본현지에서 그들의 삶이 고달 팠던 만큼 민족문제, 역사문제, 가족과 개인의 문제, 차별과 고독 등 다양한 주제들을 다루어왔다.[1] 이러한 재일코리안 작가들의 디아스포라 문학작품에 공통적으로 녹아있는 이야기에는 일본현지에서 재일코리안 디아스포라로서 다양한 개성적인 삶과 참신한 아이디어들이 있어 일본 문단에서도 높은 평가를 받아왔다. 일본의 대표적인 문학상인 아쿠타가와상(芥川賞) 분야에서 4명이 수상했을 정도이다.

이회성(李恢成)은 재일코리안 최초로 『다듬이질을 하는 여자(砧をうつ女)』로 아쿠타가와상(芥川龍之介賞, 1972)을 수상했으며 이외에도 나오키상(直木三十五賞)에 4명, 오사라기 지로상(大佛次郎賞, 1984)에 제주도 4·3항쟁을 조명한 김

---

1   정형(2009) 『일본 일본인 일본문화』 다락원, p.47.

석범(金石範)의『화산도(火山島)』, 매일출판문화상(1986)에 김시종(金時鐘)의『재일의 틈바구니에서(在日のはざまで)』, 야마모토 슈고로상(山本周五郎賞, 1998)에 양석일(梁石日)의『피와 뼈(血と骨)』등이 수상한 바 있다.[2]

끝으로 이 책이 21세기 재일코리안의 고난의 역사를 후세들에게 교육하고 희망의 메시지를 전달하는 의미에서 재일코리안 디아스포라들이 생산한 문학작품들이 영구히 보존되기를 바라마지 않는다. 이 책이 나오기까지 여러 가지 형태로 수고해주신 분들이 많다. 여기에 일일이 열거할 수는 없지만 일본 현지조사나 문학작품 수집과정에서 도움을 주신 모든 분들에게 깊은 감사의 마음을 전하는 바이다. 또한 졸고의 출판에 적극 협조하여 주신 북코리아 이찬규 사장님과 편집진들에게 진심으로 감사드린다.

2012년 7월

공동저자 일동

2　『民団新聞』2006年8月15日付.

| 차 례 |

■ 총서를 펴내며 /5   ■ 추천사 /9   ■ 서문 /11

Ⅰ 재일코리안 디아스포라 문학작품 경향

1. 머리말 ⋯⋯⋯⋯⋯⋯⋯⋯⋯⋯⋯⋯⋯⋯⋯⋯⋯⋯⋯⋯⋯⋯⋯⋯⋯ 25

2. 기존연구 및 이론적 검토 ⋯⋯⋯⋯⋯⋯⋯⋯⋯⋯⋯⋯⋯⋯⋯⋯ 26

3. 시대별 작가 및 수상작품 ⋯⋯⋯⋯⋯⋯⋯⋯⋯⋯⋯⋯⋯⋯⋯⋯ 31

4. 작품경향 및 시대별 분석 ⋯⋯⋯⋯⋯⋯⋯⋯⋯⋯⋯⋯⋯⋯⋯⋯ 33
  1) 1960년대 /33
  2) 1970년대 /34
  3) 1980년대 /38
  4) 1990년대 /42
  5) 2000년대 이후 /45

5. 맺음말 ⋯⋯⋯⋯⋯⋯⋯⋯⋯⋯⋯⋯⋯⋯⋯⋯⋯⋯⋯⋯⋯⋯⋯⋯ 49

Ⅱ 재일코리안 디아스포라 문학작품 해제

제1장 1960년대 ⋯⋯⋯⋯⋯⋯⋯⋯⋯⋯⋯⋯⋯⋯⋯⋯⋯⋯⋯⋯ 53

  ◉ 現代朝鮮詩選(현대조선시선) /53
  ◉ 間島パルチザンの歌(간도 빨치산의 노래) /55
  ◉ 京城からソウルへ(경성에서 서울로) /56
  ◉ 亡命記(망명기) /57
  ◉ 生きている虜囚(살아 있는 포로) /58

● 消えた國旗(사라진 국기) /60

● 民族の歌(민족의 노래) /61

● 詩集 記憶の空(시집 기억의 하늘) /62

● 歌集 形相(가집 형상) /64

● 小說 朝鮮總督府(中)(소설 조선총독부(중)) /65

● 太白山脈(태백산맥) /66

제2장 1970년대 ·· 68

● 詩集 なるなり(시집 되는 대로) /68

● 海にひらく道(바다로 여는 길) /69

● 朝鮮の神話と伝説(조선의 신화와 전설) /71

● 万德幽靈奇譚(만덕 유령 기담) /72

● 朴達の裁判(박달의 재판) /74

● ことばの呪縛(언어의 주박) /75

● 夜(밤) /77

● 海峽(해협) /78

● 朝鮮人部落(조선인 부락) /80

● 不死鳥のうた(불사조의 노래) /81

● 島家の人々(도가네 사람들) /82

● 詐欺師(사기꾼) /84

● 口あるものは語れ(입 있는 자는 말하라) /85

● 小說在日朝鮮人史上(소설 재일조선인사 상) /87

● 小說在日朝鮮人史下(소설 재일조선인사 하) /88

● 李朝悲史(이조 비사) /89

● わが文學(우리 문학-김달수평론집 상) /91

● わが民族(우리 민족-김달수평론집 하) /92

● ソウルの春にさよならを(서울의 봄에 안녕을) /94

● 民族・ことば・文學(민족・언어・문학) /96

● 朝鮮の民話(조선의 민화) /98

● 遺された記憶(남겨진 기억) /100

● 銀杏の木よ語れ！(은행나무여, 말하라!) /101

● 隣の國で考えたこと(이웃나라에서 생각한 것) /103

● 韓國人から日本人へ(한국인으로부터 일본인에게) /105
● 「北朝鮮」の人びと(「북조선」의 사람들) /106
● 我生きんと欲すれど(내 삶의 길을 찾으려도) /107
● マンドギ物語(만덕이 이야기) /109
● 猪飼野詩集(이카이노시집) /110
● 峠をこえて(고개를 넘어) /112
● 引き裂かれる日々(찢기는 나날) /113
● はらからの空(동포의 하늘) /115
● 七月のサ-カス(7월의 서커스) /116
● 燕よ, なぜ來ない(제비야, 왜 오지 않느냐) /118
● 魂が呼ぶ荒野(영혼이 부르는 황야) /120
● 落照(낙조) /121
● 往生異聞(왕생이문) /122
● 海を渡ればわがふる里(바다를 건너면 우리 고향) /124
● 始源の光(시원의 빛) /125
● 許南麒の詩(허남기의 시) /127
● 凍土の靑春(동토의 청춘) /129

제3장 1980년대 ····· 131

● ソウルの位牌(서울의 위패) /131
● 流民伝(류민전) /133
● 流言蜚語(유언비어) /134
● 詩集 骨片文字(시집 골편문자) /136
● 火と水の語法(불과 물의 어법) /138
● 金達壽小說全集一(김달수소설전집 1) /139
● 金達壽小說全集二(김달수소설전집 2) /140
● 金達壽小說全集三(김달수소설전집 3) /141
● 金達壽小說全集四(김달수소설전집 4) /142
● 金達壽小說全集五(김달수소설전집 5) /144
● 金達壽小說全集六(김달수소설전집 6) /145
● 金達壽小說全集七(김달수소설전집 7) /146
● 韓國の旅(한국 여행) /148

● 朝鮮の民話(上)(조선의 민화 (상)) /149

● 知的怠惰の時代(지적 나태의 시대) /151

● 狂躁曲(광조곡) /153

● 娘に語るアボジの歷史(딸에게 이야기하는 아버지의 역사) /155

● 幽冥の肖像(유명의 초상) /157

● 私の學校(나의 학교) /159

● 私の少年時代(나의 소년시대) /160

● 韓國社會をみつめて(한국사회를 주시하며) /162

● ジュリア・おたあ(줄리아 오타) /163

● 〈在日〉という根拠(〈재일〉이라는 근거) /164

● 詩集火の鳥(시집 불새) /166

● 新井徹の全仕事(아라이 도오루의 모든 업적) /167

● 故國祖國(고국 조국) /168

● 光州詩片(광주시편) /170

● 火山島　Ⅰ(화산도 1) /172

● 火山島　Ⅱ(화산도 2) /173

● 火山島　Ⅲ(화산도3) /175

● 透明の街(투명의 거리) /176

● 隻眼の人(애꾸눈) /178

● ソウル讚歌(서울 찬가) /179

● 鳳仙花(봉선화) /181

● 私の名前はファミ(나의 이름은 화미) /182

● ソウルの練習問題(서울의 연습문제) /183

● 海峽を越えたホームラン(해협을 건넌 홈런) /185

● ソウルからの手紙(서울에서 온 편지) /186

● 鳳仙花のうた(봉선화의 노래) /188

● 詩集猫談義(시집 묘담의) /189

● 興亡のうた(흥망의 노래) /191

● 望鄕―ハルモニのお話-(망향―할머니의 이야기) /192

● 私の人間地図(나의 인간지도) /194

● 刻(새김) /195

● ソウル原体験(서울 원체험) /197

⊛ 青い点描(푸른 점묘) /199

⊛ ソウルは快晴(서울은 쾌청) /200

⊛ オモニの壺(어머니의 항아리) /201

⊛ ウリハッキョのつむじ風(우리 학교의 회오리바람) /202

⊛ アボジ(아버지) /204

⊛ 禁じられた土地(금지된 토지) /205

⊛ 金鶴泳作品集成(김학영 작품집성) /207

⊛ 断章-姜舜 詩集(단장-강순 시집) /208

⊛ 連作詩 風の朝鮮(연작시 바람의 조선) /210

⊛ 因の木と少女たちの40年(인연목과 소녀들의 40년) /212

⊛ 天に架ける橋(하늘에 놓는 다리) /213

⊛ 襄陽上(양양 상) /215

⊛ 襄陽下(양양 하) /216

⊛ 恩讐の國(은수의 나라) /218

⊛ 沈黙の風(침묵의 바람) /219

⊛ 猪飼野物語(이카이노 이야기) /221

⊛ 東京からきたナグネ(도쿄에서 온 나그네) /223

⊛ 詩集父の國母の國(시집 아버지의 나라, 어머니의 나라) /224

⊛ ふだん着のソウル案内(평소 모습의 서울 안내) /226

⊛ ゴジラが見た北朝鮮(고질라가 본 북조선) /228

⊛ 虚構の映像(허구의 영상) /229

⊛ 詩集 ピーターとG(시집 피터와 G) /231

⊛ ゆずの花の祭壇(유자꽃의 제단) /232

⊛ ユヒ(由熙)(유희) /234

⊛ ねこのマタキチいい天氣(고양이의 마타키치 좋은 날씨) /235

⊛ 弱き時にこそ(약할 때일수록) /237

⊛ 詩集樹の部落(시집 나무의 부락) /238

⊛ 兒童文學と朝鮮(아동문학과 조선) /240

⊛ 悲劇の朝鮮(비극의 조선) /241

⊛ ソウルと平壤(서울과 평양) /243

⊛ 族譜の果て(족보의 끝) /244

⊛ 犬の鑑札(개의 감찰) /245

제4장 1990년대 ·· 247

* チングー・韓國の友人(친구・한국의 벗) /247
* 澪木(영목) /249
* 幻の大國手(환상의 대국수) /250
* 在日朝鮮人日本語文學論(재일조선인 일본어문학론) /252
* ナグネタリョン(나그네 타령) /253
* 韓國・サハリン鐵道紀行(한국・사할린 철도기행) /255
* 流域へ(유역으로) /256
* 日韓のパラレリズム(일한의 패러릴리즘) /257
* 夜の子供(밤의 아이) /258
* ハラボジのタンベトン(할아버지의 담배통) /260
* ハルモニのお話 II-異國-(할머니의 이야기II-이국-) /261
* ある日の海峽(어느 날의 해협) /262
* ソウル烈々(서울 열렬) /264
* 狂いたる磁石盤(고장난 나침반) /266
* 裸の捕虜(벌거숭이 포로) /267
* ゴミ捨て場(쓰레기장) /269
* 松葉賣り(솔잎팔이) /270
* 北朝鮮　秘密集會の夜(북조선 비밀집회의 밤) /272
* わが心の安重根(우리 마음 속 안중근) /274
* ソウル(시집 서울) /275
* ハルモニは宇宙人？(할머니는 우주인?) /276
* ぼくはぼうけんいちねんせい(나는 모험 일학년생) /277
* コーカサスの金色の雲(코카서스의 금빛 구름) /278
* 夢, 草深し(꿈, 풀 찾기) /280
* カンナニ(간난이) /281
* 北朝鮮普通の人々(북조선 보통사람들) /283
* 川べりの家族(강변의 가족) /285
* 血の錆(피의 녹) /286
* フルハウス(풀 하우스) /288
* おはなしハルマンさま(이야기 '할망'님) /289
* 火山島IV(화산도4) /291

● 地の影(땅 그림자) /292

● Z(제트) /294

● メソッド(메스드(method)) /295

● キムの十字架(김의 십자가) /297

● 死者と生者の市(죽은 자와 산 자의 도시) /298

● 火山島Ⅵ(화산도6) /300

● 火山島Ⅶ(화산도7) /301

● 孫正義(손정의) /303

● 分断を生きる(분단을 살다) /304

● 家族シネマ(가족 시네마) /306

● 愛と悲しみのレクイエム(사랑과 슬픔의 레퀴엠) /307

● アボジの履歴書(아버지의 이력서) /308

● 一九四五年の原点(1945년의 원점) /310

● 姜琪東俳句集(강기동 하이쿠집) /312

● 朝鮮の夜明けを求めて第一部(조선의 여명을 찾아서 제1부) /313

● 朝鮮の夜明けを求めて第二部(조선의 여명을 찾아서 제2부) /314

● 朝鮮の夜明けを求めて第三部(조선의 여명을 찾아서 제3부) /316

● 朝鮮の夜明けを求めて第四部(조선의 여명을 찾아서 제4부) /317

● 朝鮮の夜明けを求めて第五部(조선의 여명을 찾아서 제5부) /319

● 算學武芸帳(산학무예장) /320

● AV.オデッセイ(AV. 오디세이) /321

● 別冊身世打鈴(별책 신세타령) /323

● 歌集 身世打鈴(가집 신세타령) /324

● わが文學と生活(우리 문학과 생활) /326

● 生まれたらそこがふるさと(태어난 그곳이 고향) /328

● 庭のぬし(정원의 주인) /329

제5장 2000년대 ··· 332

● タイル(TILE) /332

● 血と骨(피와 뼈) /334

▨ 참고문헌 /337

표 차례

〈표 Ⅰ-1〉 재일코리안 디아스포라 문학자 세대별 구분 /29
〈표 Ⅰ-2〉 재일코리안 디아스포라의 문학상 수상작품과 작가 /33
〈표 Ⅰ-3〉 1960년대 재일코리안 디아스포라 문학 /34
〈표 Ⅰ-4〉 1970년대 재일코리안 디아스포라 문학 /36
〈표 Ⅰ-5〉 1980년대 재일코리안 디아스포라 문학 /39
〈표 Ⅰ-6〉 1990년대 재일코리안 디아스포라 문학 /43
〈표 Ⅰ-7〉 2000년대 재일코리안 디아스포라 문학 /47

그림 차례

〈그림 Ⅰ-1〉 재일코리안 문화정체성 형성모델 /30

I

재일코리안 디아스포라
문학작품 경향

1. 머리말

이 연구의 목적은 재일코리안 디아스포라 문학관련 일본에서 출판된 단행본을 중심으로 내용분석을 통해 작품의 주요 내용과 경향을 알아보는 데 있다. 연구의 주요대상은 1950년대 이후부터 최근 2000년대까지 일본에서 재일동포들이 출간한 단행본을 중심으로 어떤 내용을 담고 있는지 재일코리안 디아스포라 문학의 분석을 통하여 공통점과 차이점을 도출하는 데 있다.[3]

이 연구의 중심내용은 1950년대 이후지만 주로 1960년대 이후 재일코리안 디아스포라 문학이 본격적으로 등장하기 시작한 시기이기도 하여 수집문헌에 대하여 시대별로 정리하여 구체적으로 분석하는 형식으로 구성하였다. 따라서 해방 전후 도일한 재일코리안들이 1950년대 이후부터 2000년까지 일본 현지에서 생산한 문학작품들을 분석대상으로 하였기 때문에 당시 재일코리안들의 생활문화상을 엿볼 수 있는 문학작품들을 분석하고 있다는 점에서 의미 있는 연구라고 할 수 있을 것이다.

이 연구에서는 재일코리안의 일본으로의 이동을 크게 두 시기로 구분하고 있다. 첫 번째는 1910년부터 1945년까지 조선이 일본의 식민지 지배하에 있었던 시기에 다수의 한인들이 강제징용이나 징병 등 비자발적으로 일본에 거주하게 된 시기이다. 두 번째는 한국인들이 일본의 글로벌시대와 더

---

3   일본에 거주하는 재일동포는 '자이니치', '재일교포', '재일동포', '재일조선인', '재일조선한 국인', '재일한조선인', '재일한국조선인' 등으로 다양하게 불리고 있다. 이러한 가운데 재일코리안 디아스포라 문학을 정의하기에는 여러 가지 논란이 있지만 여기에서는 일본에 살고 있는 재일코리안들이 생산한 문학을 통칭하여 "재일코리안 디아스포라 문학"이라는 개념으로 정의하고 있다. 글로벌시대 디아스포라의 개념은 국제이주, 망명, 난민, 이주노동자, 민족공동체, 문화적 차이, 정체성 등 다양하고 포괄적인 개념으로 사용되고 있다. 따라서 재일교포는 사회형태와 문화 생산 양식으로 볼 때 포괄적인 개념의 디아스포라의 한 집단으로 정의할 수 있을 것이다. 재일교포는 좁은 의미에서 디아스포라 사회의 한 형태이지만 디아스포라는 분산된 동족들과 그들이 거주하는 장소 및 공동체를 포함시키기도 한다.

불어 1980년대 이후 자발적으로 유학이나 상업을 목적으로 이주하게 된 시기이다. 따라서 재일코리안 디아스포라 문학의 대상은 1950년대 이후이지만 재일코리안 문학 작가들의 도일 시기는 1945년 이전이거나 아니면 재일코리안 2~3세 작가들이 될 것이다.

재일코리안들이 일제강점기인 1910년 이후 일본에 정착하기 시작하면서 재일코리안 100년의 역사 가운데 그들이 생산한 디아스포라 문학작품들을 모두 분석하기에는 지면상 한계가 많기 때문에 이 논문에서는 그중에서도 주요 작가와 작품들을 중심으로 분석하고자 한다. 재일코리안들이 생산한 다양한 종류의 주요 문학작품들을 분석함으로써 당시 재일코리안들의 생활문화, 민족차별, 민족교육, 민족정체성, 참정권 문제, 남북한과의 관련, 일본사회와의 관련성 등을 어느 정도 파악할 수 있을 것으로 생각되지만, 이 논문에서는 그들의 디아스포라적 경험에 초점을 맞추고 있다. 또한 여기에 소개된 재일코리안 디아스포라 문학작품들의 대상은 소설, 문화, 역사, 시, 수필, 개인의 수기집이나 구술생애사 등 다양한 장르의 문학작품들이 포함되어 있다. 따라서 이 논문에서 다루고 있는 이들 작품들의 분석은 글로벌시대 재일코리안 디아스포라 문학이 왜 주목받고 있는가에 대한 중요한 시사점을 제공해 줄 것으로 생각된다.

2. 기존연구 및 이론적 검토

초국적인 글로벌시대 재일코리안 디아스포라 문학을 이해하기 위해서는 그들의 정치적·경제적·사회적 주변화는 물론이고 문화정체성의 성격과 모국에 대한 인식을 포함한 거주지에서의 다양한 경험의 역사에 주목할 필요가 있다.

재일코리안의 문화정체성은 크게 두 가지 측면에서 고찰할 수 있다. 첫째, 사프란(Safran 1991: 84)이 제시한 바와 같이 공유된 역사적 경험과 공통의 조상에 대한 집합적 기억으로서 준거의 틀(Hall 1990: 223)을 제공해 주는 '역사적 기억'이다. 둘째는 상당히 유동적이며 문화적 구축물로서 재일코리안의 문화정체성이다. 문화적 구축물은 장소나 공간, 역사를 초월하여 생산되는 과정이다. 이것은 디아스포라 집단 구성원들간 공유되거나 고정된 것보다는 역사, 문화, 권력의 동향과 밀접하게 관련되면서 변화가 계속된다. 즉 재일코리안이 현재 직면한 사회상황이나 요구에 따라 끊임없이 자기정체성을 형성하는 과정을 지칭한다.

더욱이 디아스포라 집단으로서 재일코리안 집단의 이론적 틀이나 분석도구를 좀 더 세분하여 역사적·외적·내적이라는 세 가지 구성요소로 설명하면 다음과 같다. 역사적 요소는 불황, 기근, 전쟁, 억류 등 그들이 처한 정치적·경제적 외적 요인을 나타낸다. 이러한 역사적 요소는 통상 외부자와 내부자에 의해 상이하게 해석된다. 내부자는 초기 이민세대의 눈으로 내부에서 세계를 바라본다. 내적 요소는 집단심리뿐만이 아니라 개인의 심리상태까지도 반영한다. 디아스포라 문화정체성은 외적 요인에 의해 집단외부의 사람들이 가지고 있는 심리적 태도나 상태에 의해 구축된다. 일반적으로 주류이며 다수파인 외부자가 만들어 내는 사회적 시계는 역사적 사건에 대한 특정의 권위적 편견이나 인상을 부여하는 힘을 가지고 있다. 재일코리안의 경험적 산물은 이러한 세 가지의 중복된 시각의 상호작용의 결과로서 설명될 수 있을 것이다. 그러나 이 논문에서는 집단 및 개인 심리로서 재일코리안 문학을 선택하고자 한다.

이상과 같이 재일코리안 사회의 문화정체성 구성요소가 그들의 내적·외적·역사적 요인에 기인한다는 선행연구들을 살펴보면 김정구(2004), 김왕식(2005), 박용구(2008), 임영언(2008), 김현선(2009), 박용구(2010) 등을 들 수 있다. 또한 재일코리안의 민족정체성에 관한 선행연구는 후쿠오카(福岡 1984), 김명수(1997), 하라지리(原尻 1998) 등을, 디아스포라적 연구접근방법을 강조하는 연구자는 서경식(1998)과 윤건차(2001), 소냐량(2005) 등을 들 수 있다. 이들 연구들의 주요 성과는 1970~80년대의 재일코리안의 민족차별과 투쟁의 이주역사가 1990년대를 거치면서 귀화와 모국에 대한 정체성의 유지라는 공생지향적인 생활방식에서 뚜렷이 나타나고 있다고 밝힌 것이다. 이와는 다른 차원에서 최근 라경수(2010)는 그의 논문에서 재일코리안의 이주 역사의 과정을 억압 → 무관심 → 차별 → 공생이라는 담론으로 분석하였는데 이것은 일본사회와 재일코리안 사회의 역학관계를 잘 지적하고는 있지만 이 연구가 지향하는 재일코리안 문학의 변용까지는 포함시키지 못하고 있으며 구체적인 증거보다는 이론에 머물러 있다.

재일코리안 디아스포라 문학 관련 기존연구는 주로 세대별 재일코리안 문학의 특성, 민족정체성, 민족성과 민족의식 등과 개별 작가론에 대한 연구들이 주류를 형성해 왔다. 이러한 연구를 주도해온 연구자들은 이한창(1996), 조준상(2003), 양왕용 외(1998), 유숙자(2000), 전북대학교 재일동포연구소(2008), 강진구(2008), 구재진(2009), 이정석(2009), 김학동(2007), 장사선(2010) 등이 있다.

이영미(2005)는 재일코리안 디아스포라 문학에 대하여 기존연구의 평가를 토대로 제1세대, 제2세대, 제3세대로 분류하여 작품의 경향을 분석한 바 있다. 제1세대는 '민족'과 '조국'에 대한 문제의식, 제2세대는 1965년 한일협정 이후 재일코리안 사회의 비영주에서 영주를 모색하는 의식변화와 강제된 운명 및 원죄의식에서 탈피하지 못한 채 조국에 대한 강한 인식, 제3세대는 적극적인 재일현실의 인식과 모국과의 거리유지 등 민족의식의 해체에 대하여 논하고 있다.[4] 따라서 재일 1~2세대 작가들이 민족의식과 분단 이데올로기에 의해 재일코리안의 민족정체성과 차별에 대한 저항이라는 담론을 형성하고, 3세대 작가는 선험적·감정적·운명적 민족의식을 탈피하고 여기에 새롭게 도전하는 양상으로 나타난다는 것을 지적하고 있다.

고봉준(2008)은 재일코리안 문학자의 세대별 구분을 시도하였다. 제1세대

---

4   이영미(2005) 「가네시로 가즈키의 ≪고(GO)≫에 나타난 '국적(國籍)'의 역사적 의미」 『현대소설연구 37』 pp.328-329.

〈표 Ⅰ-1〉 재일코리안 디아스포라 문학자 세대별 구분

세대별 구분	디아스포라 문학가	특징
제1세대	김달수, 김석범, 허남기, 김시종, 김태생	민족주의
제2세대	이회성, 김학영, 양석일, 고사명, 강상중, 서경식	집단적 기억의 공유
제3세대	이양지, 유미리, 원수일, 사시사와 메구무, 이기승, 신숙옥, 가네시로 가즈키	탈민족, 탈영토화

는 조선에서 태어나 일본에 건너간 김달수, 김석범, 허남기, 김시종, 김태생 등으로 그들의 작품 내면에는 민족주의가 짙게 깔려있다고 보았다.[5] 제2세대 문학자들로는 일본에서 태어나 자란 이회성, 김학영, 고사명, 강상중, 서경식 등이 해당되며 민족은 집단적 기억의 공유에 의해 1세대의 삶에 관한 증언과 기억을 전면적으로 표출한다고 보았다. 제3세대 문학자는 이양지, 유미리, 원수일, 사시사와 메구무, 이기승, 신숙옥, 가네시로 가즈키 등으로 재일코리안의 역사적 기억이나 민족의식은 매우 희미하게 나타난다고 보았다.

그러나 허명숙(2009)의 연구는 1980년대까지만 해도 냉전이데올로기 때문에 재일코리안 문학의 실존조차 알 수 없었고 이들 문학에 접근하기도 힘든 상황이었다고 지적하고 있다. 특히 1960년대는 남북한, 일본과의 정치적 상황으로 민족정체성 확립과 민족의식을 강조하는 문학들이 대부분이었다고 밝히고 있다.[6] 또한 김환기(2009)는 재일코리안 디아스포라 문학이 1945년 전후에는 민족적 글쓰기, 조국과 민족, 1960년대를 거쳐 1970년대는 이념과 투쟁, 망향과 민족의식, 그리고 1980년대 이후 글로벌시대에는 탈민족과 탈영토화의 경향을 보인다고 지적한 바 있다. 그러나 이들 연구들이 개별 작품들을 소개하는 수준에 그치고 있기 때문에 이 연구에서는 글로

---

5   고봉준(2008) 「재일조선인 문학에서 '기억'과 '망각'의 문제」 『우리어연구 30집 · 현대문학』 pp.12-13.

6   허명숙(2009) 「민족정체성 서사로서 재일동포 한국어 소설」 『현대소설 40』 pp.104-105.

〈그림 Ⅰ-1〉 재일코리안 문화정체성 형성모델[7]

벌시대 점차 재일코리안 문학이 민족정체성이나 민족의식에서 탈민족화와 탈영토화가 진행되는 과정을 구체적으로 시대별로 작품을 제시하여 분석하고자 한다.

전술한 바와 같이 디아스포라 집단의 구성요인 세 가지는 재일코리안에게도 똑같이 적용될 수 있으며, 이 연구의 핵심부분이다. 재일코리안 디아스포라 문학에 의한 문화정체성의 구성요소를 이 연구의 방향성과 관련시켜 부연하여 구체적으로 설명하면 다음과 같다.

첫째, 재일코리안 사회는 정치적 박해, 경제적·문화적 불안, 사회적 차별, 그리고 공동체 구성원의 성공과 자부심 등 많은 요소들이 복합적으로 구성되어 있다. 또한 재일코리안 집단은 정치적 권리 획득, 경제적·사회적 연계를 강화하기 위하여 공통의 문화정체성 구축을 필요로 한다.

둘째, 재일코리안 사회의 성격이나 구성에 있어서도 모국과 일본정부 및 사회와의 관계에 있어서 끊임없이 변화를 경험한다.

셋째, 재일코리안 디아스포라는 항상 다양한 형태의 하위문화를 생산한

---

7 足立伸子 [編著] 吉田正紀·伊藤雅俊 [譯] (2008) 『ジャパニーズ·ディアスポラ』新泉社, p.24.

다. 이러한 하위문화는 구성원의 정치적·사회적·윤리적·문화적·경제적 상황이나 상호 네트워크 관계에 의해 형성된다. 재일코리안은 항상 현재 위치에서 사회적·정치적·경제적·문화적 양상을 변화시키며 재일코리안 사회 내부의 변화 과정은 부, 권력, 위신의 주체가 누구냐에 따라 크게 좌우될 것이다.

재일코리안 디아스포라의 특징 중 하나는 1945년 해방 전후 240만 명이 일본에 체류하고 있었지만 상당수가 귀국하고 당시 약 60만 명이 잔류한 것으로 알려지고 있다. 이들은 주로 다음 세 가지 카테고리에 속한다. 첫째, 일제식민지 강제징용 및 징병자와 그 자손, 둘째, 1945년 이후 밀항이나 연고를 통해 일본에 입국한 자, 셋째, 1980년 전후 자발적으로 유학이나 취학 비자로 도일한 자 등이다.

이 연구는 1945년 이후 재일코리안들이 생산한 다양한 디아스포라 문학의 변용에 초점을 두고 작가들의 디아스포라적 경험이 문학 속에 어떻게 투영되었는지를 분석하고자 한다. 즉 그들이 생산한 문학을 통해 재일코리안들이 보여주는 민족정체성의 이론적 과제와 현재 그들의 디아스포라적 삶을 연결시켜 분석을 시도하는 작업이다. 특히 재일코리안 디아스포라 문학이 본격적으로 1960년대 이후 탄생하기 시작하면서 그들에 의해 생산된 디아스포라 문학의 경향을 중심으로 분석하고자 한다.

3. 시대별 작가 및 수상작품

재일코리안 디아스포라 문학은 일본현지에서 재일코리안들의 삶이 민족차별과 투쟁의 역사로서 고달팠던 만큼 민족문제, 역사문제, 가족과 개인의 문제, 차별과 고독 등 다양한 주제들을 다루어왔다.[8] 이러한 재일코리안 작

---

8   정형(2009)『일본 일본인 일본문화』다락원, p.47.

가들의 디아스포라 문학에 공통적으로 녹아있는 내용은 일본현지에서 재일코리안 디아스포라로서 다양한 개성적인 삶과 참신한 아이디어를 제공함으로서 일본 문단에서도 높은 평가를 받아왔다. 일본의 대표적인 문학상인 아쿠다가와상(芥川賞) 분야에서 4명이 수상했을 정도이다.

대표적인 재일코리안 작가들을 살펴보면, 이회성(李恢成)은 재일코리안 최초로『다듬이질을 하는 여자(砧をうつ女)』로 아쿠타가와상을 수상했으며 이외에도 나오키상(直木賞)에 4명, 오사라기 지로상(大佛次郎, 1984)에 제주도 4·3항쟁을 조명한 김석범(金石範)의『화산도(火山島)』, 매일출판문화상(1986)에 김시종(金時鐘)의『재일의 틈바구니에서(在日のはざまで)』, 야마모토 슈고로상(山本周五郎, 1998)에 양석일(梁石日)의『피와 뼈(血と骨)』등이 수상 한 바 있다.9

또한 재일코리안 디아스포라 문학자의 효시라고 할 수 있는 김달수(金達壽)는『후예의 거리(後裔の街)』,『현해탄(玄海灘)』,『태백산(太白山)』, 그리고『일본 속의 조선 문화(日本の中の朝鮮文化)』시리즈로 재일코리안 디아스포라 문학의 대표적인 작가가 되었다.

디아스포라 문학자를 시기별로 살펴보면, 일제식민지 시기의 문학자로서는 김사량(金史良), 장혁주(張赫宙), 김소운(金素雲), 이은직(李殷直), 윤동주(尹東柱) 등이 있다. 그리고 1945년 해방직후 활동을 시작한 장두식(張斗植), 강순(姜瞬), 허남기(許南麒), 해방이후에도 활동을 계속한 김학영(金鶴泳), 김태생(金泰生), 정승박(鄭承博), 오림준(吳林俊), 여라(麗羅), 고사명(高史明) 등이 있다. 1980년대 이후에는 재일코리안 디아스포라 문학의 차세대작가로서 등장한 사기사와 메구무(鷺澤萌), 이기승(李起昇), 원수일(元秀一), 김중명(金重明), 강신자(姜信子) 등이 있으며 주목받고 있는 작가로서는 유미리(柳美里), 현월(玄月), 가네시로 가즈키(金城一紀) 등을 들 수 있다. 시인으로서는 신유인(申有人), 최화국(崔華國), 종추월(宗秋月), 이정자(李正子), 그리고 평론가로서 안우식(安宇植), 윤학준(尹學準) 등 다수의 문학자가 뛰어난 작품들을 남기고 있다.

---

9 『民団新聞』2006年8月15日付.

〈표 Ⅰ-2〉 재일코리안 디아스포라의 문학상 수상작품과 작가

아쿠타가와상(芥川賞)			나오키상(直木賞)		
수상연도	작가	문학작품	수상연도	작가	문학작품
1971년 하반기	이회성 (李恢成)	다듬이질을 하는 여자(砧をうつ女)	1965년 하반기	다치하라 마사키 (김윤규, 立原正秋)	옻나무 꽃 (漆の花)
1988년 상반기	이양지 (李良枝)	유희(由熙)	1981년 하반기	쓰카 고헤이 (김봉웅, つかこうへい)	카마타행진곡 (蒲田行進曲)
1996년 하반기	유미리 (柳美里)	가족시네마 (家族シネマ)	1992년 상반기	이주인 시즈카 (伊集院靜)	우케즈키 (受け月)
1999년 하반기	현월 (玄月)	그늘의 집 (陰の棲みか)	2000년 하반기	가네시로 가즈키 (金城一紀)	고(GO)

이와 같은 재일코리안 디아스포라 문학은 일본의 근현대사에서 나타난 광의의 문학으로서 고향상실, 민족차별, 다양한 정체성의 등장으로 인한 정체성 혼돈이라는 과정을 표현하고 있다. 그러면 이들 디아스포라 문학에 대한 시대별 작품경향을 구체적인 작품을 통해 분석하고 그 특징을 살펴보도록 하자.

4. 작품경향 및 시대별 분석

1) 1960년대

재일코리안 디아스포라 문학은 1945년 해방이후 일본에서 재일코리안들에 의해 많은 작품들이 생산되어 왔다. 일본에서 해방이전 작가로서는 이은직, 김사량 등의 가장 정열적인 문학 활동을 펼쳤고 해방이후에는 이은직, 김달수, 김석범, 허남기 등이 작품 활동을 했지만 제대로 평가받지 못하고 있는 형편이다. 주요작가와 작품들을 살펴보면 허남기(1960)의 『현대조선시선』, 손성조(1965)의 『망명기』, 이근동(1967)의 『시집 기억의 하늘』, 김달수

〈표 Ⅰ-3〉 1960년대 재일코리안 디아스포라 문학

문학작품	디아스포라 작가
看守朴書房(간수 박서방)	金石範(1957)
現代朝鮮詩選(현대조선시선)	許南麒編譯(1960)
觀德亭(관덕정)	金石範(1961)
間島パルチザンの歌(간도 빨치산의 노래)	貴司山治·中澤啓作 編(1964)
京城からソウルへ(경성에서 서울로)	李禎樹(1964)
亡命記(망명기)	孫性祖(1965)
生きている虜囚(살아 있는 포로)	姜魏堂(1966)
消えた國旗(사라진 국기)	齊藤尚子(1966)
民族の歌(민족의 노래)	鄭貴文(1966)
詩集記憶の空(시집 기억의 하늘)	李沂東(1967)
歌集形相(가집 형상)	南原繁(1968)
小說朝鮮總督府(中)(소설 조선총독부(중))	柳周鉉(1968)
太白山脈(태백산맥)	金達壽(1969)

(1969)의『태백산맥』등이다.

당시 재일코리안 디아스포라 문학은 일제강점기와 해방이후 소수민족의 소외의식, 이방인 의식, 민족의식, 민족정체성을 문학적으로 형상화한 작품이 중심을 차지하고 있었다. 재일코리안 사회는 1960년대를 거치면서 주요 작품의 경향은 해방이전에 도일하여 살고 있었던 자와 그 후손에 대한 정책 및 식민지 이후 도일한 자, 그 후손에 대한 제도적 차별, 1965년 한일협정으로 인한 교포사회의 분열, 한국의 경제발전과 남북대립 등에 관한 내용으로 재일코리안들의 각기 다른 형태의 험난한 여정을 그리고 있다.

2) 1970년대

1970년대 이후 문학의 경향은 민족의식이 강하고 자기주체성이 두드러지게 나타나게 시작했다. 민족차별이라는 국가적 폭력성 앞에서 재일코리안 작가의 작품에는 국가나 민족을 둘러싼 거대담론이 주류를 형성하게 된다. 이들 작품에는 김석범(1971, 1972, 1976, 1978)의 『만덕유령기담』, 『언어의 주박』, 『민족, 언어, 문학』, 『만덕이 이야기』, 그리고 김시종(1978)의 『이카이노시집』, 이회성(1978)의 『제비야, 왜 오지 않느냐』, 『동포의 하늘』, 『찢기는 날들』, 『7월의 서커스』, 김달수(1979)의 『낙조』 등이 있다.

좀 더 구체적으로 1970년대 일본의 재일코리안이 직면한 사회상을 그대로 반영한, 민족차별을 주제로 한 작품들을 살펴보면 "현해탄(김달수)", 『박달의 재판(김석범)』, 『태백산맥(김달수)』, 등으로 주로 민족차별이라는 폭력에 저항하는 재일코리안 디아스포라의 삶이 적나라하게 표현되어 있다. 특히 1975년 2월에 창간된 『삼천리』(1987년 5월 50호로 폐간) 잡지가 재일코리안 사회의 일본어 종합잡지로서 김달수, 김석범 등이 관여하여 출판되기 시작했다는 점은 상당히 의미가 있다.[10] 1970년대 재일코리안 디아스포라 문학은 형식적으로나 내용적으로 가장 재일코리안의 색채를 띤 민족문학이라는 평가를 받았으며 이회성, 이양지,[11] 김학영, 김석범, 김태생, 양석일 등이 여기에 속한다. 특히 이 시기에는 폭력적인 아버지와 인내하며 자식을 키워나가는 어머니상을 그린 이회성의 『다듬이질 하는 여인』과 이양지의 『유희』가 아쿠타가와상을 수상하였다.[12]

1970년대 재일코리안 디아스포라 문학의 대표적인 작가는 이회성이다. 이회성은 1935년 사할린에서 태어나 해방이후 도일하였으며 일제강점기 조선인들의 유민적인 삶을 형상화한 『백 년 동안의 나그네』와 고려인의 사

---

10 권성우(2009) 「재일 디아스포라 여성소설에 나타난 우울증의 양상-고 이양지의 작품을 중심으로-」 『한민족문화연구 第30輯』 p.102.

11 재일 2세대 작가 이양지는 제주도 태생 부모의 2남 3녀 중 장녀로 1955년 일본 야마나시현에서 출생했으며 1975년 와세다대학을 중퇴하고 1980년 한국으로 유학, 1988년 서울대 국문학과를 졸업하였다. 1992년 이화여대 무용과 대학원 졸업 후 같은 해 심근경색으로 사망하였다. 작품으로는 『유희』, 『해녀』, 『나비타령』 등이 있다.

12 장사선(2010) 「재일 한민족 소설에서의 폭력」 『현대소설 45』 pp.341-342.

〈표 Ⅰ-4〉 1970년대 재일코리안 디아스포라 문학

문학작품	디아스포라 작가
詩集なるなり(시집 되는 대로)	姜舜(1970)
海にひらく道(바다로 여는 길)	世良絹子(1971)
朝鮮の神話と伝說(조선의 신화와 전설)	申來鉉(1971)
万德幽靈奇談(만덕유령기담)	金石範(1971)
朴達の裁判(박달의 재판)	金石範(1972)
ことばの呪縛(언어의 주박)	金石範(1972)
『新編『在日』の思想』(재일의 사상)	金石範(1972)
夜(밤)	金石範(1973)
海峽(해협)	吳林俊(1973)
朝鮮人部落(조선인 부락)	成允植(1973)
不死鳥のうた(불사조의 노래)	車潤順(1973)
島家の人々(도가네 사람들)	朴秀男(1974)
詐欺師(사기꾼)	金石範(1974)
口あるものは語れ(입이 있는 자는 말하라)	金石範(1975)
遺された記憶(남겨진 기억)	金石範(1975)
小說在日朝鮮人史 上·下(소설 재일조선인사 상·하)	金達壽(1975)
李朝悲史(이조 애사)	大庭さら子(1975)
わが文學(우리 문학-김달수 평론집 상·하)	金達壽(1976)
ソウルの春にさよならを(서울의 봄에 안녕을)	韓丘庸(1976)
民族·ことば·文學(민족·언어·문학)	金石範(1976)
朝鮮の民話(조선의 민화)	金奉鉉(1976)
遺された記憶(남겨진 기억)	金石範(1977)
銀杏の木よ語れ!(은행나무여, 말하라!)	金石範(1977)
隣の國で考えたこと(이웃나라에서 생각한 것)	長坂覺(1977)
韓國人から日本人へ(한국인으로부터 일본인에게)	韓明錫(1978)
我生きんと欲すれど(나, 살고 싶지만)	JCA(1978)
マンドギ物語(만덕이 이야기)	金石範(1978)
猪飼野詩集(이카이노시집)	金時鐘(1978)

(계속)

문학작품	디아스포라 작가
峠をこえて(고개를 넘어)	本木心掌(1978)
燕よ, なぜ來ない(제비야, 왜 오지 않느냐)	李恢成(1978)
七月のサーカス(7월의 서커스)	李恢成(1978)
はらからの空(동포의 하늘)	李恢成(1978)
引き裂かれる日々(찢기는 나날)	李恢成(1978)
落照(낙조)	金達壽(1979)
往生異聞(왕생이문)	金石範(1979)
海を渡ればわがふる里(바다를 건너면 우리 고향)	成允植(1979)
始源の光(시원의 빛)	磯貝治良(1979)
許南麒の詩(허남기의 시)	許南麒(1979)
魂が呼ぶ荒野(영혼이 부르는 황야)	李恢成(1979)
凍土の靑春(동토의 청춘)	尹在賢(1979)

할린 강제이주를 모티브로 한『유역』으로 주목받았다. 그의 문학작품의 경향은 유민(流民)의식과 '반쪽발이' 의식으로 지배되고 있다. 왜냐하면 그는 재일코리안 2세인 자신의 민족정체성에 대하여 재일보다는 조선인, 민족, 조국이라는 개념에 가까운 방향에서 생각해 온 사람이기 때문이다. 이회성은『유역』에서 유민생활에 지친 소외된 경계인들에게 고향의식을 심어주고 구체성을 주문한다는 점에서 기존의 민족적 글쓰기와는 구별된다. 이러한 버림받은 자들의 '고향', '조국'을 향한 목마름은 이회성의 대표작『다듬이질 하는 여인』에서도 확인된다. 그의 문학은 여전히 민족전통의 확인, 분단조국의 현실극복, 그리고 재일코리안의 삶을 개인이 아니라 민족이라는 운명 속에서 바라보고 있는 점이 70년대 디아스포라 문학을 대표하고 있다. 김환기(2011)는 이회성의 문학은 "민족, 정치와 이념을 중심으로 근대적인 형태의 민족담론을 형상화하면서도 보다 확장된 의미의 디아스포라 의식 세계를 중시하고 있다."라고 평가했다.

3) 1980년대

1980년대 들어서 재일코리안 사회는 글로벌화와 동시에 일본사회로의 동화가 가속화되기 시작했다. 재일코리안 사회는 1985년에는 지문날인 거부투쟁이 본격화되었지만 일본 국적법이 '부모양계주의'로 개정되면서 세대교체와 민족정제성의 약화로 귀화자가 한층 많아지게 되었다. 글로벌시대와 더불어 1980년대 이후 재일코리안 작가들의 작품경향은 집단적 의식보다는 개인문제에 천착한 내면화, 보편화, 개별화의 문제로 승화시켜 나가게 된다. 민족의식이 실존적인 문제나 욕망의 문제, 더 나아가 인간의 다극화되고 보편적인 생존문제로 접근함으로써 내용이나 형식이 민족을 포괄하면서 동시에 초월할 수 있는 가능성을 보여 주었다.

재일코리안 디아스포라의 개인적인 삶의 경험을 디아스포라적 경험으로 승화시킨 작가와 작품들을 살펴보면 다음과 같다. 먼저 이회성(1980)의『유민전』, 양석일(1981)의『광조곡』, 김석범(1982)의『유명의 초상』, 김창생(1982)의『나의 이카이노-재일2세의 조국과 이국』, 이양지(1985, 1989)의『새김』과『유희』, 이회성(1986)의『금지된 땅』, 원수일(1987)의『이카이노 이야기』, 양석일(1989)의『족보의 저편』 등이다.

특히 80년대를 대표한 작가로서 김석범은 제주도 4·3항쟁 사건에 대한 기억으로 전쟁이나 이념에 의한 폭력의 진상을 고발하는『언어의 주박』,『화산도』,『제주도 4·3항쟁의 기억과 문학』을 통해 문학적으로 이 사건을 복원하는 데 평생을 바쳤다. 그의 작품은 제주 4·3항쟁 사건과 관련된 한반도의 비극적인 역사를 서사화하여 세계문학으로서의 보편적 가치를 되살리는 과정을 통해 디아스포라 문학의 위상을 한층 높였다. 한편 김태생의『뼛조각』,『나의 인간지도』 등의 작품은 일본에서 사회적이고 민족적인 차별이라는 폭력에 대한 저항이 사실적으로 그려져 있다. 따라서 재일 3세대 작가들이 '가정폭력'에 중점을 두고 있는 것과는 달리 2세대 작가들은 '민족차별'에 초점을 맞추고 있다는 점에 그 차이가 있다.

　또한 1980년대 대표적인 재일코리안 디아스포라 문학 작가로서 많은 작품들을 발표한 이양지는 주로 가족사의 비극, 민족차별, 타자의 발견에 의한 디아스포라적 경계인에 대한 내용을 주로 다루었다. 그녀의 데뷔작이자 아쿠타가와상 후보작에 올랐던『나비타령(1982)』,『해녀(1983)』,『오빠(1983)』,『푸른 바람(1986)』,『유희(1988)』등이 대표작이다. 특히 그 가운데『해녀』는 민족적 차별과 역사적 폭력의 기억이 개인의 심리와 내면에 미치는 영향,『유희』는 재일2세대 유학생의 언어갈등에 대한 문제를 다루고 있다.

　『유희』의 내용을 살펴보면 한국에 유학을 간 재일교포유학생이 대금소리와 한글에 크게 애착을 느껴오던 중 여러 가지 갈등과 부담으로 인해 자폐 증세를 겪다가 자신의 위선적인 태도에 환멸을 느끼고 귀국한다는 내용으로 구성되어 있다. 그녀의 작품은 민족정체성 문제를 '전통가락'이라는 상징을 통해 표현하고 모국어를 '외국어'처럼 느낄 수밖에 없는 재일 3세대의 내면적 방황과 분열을 형상화한 것으로 평가받았다. 이러한 이양지의 작품 경향에 대하여 고봉준(2008)은 탈네이션적 관점으로 해석하였으며,13 권성우(2009)는 "민족주의적 디아스포라 문학과 탈민족주의적 디아스포라 문학의 경계에 놓인 문제적인 작품으로 주목하지 않을 수 없다."라고 분석한 바 있다.

〈표 Ⅰ-5〉 1980년대 재일코리안 디아스포라 문학

문학작품	디아스포라 작가
ソウルの位牌(서울의 위패)	飯尾憲士(1980)
流民伝(유민전)	李恢成(1980)
流言蜚語(유언비어)	熊谷達(1980)
詩集骨片文字(시집 골편문자)	栗生詩話會 編(1980)
火と水の語法(불과 물의 어법)	金錫滿(1980)

13　고봉준(2008), p.29참조. 탈네이션적 관점이란 네이션(Nation) 체제에 근거한 근대문학이 볼 수 없는 맹목의 지점을 성찰하고 한국과 일본 '사이'에 위치한 재일코리안의 목소리를 네이션적인 이해방식으로 환원시키지 않는 것을 의미함.

(계속)

문학작품	디아스포라 작가
金達壽小說全集 一~七(김달수소설전집 1-7)	金達壽(1980)
韓國の旅(한국 여행)	大阪市外國人敎育硏究協議會(1980)
朝鮮の民話(上)(조선의 민화(상))	瀬川拓男・松谷みよ子(1980)
知的怠惰の時代(지적 나태의 시대)	松原正(1980)
狂躁曲(광조곡)	梁石日(1981)
娘に語るアボジの歷史(딸에게 이야기하는 아버지의 역사)	在日朝鮮人敎育分科會(1981)
幽冥の肖像(유명의 초상)	金石範(1982)
私の學校(나의 학교)	姜一生(1982)
私の少年時代(나의 소년시절)	金達壽(1982)
わたしの猪飼野──在日二世にとっての祖國と異國(나의 이카이노-재일2세의 조국과 이국)	金蒼生(1982)
ジュリア・おたあ(줄리아 오타)	谷眞介(1983)
<在日>という根拠(〈재일〉이라는 근거)	竹田靑嗣(1983)
詩集火の鳥(시집 불새)	權五宅(1983)
新井徹の全仕事(아라이 도오루의 모든 업적)	新井徹著作刊行委員會(1983)
故國祖國(고국 조국)	鄭貴文(1983)
光州詩片(광주시편)	金時鐘(1983)
火山島 一~三(화산도 1-3)	金石範(1983)
猪飼野・女・愛・うた──宗秋月詩集(이카이노 여자, 사랑, 노래-종추월 시집)	宗秋月(1984)
透明の街(투명한 거리)	鄭貴文(1984)
隻眼の人(애꾸눈)	飯尾憲士(1984)
ソウル讚歌(서울 찬가)	瀧澤秀樹(1984)
鳳仙花(봉선화)	淸水洋充(1984)
私の名前はファミ(나의 이름은 화미)	李和美(1984)
ソウルの練習問題(서울의 연습문제)	關川夏央(1984)
海峽を越えたホームラン(해협을 건넌 홈런)	關川夏央(1984)

(계속)

문학작품	디아스포라 작가
鳳仙花のうた(봉선화의 노래)	李正子(1984)
詩集猫談義(시집 묘담의)	崔華國(1984)
興亡のうた(흥망의 노래)	細谷美火(1984)
金縛りの歳月(속박의 세월)	金石範(1984)
望郷―ハルモニのお話(망향―할머니의 이야기)	高甲淳(1985)
私の人間地図(나의 인간지도)	金泰生(1985)
刻(새김)	李良枝(1985)
靑い点描(푸른 점묘)	金平允(1985)
ソウルは快晴(서울은 맑음)	堀內純子(1985)
オモニの壺(어머니의 항아리)	成允植(1985)
ウリハッキョのつむじ風(우리 학교의 회오리바람)	元靜美(1985)
アボジ(아버지)	李相哲(1985)
禁じられた土地(금지된 땅)	李恢成(1986)
金鶴泳作品集成(김학영 작품집성)	金鶴泳(1986)
斷章(단장-강순 시집)	姜舜(1986)
連作詩風の朝鮮(연작시 바람의 조선)	趙南哲(1986)
因の木と少女たちの40年(인연목과 소녀들의 40년)	菊地澄子(1986)
天に架ける橋(하늘에 놓는 다리)	申英傑(1986)
襄陽 上・下(양양 상・하)	日吉史郎(1987)
恩讐の國(은수의 나라)	リー・ソンヒ(1987)
沈默の風(침묵의 바람)	千田夏光(1987)
猪飼野物語(이카이노 이야기)	元秀一(1987)
東京からきたナグネ(도쿄에서 온 나그네)	關川夏央(1987)
詩集父の國母の國(시집 아버지의 나라 어머니의 나라)	島博美(1988)
ふだん着のソウル案內(평소 모습의 서울 안내)	戶田郁子(1988)
ゴジラが見た北朝鮮(고질라가 본 북조선)	薩摩劍八郎(1988)
虛構の映像(허구의 영상)	西田哲雄(1988)
詩集ピーターとG(시집 피터와 G)	崔華國(1988)

(계속)

문학작품	디아스포라 작가
ゆずの花の祭壇(유자꽃 제단)	韓丘庸 (1989)
ユヒ(由熙)(유희)	李良枝(1989)
詩集樹の部落(시집 나무의 부락)	趙南哲(1989)
兒童文學と朝鮮(아동문학과 조선)(일본어)	仲村修·韓丘庸·しかた しん(1989)
悲劇の朝鮮(비극의 조선)	アーソン·グレブスト 著·高演義·河在龍 スペース譯(1989)
ソウルと平壤(서울과 평양)	萩原遼(1989)
族譜の果て(족보의 저편)	梁石日(1989)
犬の鑑札(개의 감찰)	朴重鎬(1989)

4) 1990년대

1990년대 이후 재일코리안 문학은 탈민족적 글쓰기로 다양성과 열린 시각이 확보되었다는 점에서 80년대 이전과는 다른 양상을 띠고 있다. 탈민족적인 글쓰기의 대표적인 작가와 작품을 살펴보면 다음과 같다. 특히 이 시기를 대표하는 작가들은 유미리, 현월, 양석일 등이다. 이들 작가와 작품을 살펴보면 이회성(1992)의 『유역으로』, 정승박(1993, 1994)의 『벌거숭이 포로』와 『쓰레기장』, 유미리(1996, 1997)의 『풀 하우스』와 『가족시네마』, 김석범(1996, 1997)의 『화산도』, 김달수(1998)의 『우리 문학과 생활』 정도이다.

이들 작품 중 유미리(1996, 1997)의 『풀 하우스』와 『가족시네마』는 현대 일본사회의 가족문제를 해체와 복원이라는 시각에서 관찰하고 있으며 현월(1999)의 『그늘의 집』이 재일코리안을 주류와 비주류, 중심과 주변이라는 소수민족의 시각에서 다루고 있다는 점에서 이전과는 다른 문학적 시각을 보여주고 있다. 1998년에는 양석일이 『피와 뼈』라는 작품을 발표했지만, 당시 그다지 주목받지 못하다가 2004년 영화제작 이후 주목받았다. 구재진

(2010)은 그의 작품은 민족의식이 강한 재일 1세대문학과는 달리 "일본의 국민도 조선의 국민도 아닌, 재일조선인의 타자적인 위치를 조명하고 있고 그것은 해방 후에도 변하지 않는 제국의 타자인 식민지인으로서의 자기 인식을 반영하고 있다."라고 평가하였다.[14]

또한 1999년 아쿠타가와상 수상작인 현월의 『그늘의 집』은 현대사회의 병리현상 중의 하나인 소외현상을 다루고 있다. 현월의 문학에서는 가족, 이웃, 계층, 세대간의 단절과 침묵, 무관심 등 재일코리안 사회와 민족적 현실의 역사성이 무엇인지, 그리고 소외의식을 둘러싼 역사적 배경을 세밀히 묘사하고 있다. 이는 재일코리안의 피폐된 개인의 삶이 피폐성과 악의적 본

〈표 Ⅰ-6〉 1990년대 재일코리안 디아스포라 문학

문학작품	디아스포라 작가
澪木(영목)	朴重鎬(1990)
幻の大國手(환상의 대국수)	金重明(1990)
在日朝鮮人日本語文學論(재일조선인일본어문학론)	林浩治(1991)
ナグネタリョン(나그네 타령)	李正子(1991)
韓國・サハリン鐵道紀行(한국・사할린 철도기행)	宮脇俊三(1991)
流域へ(유역으로)	李恢成(1992)
日韓のパラレリズム(일한의 패러릴리즘)	鄭大均(1992)
夜の子供(밤의 아이)	深澤夏衣(1992)
ハラボジのタンベトン(할아버지의 담배통)	高貞子・金石出(1992)
ハルモニのお話 Ⅱ(할머니의 이야기Ⅱ)	高甲淳(1992)
ある日の海峽(어느 날의 해협)	鄭承博(1993)
狂いたる磁石盤(고장난 나침반)	川野順(1993)
裸の捕虜(벌거숭이 포로)	鄭承博(1993)
ゴミ捨て場(쓰레기장)	鄭承博(1994)

14　구재진(2010) 「제국의 타자와 재일(在日)의 괴물 남성성 -양석일의 『피와 뼈』 연구-」 『민족문학사연구』 p.377.

성에 의한 것이 아니라 차별에서 비롯된 일본 사회구조 때문이라는 점을 지적하고 있다는 점에서 상당히 디아스포라적 관점을 내포하고 있다.

(계속)

문학작품	디아스포라 작가
松葉賣り(솔잎 팔이)	鄭承博(1994)
北朝鮮　秘密集會の夜(북조선 비밀집회의 밤)	李英和(1994)
わが心の安重根(우리 마음 속 안중근)	齊藤泰彦(1994)
ソウル(시집 서울)	李龍海(1994)
ハルモニは宇宙人？(할머니는 우주인?)	中村欽一(1994)
<風の丘を越えて>－西便制－<"恨"を越える>ということ(바람의 언덕을 넘어-서편제-"한"을 초월하는 것)	柳美里(1994)
光の洞窟(빛의 동굴)	金石範(1994)
ぼくはぼうけんいちねんせい(나는 모험 일 학년생)	金錦汝・金正愛(1995)
コーカサスの金色の雲(코카서스의 금빛 구름)	プリスターフキン著・三浦みどり譯(1995)
夢, 草深し(꿈, 풀 찾기)	金石範(1995)
カンナニ(간난이)	湯淺克衛(1995)
北朝鮮普通の人々(북조선 보통사람들)	チャンキホン(1995)
川べりの家族(강변의 가족)	李優蘭(1995)
「民族を背負うことなく－<石に泳ぐ<魚>の新しさ>」『新日本文學』(민족을 등에 짊어질 것 없이-돌에 헤엄치는 〈물고기〉-의 새로움)	林浩治(1995)
血の鑄(피의 녹)	宋在星(1996)
フルハウス(풀 하우스)	柳美里(1996)
おはなしハルマンさま(이야기 '할망'님)	元靜美(1996)
火山島 Ⅳ, Ⅵ, Ⅶ(화산도　4,6,7)	金石範(1996, 1997, 1997, 1997)
地の影(땅 그림자)	金石範(1996)
Z(제트)	梁石日(1996)
メソッド(메소드(method))	金眞須美(1996)
キムの十字架(김의 십자가)	和田登(1996)
死者と生者の市(죽은 자와 산 자의 도시)	李恢成(1996)

(계속)

문학작품	디아스포라 작가
孫正義(손정의)	霧生廣(1997)
分斷を生きる(분단을 살다)	徐京植(1997)
家族シネマ(가족 시네마)	柳美里(1997)
「對談『家族, 民族, 文學』『群像』」「대담『가족, 민족, 문학』『군상』」	李恢成・柳美里(1997)
愛と悲しみのレクイエム(사랑과 슬픔의 레퀴엠)	朴秀男(1997)
アボジの履歴書(아버지의 이력서)	金乙星(1997)
1945年の原点(1945년의 원점)	金一勉(1997)
姜琪東俳句集(강기동 하이쿠집)	姜琪東(1997)
朝鮮の夜明けを求めて 第一部~第五部(조선의 여명을 찾아서 제1부-제5부)	李殷直(1997)
算學武芸帳(산학무예장)	金重明(1997)
AV. オデッセイ(AV. 오디세이)	元秀一(1997)
別冊身世打鈴 (별책 신세타령)	朴貞花(1998)
歌集身世打鈴(가집 신세타령)	朴貞花(1998)
わが文學と生活(우리 문학과 생활)	金達壽(1998)
生まれたらそこがふるさと(태어난 그곳이 고향)	川村湊(1999)
庭のぬし(집 주인)	ぱくきょんみ(1999)
陰の棲みか(그늘의 집)	玄月(1999)
海の底から, 地の底から(바다속에서, 땅속에서)	金石範(1999)

5) 2000년대 이후

2000년 이후 등장한 재일코리안 디아스포라 문학가는 유미리, 양석일, 가네시로 가즈키 등이다. 이들 작품들을 살펴보면 유미리(2000)의『타이틀』, 양석일(2000)의『피와 뼈』, 종추월(2003)의『이카이노 타령』, 가네시로 가즈키(2006)의『GO』등이다.

먼저 유미리의 작품은 재일코리안 사회에서 귀화자가 한층 증가하고 탈이데올로기 시대를 맞이하여 민족에 대한 문제의식보다는 일본인으로 살아가는 '현대적 일상성'과 보편성을 더욱 커다란 비중으로 다루고 있다. 반면에 가네시로 가즈키의 자서전적인 성장소설 『GO』는 재일동포 3세 고등학생의 국적문제를 소재로 하여 나오키문학상을 수상한 작품이다. 이 소설은 총련계 민족학교인 초중고급학교를 다닌 재일동포 3세로서 다시 한국국적으로 옮겨 일본 고등학교를 다니면서 일본인 여학생을 만나 사랑에 빠지지만 재일동포임을 고백하자 헤어지게 된다는 내용이다. 재일코리안 신세대들에게 불투명하게 존재하고 있었던 국민국가의 '국적' 문제를 재일동포사회에 환기시킨 작품이라는 점에서 가네시로 가즈키의 『GO』는 상당히 큰 의미를 가지고 있다.

이 작품으로 가네시로 가즈키는 최연소로 123회 나오키문학상을 수상하게 되었다. 이 소설은 한 가족의 국적을 둘러싼 문제 장면으로 출발하고 있다. 주인공은 자신의 정체성에 의심을 품고 자신의 제한된 미래에 저항하면서 민족정체성에 문제를 제기하는 탈민족적인 과정을 그리고 있다. 그리고 결국에는 재일코리안들이 민족과 조국이라는 원죄의식에서 탈피하여 개인의 운명이나 국가들이 모두 '선택'의 차원이라는 점을 받아들인다는 것을 강조하고 있다. 이처럼 가네시로 가즈키의 소설은 탈국가, 탈민족, 탈이념적 성향의 가치관은 이 시대의 재일코리안 디아스포라 문학의 변화된 세계관을 짐작케 하고 있다.[15]

이상과 같이 1945년 이후 재일코리안 디아스포라 문학의 경향을 요약하면, 해방 전후 모국과 민족을 의식하는 일본어로 글쓰기가 유행하였고 김달수, 김석범, 김시종, 정승박 등이 대표적이다. 이들 중 특히 김시종은 최초로 한국어(조선어)로 시를 쓰기 시작하였다.

1960년대를 거쳐 1970년대 문학은 민족의식이 강하고 자기주체성이 두

---

15 김환기(2011)「재일코리언 문학과 디아스포라-이회성의 『流域』을 중심으로-」『일본학 제32집』 p.144.

〈표 Ⅰ-7〉 2000년대 재일코리안 디아스포라문학

문학작품	디아스포라 작가
タイル(TILE)	柳美里(2000)
血と骨(피와 뼈)	梁石日(2000)
『國境を越えるもの在日の文學と政治』(국경을 넘는 재일의 문학과 정치)	金石範(2001)
滿月(만월)	金石範(2001)
『なぜ書きつづけてきたかなぜ沈默してきたか：濟州島4・3事件の記憶と文學』(왜 계속해서 써 왔는가, 왜 침묵해왔는가: 제주도 4・3사건의 기억과 문학)	金石範・金時鐘, 文京洙(2001)
猪飼野タリョン(이카이노 타령)	宗秋月(2003)
8月の果て(8월의 끝)	柳美里(2004)
『「在日」文學論』(『재일』문학론)	磯貝治良(2004)
Go(고)	金城一紀(2006)
在日文學全集〈第10卷(재일문학전집〈제10권〉)	玄月・金蒼生(2006)
『砧をうつ女』『＜在日＞文學全集4－李恢成』(다듬이질 하는 여인, 재일문학전집4-이회성)	李恢成(2006)
『在日文學全集』全18卷(재일문학전집 전18권)	磯貝治良, 黑古一夫編(2006)
「時代の中の'在日'文學」『社會文學―特集 「在日」 文學』(第26号)(시대속의 '재일'문학, 사회문학-특집 '재일문학')	李恢成(2007)
『不定の民族主義のゆくえ：在日朝鮮人とディアスポラ』 赤尾光春・早尾貴紀編『ディアスポラ世界を讀む』(부정의 민족주의 향방: 조선인과 디아스포라)	洪貴義(2009)

드러지게 나타나게 시작했다. 이 시기의 작품들은 형식적으로나 내용적으로 가장 재일조선인의 색채를 띤 디아스포라 문학이라는 평가를 받았으며 이회성, 이양지, 김학영, 김석범, 양석일 등이 여기에 속한다. 특히 이 시기에는 이회성의 『다듬이질 하는 여인』과 이양지의 『유희』가 아쿠타가와상을 수상하였다.

글로벌시대와 더불어 1980년대 이후 90년대 거쳐 재일코리안 문학은 탈민족적 글쓰기로 다양성과 열린 시각이 확보되었다는 점에서 80년대 이전과는 다른 양상을 띠고 있다. 특히 이 시기의 작가들 중 유미리는 현대 일본 사회의 가족문제를 해체와 복원이라는 시각에서 관찰하고 있으며 현월의 작품들은 재일코리안을 주류와 비주류, 중심과 주변이라는 소수민족의 시각에서 다루고 있다는 점에서 이전과는 다른 문학적 시각을 보여주었다.

2000년 이후 등장한 가네시로 가즈키의 자서전적인 성장소설은 재일동포 3세 고등학생을 주인공을 소재로 하여 나오키문학상을 수상한 작품이다. 이 소설의 주인공은 자신의 정체성에 의심을 품고 자신의 제한된 미래에 저항하면서 정체성에 문제를 제기하는 탈민족적인 과정을 그리고 있다.

정리하면 재일코리안 디아스포라 문학은 해방 이후 초기에는 민족적 글쓰기, 조국과 민족, 이념과 투쟁, 망향과 민족의식, 그리고 글로벌시대에는 탈민족과 탈영토화의 경향으로 변화되고 가고 있다는 것이다.

글로벌시대 재일코리안 디아스포라 문학은 국가간 · 이념간 · 세대간 차별과 갈등, 차별과 소외를 넘어 재일코리안의 현실적이고 개인적인 삶의 치열함을 보여준다. 이러한 재일코리안 디아스포라 문학의 혼종성과 글로벌적인 세계관은 재일코리안의 탈국가 · 탈이념 · 탈영토화된 그들의 생활을 이해하는 데 중요한 시사점을 제공해 줄 것으로 생각된다. 재일코리안의 개인적인 삶이 세계적으로 화제가 되고 주류사회로의 편입과정에서 보여준 일련의 흐름과 디아스포라적 문학의 파워는 재일코리안의 글로벌적인 세계관의 표현의 한 단면으로 생각할 수 있을 것이다. 여기에 재일코리안 디아스포라 문학이 혼종성을 바탕으로 글로벌시대의 흐름에 따라 세계적으로 통하는 보편적 가치를 중시하는 문학의 한 장르로서 인정받고 있다는 증거를 찾을 수 있을 것으로 생각된다.[16]

---

16 김환기(2009) 「재일 디아스포라 문학의 '혼종성'과 세계문학으로서의 가치」 『日本學報第78輯』 p.116.

5. 맺음말

이 연구는 1960년대 이후 재일코리안 디아스포라 문학의 경향을 분석하는 데 초점을 두고 있다. 장사선(2010)이 지적한 바와 같이 재일코리안 디아스포라 문학은 제1세대의 경우 고향 한반도에서 적응하지 못하고 도일하여 가난과 소외로 제대로 정주하지 못한 아버지의 울분이 가족을 향해 폭발하는 것으로 보았다. 제2세대의 경우 일본사회의 현실적 차별을 실감하면서 '조선인'이라는 표현보다는 자신을 숨기고 은폐해 보지만 결국 일본사회에서도 소외되고 마는 아이러니컬한 상황을 경험하게 된다. 재일 3세대의 경우 집단과 가정에서 탈출한 고독한 개인에서 1세대들이 추구했던 민족주의적·국가주의적·이념적 폭력문제나 가정폭력에 대한 저항, 인간의 존엄성 문제에 맞서 개인주의적 관점에서 독자적인 생존의 길을 모색하게 된다. 즉 재일코리안 1~2세대 작가들의 문학이 민족의식과 분단 이데올로기를 중심주제로 삼고 있었지만 재일 3세대에 속하는 유미리, 현월, 가네시로 가즈키 등은 재일코리안의 개인적인 문제를 가족, 사랑, 언어와 인간 존재의 의미, 현대인의 고독 등 일본인들도 공감할 수 있는 다양한 주제의 디아스포라 문학으로 발전시켜 왔다는 점에서 색다른 경향을 보이고 있다.[17] 이러한 재일코리안 디아스포라 문학의 발전과정은 초기 주제의 흐름이 민족의식과 민족정체성 → 민족차별 → 탈민족과 탈국가 → 개인의 디아스포라적 경험으로 요약된다.

1960년대 이후 재일코리안 디아스포라 문학은 개척정신, 민족정신(의식), 현지에서의 민족차별에 대한 저항과 투쟁, 좌절과 희망, 탈민족과 탈영토화라는 역사의 흐름 속에서 다양성과 혼종성을 기저로 하는 문학작품들이 생산되어 왔다. 그러나 무엇보다도 1980년대 이후 글로벌시대 재일코리안문학은 다양성과 혼종성을 바탕으로 보편적인 가치를 추구하는 디아스포라

17　최정(2010)「재일 한국인 정의신 희곡 연구」『韓國言語文學第74輯』p.612.

문학으로 발전하면서 탈민족과 탈영토화된 문학으로서 일본은 물론 전 세계적으로 주목받고 있다.

향후 연구과제로서는 이 연구에서 소개된 작품들 이외의, 일본에서 생산된 재일코리안 디아스포라 문학 작품을 어떤 방법으로 설명이 가능할지 보다 심도 있는 논의와 분석이 필요하다고 생각된다.

II

재일코리안 디아스포라
문학작품 해제

제1장

1960년대

▌現代朝鮮詩選(현대조선시선)

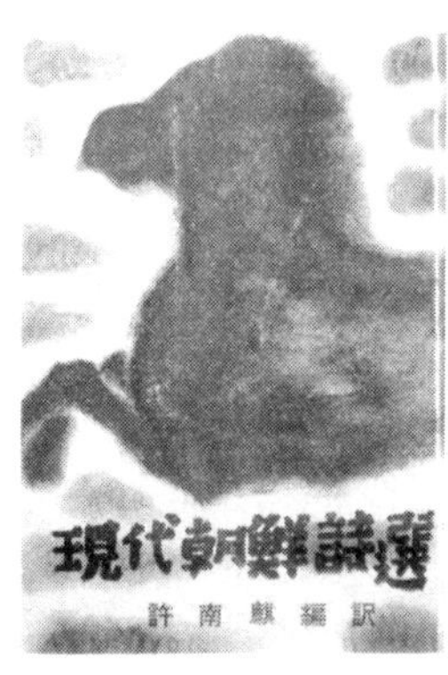

- 저자: 許南麒編譯
- 출판사: 朝鮮文化社
- 자료유형: 단행본
- 출판연도: 1960년
- 총 페이지: 248쪽

이 책은 조선 현대시의 역사를 조감하는 조감도라는 생각으로 60편의 시를 일본어로 옮겨 적은 것이다. 60년의 조선 현대시를 소개하는 데에 60편은 너무 적은 편수이지만, 여기에서 의도한 것은 완전한 조선 현대시의 앤솔로 지를 엮는 것이 아니라 조선의 현대시가 어떤 행보를 보여왔는지, 조선의 시문학이 무엇을 근거로 하고, 무엇에 의해 지탱되어 왔는지를 이해하는 데에 있다.

특히 전 권을 통독함으로써 조선의 시가 무엇을 바라고 있는지, 무엇을 목표로 하고 있는지에 대하여 알 수 있다는 것은, 바꿔 말하면 조선의 시문학이 어떤 전통 위에서 자라고 어떤 환경 속에서 개화하여 어떤 방향을 목표로 나아가고 있는지를 파악할 수 있다는 것이다. 이렇게 함으로써 과거 60년 동안에 조선과 조선 인민이 어떤 환경 속에 놓여있고, 어떤 삶을 살았고, 그리고 이러한 환경 속에서 빠져 나가기 위해 어떤 투쟁 방식을 써왔는지를 알 수 있으며, 또한 오늘날, 조선 민중과 조선을 에워싸고 있는 상황이 어떤 것이고, 조선인들이 바라고 있는 것이 무엇인가를 단적으로 이해할 수 있을 것이다.

전체적으로 이 책의 내용은 개개의 시인 쪽에는 그다지 비중을 두지 않고 오히려 전체 시의 연결과 흐름에 중점을 두고 있다. 박팔양이라든가 박세영, 조기천, 조벽암과 같은 시인에 대해서도 더 많은 작품을 소개해야 했지만, 이 책의 전체 흐름과 무관하기 때문에 생략하고 있다.

물론 조선에는 여기에 수록된 시 이외에 1945년 이전에도 부르주아 이데올로기로 지탱되었던 시가 있었고, 또 지금도 서울을 중심으로 갓 만들어지고 대단히 모던한, 데카당스적인 시도 있다. 그러나 당시 이러한 시가 많이 제작되었다 해도 조선 민족의 운명과 전혀 관계가 없는 주제를 다루었고 조선 시의 흐름과는 무관하기 때문에 저자는 생략하였다.

] 間島パルチザンの歌(간도 빨치산의 노래)

- 저자: 貴司山治·中澤啓作 編
- 출판사: 新日本出版社
- 자료유형: 단행본
- 출판연도: 1964년
- 총 페이지: 197쪽

이 책은 일본제국주의의 중국 침략전쟁이 한창일 때, 시골 고치(高知)에서 격조 높은 반전 · 혁명의 시를 노래해 온 시인 마키무라 코(槇村浩)가 극심한 탄압 하에서 26세의 생애를 마친 내용을 다루고 있다.

특히 이 혁명시인의 생애와 시에 대해서는 지금까지 많이 알려져 있지 않았다. 그는 1932년 2월에 창간된 프롤레타리아문화연맹의 계몽지『대중의 벗(大衆の友)』에「살아있는 총가(銃架)」라는 시를, 같은 해 4월에 프롤레타리아작가동맹의 기관지『프롤레타리아문학』에「간도 빨치산의 노래」를 발표하여, 그 뛰어난 시적 재능과 혁명적 정열을 인정받았다. 이 시들은 전후『일본해방시집』,『일본프롤레타리아시집』,『일본프롤레타리아문학대계』등에 재수록되고, 두세 명에 의해 소개도 되며 다른 한두 편의 시도 발표된 적이 있지만, 그 전모는 알려지지 않았다.

다행히도 기시 야마지(貴司山治)가 그의 미발표 시 19편을 보존하고 있어서 잡지『문화평론』이 승낙을 얻어 그중 몇 편을 골라 그의 대표작「간도 빨치산의 노래」를 더해 그의 사후 25주년을 기념하여 그것을 특집으로 발표한 것이다.

그의 시는 그 후에도 몇 개 발견되어 전부 이십수 편이 되었다. 그의 생애에 대해서도 같은 마을의 동료였던 나카자와 게사쿠(中澤啓作) 등과 일본공산당 고치현위원회 제군들의 노력에 의해 밝혀져 왔다. 마키 손코는 1912년에 고치시에서 태어나 어릴 때부터 신동으로 사람들 사이에 알려졌다. 중학 입학 후 15세에 마르크스주의를 배우고, 17세에 군사교육반대투쟁을 조직, 19세에 프롤레타리아작가동맹 고치지부를 결성하고, 고치시의 공산청년동맹에 가입하여 그 지도자로서 군대 내에서 반전활동을 전개했다. 1932년 4월 21일 검거되어 1935년 6월 6일 24세로 출옥했지만, 옥중에서의 고문·학대에 따른 병을 얻어 결국 평생 낫지 못했다.

▋京城からソウルへ(경성에서 서울로)

- 저자: 李禎樹
- 출판사: 東洋図書出版株式會社
- 자료유형: 단행본
- 출판연도: 1964년
- 총 페이지: 292쪽
- ISBN: 0097-41010-5365

저자는 1920년 대구에서 태어나 대구사범학교를 졸업하고 일본신문학원을 졸업한 후 귀국하여 기자가 되었다. 1955년 대구일보사의 편집국장이 되었으며 71년부터 작가로서 활동하기 시작했다. 저서로서는 「동경」, 「허영의 과실」, 「여배우」, 「후시」, 「윤전」, 「감정여행」 등이 있으며 「윤전」으로 삼성문화재단의 도의문화저술상, 소설부문 최우수상을 수상했다. 이 책은 삼성문화문고에 수록되어 있는 소설 「윤전」을 「경성에서 서울로」라는 제목으로 일본어로 번역한 작품이다.

  이 책은 번역문으로서 작품을 번역하는 것은 제2의 창작이라고 할 수 있

다는 점에서 한글에서보다는 훨씬 자유분방하게 일본인들에게 적합한 문장으로 고쳐 썼다. 예를 들면 소설 속에서 현(顯)이 아내인 영실(英實)을 부르는 말을 '오마에(お前)'로 번역했는데, 한국에서는 마누라를 붙들고서 '너'라는 호칭은 쓰지 않는다. 가능한 한 일본인의 감성에 맞는 말로 수정하였다는 의미이다. 소설은 해방이후 어두운 15년 전쟁 동안의 기간을 살아온 두 나라 국민의, 조선에서의 삶의 모습을 작품으로서 일본인들에게 소개하고 있다.

█ 亡命記(망명기)

- 저자: 孫性祖
- 출판사: みすず叢書
- 자료유형: 단행본
- 출판연도: 1965년
- 총 페이지: 195쪽

이 책은 한국에 5·16 쿠데타가 발발한 뒤 저자가 일본에 망명하고 3년이 지난 시점에서 그 사건을 상기하면서 썼다. 이미 5·16 쿠데타 이래 현재에 이르기까지 「혁명」으로 찬미한 박정희 일파에 의한 『민주한국혁명청사』(1962년 8월 25일 발행 B5판 753쪽) 『한국혁명재판사』(1962년 3월 20일 발행 전5권 B5판 각 약 1,000쪽) 등이 있지만, 이 쿠데타가 어떤 의도에서, 어떤 경과를 거쳐, 어떤 식으로 행해졌는가에 대한 저작은 미흡한 실정이다.

이 책에는 군사정권을 연장시킨 박정희 일파에 의한 탄압의 괴로움이 드러나 있다. 따라서 당시 이런 종류의 저작이 불가능하다는 것은 말할 필요도 없는 일이다. 그렇다고 해서 박정희 일파에 의해 그 사실이 찬미되는 채로, 나아가서는 한국의 역사가 왜곡되는 채로 방치해 두어서는 안 된다고 저자는 생각하고 있다.

조선이 8·15 해방(1945년) 후, 남북으로 분단되고 남에는 자유진영에 속하는 대한민국(약하여 한국), 북에는 공산진영에 속하는 조선민주주의인민공화국(약하여 북조선)이 각각 수립되어 20년이 지난 현재에 이르기까지, 38도선(현재는 이를 대신하는 군사경계선)을 경계로 남북 합하여 아직까지 백만의 대군이 대치하고 있는 실정이다.

따라서 이 책의 중심내용은 당시 쿠데타가 어떻게 해서 일어났는지, 그때 상황은 어떠했는지, 한국국민이 추구하고 있는 진로는 무엇인지를, 체험 중심으로 정리한 것이다. 한편 이 책은 일본에서 한국 통일세력이 발간하고 있는 「통일조선신문」에 「쿠데타 망명기」라는 제목으로 저자가 장기간에 연재한 내용으로 구성되어 있다.

▌生きている虜囚(살아 있는 포로)

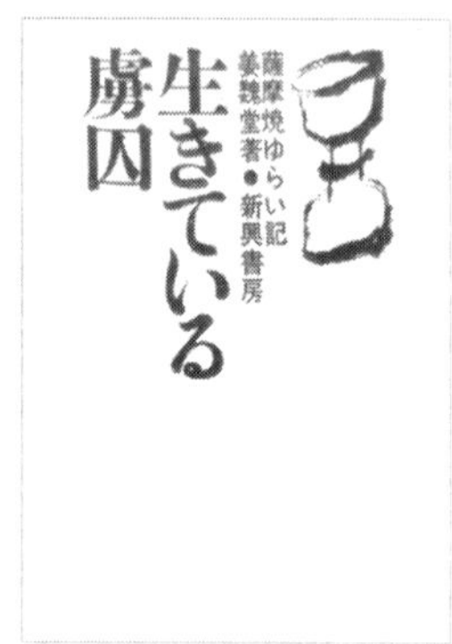

- 저자: 姜魏堂
- 출판사: 新興書房
- 자료유형: 단행본
- 출판연도: 1966년
- 총 페이지: 177쪽

이 책은 『인내하는 자』 연작 제3편의 「사나다 닌군(眞田忍軍)」이라는 장편, 「임진왜란」(도요토미 히데요시의 조선침략전쟁)을 무대로 하고 있어서 히데요시 아래의 각 다이묘(大名)들이 자신의 영지에서의 노동력 부족을 메우기 위해 가능한 한 포로들, 특히 도공, 기와장인, 직공과 같은 기술자들을 많이 잡아와서 대부분의 경우, 거의 노예로 혹사시켰다는 내용으로 구성되어 있다.

이 소설의 주인공은 임진왜란 당시 시마즈(島津)의 포로가 되어 사쓰마(薩摩)에 끌려와 사쓰마야키(薩摩燒)의 도공으로서 8대 동안 최저 계급으로 힘든 생활을 강요당한 후에 태어난 사람인 강위당(姜魏堂)이다. 이 책의 저자가 그의 이름을 알게 된 것은 세상을 뜬 아키타(秋田雨雀) 씨와 함께 연극잡지 「테어트로」를 창간했을 때(1934년 5월) 응모작으로 온 작품에 의해서라고 한다. 그리고 전후, 저자가 조선에서 돌아왔을 무렵, 같은 잡지의 편집장이었던 소메야(染谷) 군을 통해 희곡 「신을 두려워하지 않는 사람들」을 읽은 적이 있는데, 전쟁 중 상하이를 무대로 해서 일본 군부와 관계된 사람들의 횡포 모습을 쓴 것이었다.

이 책에서 다루고 있는 바와 같이 저자는 그전부터 줄곧 조선의 문화 · 예술에 큰 관심을 갖고 있었다. 그리고 여러 가지 조사에 따라 조선의 문화 · 예술이 일본의 그것에 얼마나 큰 영향을 미쳤고, 그리고 그것이 현재에도 계속 살아있는 점에 대해 놀랐다고 고백하고 있다.

가령 덴표(天平)시대의 불상 · 불화, 정창원의 많은 예술품 · 공예품, 궁중과 사원에 남아있는 아악 등을 비롯하여 지난 전쟁 중의 최승희 무용에서부터 최근의 조선민주주의인민공화국의 각종 예술에 이르기까지 일본의 예술 · 문화가 조선으로부터 얼마나 큰 영향을 받았는지 짐작할 수 있는 것들이 많다.

이 책의 내용은 '일본문화 속에 남아있는 조선 문화'를 찾는다는 관점에서 특히 '사쓰마야키'라는 도예품에 초점을 맞추고, 그것을 360년에 걸쳐 살아온 강(姜) 일가의 후예로서 그의 작품세계와 직간접적으로 관련된 것들로 구성되어 있다.

消えた國旗(사라진 국기)

- 저자: 齊藤尚子
- 출판사: だ·かぼの會
- 자료유형: 단행본
- 출판연도: 1966년
- 총 페이지: 147쪽

이 책은 1910년부터 1945년까지 일본이 한반도를 식민지 지배한 시기를 배경으로 한 여섯 작품을 수록하고 있다. 내용을 구체적으로 살펴보면 일본이 제2차세계대전에서 패배할 때까지 저자는 한반도에서 살고 있었다. 물론 그곳에서 소학교도 여학교도 졸업했다. 많은 일본인들이 살고 있었다. 물론 거기에는 일본인보다 더 많은 조선인들이 살고 있었다.

그러나 저자는 그곳이 일본국의 일부라고 생각하는 데에 한 치의 의심도 없었다. 전쟁이 끝나고 "일본인은 일본으로 돌아가라"라고 조선사람들이 말했을 때는 솔직히 말해서 유감스럽게 생각했던 적도 있다. 그리고 일본인과 조선인은 각각 다른 나라 국민이라는 사실도 저자는 모르고 있었다. 지금 저자가 돌이켜 생각해보면 도저히 이해할 수 없는 일이지만 말이다. 그리고 조선에서의 괴로운 기억을 가지고 아이들과 돌아온 일본은 미국 점령군에게 지배당하고 있었다.

일본에서 한반도에 대해 다룬 책은 유럽이나 미국의 책보다 그 수가 그리 많지 않다. 최근 일본과 한반도와의 사이에는 여러 가지 문제가 있어 텔레비전이나 신문에서 종종 보도되고 있다. 옛 속담에 '모래 위에 세운 집은 무너지고, 바위 위에 지은 집은 무너지지 않는다.」라는 말처럼 이 소설에서 다루고 있는 여섯 가지 이야기가 한일 관계발전에 많은 도움이 될 것으로 생각된다.

목 차

- 에이사의 이야기
- 사라진 국기
- 뿌뿌리
- 박구
- 사람 착각
- 무궁화 꽃

民族の歌(민족의 노래)

- 저자: 鄭貴文
- 출판사: 東方社版
- 자료유형: 단행본
- 출판연도: 1966년
- 총 페이지: 226쪽

이 소설은 『현실과 문학』에서 1963년 7월호 제1회에 실린 작품을 수정한 것이다. 저자가 오래 전부터 생각을 가지고 있었지만 10년 전에 초고를 집필하기 시작하였다. 이 작품은 저자가 『현실과 문학』에 연재한 소설을 수정·가필한 것이지만 거의 완전히 새로 쓰는 수준에 가까운 것이다.

저자는 일본민주주의문학동맹으로부터 개편된 구리얼리즘연구회에서 많은 영향을 받았다. 당시 저자에게는 「민족의 노래」라는 소설을 집필하기에는 상당히 어려운 일이었지만 같은 동인이나 선배, 친구들로부터 가르침을 받았고, 또 끊임없이 격려를 받았다고 고백하고 있다. 특히 같은 재일 코리안 김달수(金達壽), 장두식(張斗植) 작가와 만날 수 있었던 것은 저자에게

여러 가지 의미에서 다행이었고, 또한 많은 자극을 받았다고 이야기하고
있다.

▌詩集 記憶の空(시집 기억의 하늘)

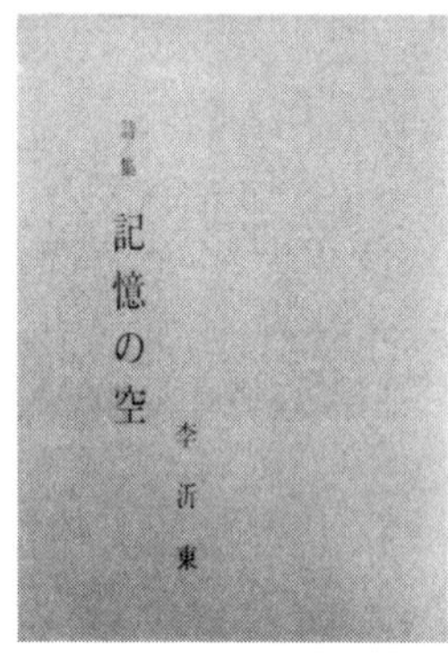

• 저자: 李沂東
• 출판사: 昭森社
• 자료유형: 단행본
• 출판연도: 1967년
• 총 페이지: 115쪽
• ISBN: B000JA7BYO

두 개의 조국

정오의 대낮에
나의 귀를 기울여
손을 멈춘다.

저녁 한 밤중에
나의 귀를 기울여
눈을 뜬다.

그것이 만약 한 대낮이라면
귀를 기울여

눈을 감는다.

그것이 밤중이라면
귀를 쫑긋 세우고
눈을 뜬다.

그것들의
풍경이고 소리이고
목소리인데

하나는
수많은 바다와 산을 넘고
현해탄을 건너
긴 레일을 타고
서쪽에서 다가온다.

목차

1부 1 두 개의 조국 / 2 적총(磧塚) / 3 묘비 / 4 이불 / 5 돌 / 6 방 / 7 당신 -고국에서 /
　　8 두 사람의 창 / 9 여름 아침 / 10 무제(無題) / 11 노상(路上)의 사람
2부 1 붉은 꽃 / 2 기억의 하늘 / 3 바다의 개 / 4 받는 이 없는 편지 / 5 목련 /
　　6 무한(無限) / 7 춘우(春憂) / 8 고개 / 9 쓰르라미
　　10 비에 부치는 봄의 노래 / 11 당나귀와 상인
3부 1 물 / 2 황혼 / 3 이간질 / 4 섬 / 5 개구리 / 6 파도 /
　　7 사랑 / 8 유지매미 / 9 꽃잎 / 10 상냥한 비의 노래 / 11 후지(富士)

▋歌集 形相(가집 형상)

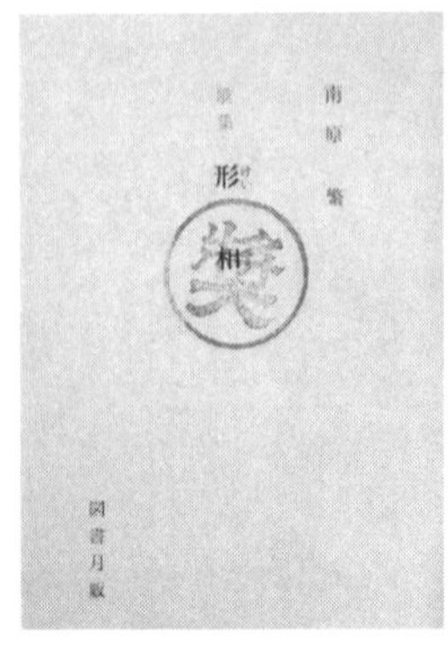

- 저자: 南原繁
- 출판사: 図書月販
- 자료유형: 단행본
- 출판연도: 1968년
- 총 페이지: 382쪽

이 책은 가집 『형상』(1948년 3월 초판 발행)의 복간으로 수록 시기는 일본에 있어서도 일찍이 전례가 없는 동란과 전쟁의 시대(1936~1945)에 걸치는 10년간의 작품이다.

저자가 일지 대신에 그동안 써온 단가의 노트 가운데 819수를 저자가 선택하여 편집한 것이다. 시대는 중일전쟁, 구라파대전, 또는 태평양전쟁으로 세계 유사 이래 역사적 변란과 또한 이것들을 반영하여 저자가 몸담고 있는 대학에서 여전히 수난의 연속이었다. 이 책의 내용은 저자가 이러한 시대에 살아오면서, 국민으로서 학생으로서 함께 짊어지고 온 고뇌를 담고 있다.

목 차

- 1935년
- 소지지
- 봄의 여정
- 가족
- 일기로부터
- 고 에하라만리군
- 화해
- 가을부터 겨울
- 신년의 노래
- 2 · 26사건
- 호쿠리쿠의 여행
- 명암
- 스페인동란
- 봄부터 가을
- 미양
- 사도

] 小說 朝鮮總督府(中)(소설 조선총독부(중))

- 저자: 柳周鉉
- 출판사: 講談社
- 자료유형: 단행본
- 출판연도: 1968년
- 총 페이지: 332쪽

이 소설의 내용은 만주사태가 악화되어 일본정부가 그 때문에 조급해지고, 한편으로는 일본 경제계에 불경기의 파도가 밀어닥치게 되자, 다나카(田中) 수상이 어쩔 수 없이 1929년 7월, 총사직하여 정권을 내놓은 과정을 다루고 있다. 다나카 수상의 퇴진은 곧 야마나시(山梨)의 해임을 의미했다.

주요 내용을 보면 다음과 같다. 조선통치가 일단 본국 정계의 정쟁을 넘어 정우회와의 유대로 다나카 수상에게 정치자금을 모아주기 위해 파견되었던 야마나시가 상사의 사직에 따라 자동적으로 해임되게 되자, 제4대 조선총독 야마나시 한조(山梨半造)는 이렇다 할 치적도 남기지 못하고 어이없이 물러났다. 그는 부임 때와 마찬가지로 세간의 차가운 시선을 받으면서 치졸한 모습으로 경성역에서 기차를 타게 된다.

당시 일본정부는 제5대 조선총독으로 누구를 임명할 것인가? 일본 정계는 말할 것도 없이 조선의 2천5백만 민중들도 이번에 부임할 총독이 누구인가에 대해 비상한 관심을 기울이며 그 추이를 지켜보고 있었던 시대였다.

목 차

제 2부 신을 쏜 자
제1장 숨 막히는 태동 / 제2장 구멍 난 정보망 / 제3장 대한독립 만세 /

제4장 대담, 그리고 담판 / 제5장 긴급 비밀지령 / 제6장 북행열차 /
제7장 남과 여 / 제8장 미소 총독 / 제9장 촌철살인 /
제10장 만월회 / 제11장 나는 살아났다 / 제12장 곡예사들 /
제13장 동지 먼 곳에서 오다 / 제14장 전 승고 / 제15장 대한국 고종 대황제 /
제16장 조선인들! / 제17장 교수의 증언 / 제18장 뒤창에 카메라를 /
제19장 배금(拜金) 장군 / 제20장 3대 산맥 / 제21장 여걸 두 사람

▌太白山脈(태백산맥)

• 저자: 金達壽
• 출판사: 筑摩書房
• 자료유형: 단행본
• 출판연도: 1969년
• 총 페이지: 501쪽

이 장편소설 『태백산맥』은 1964년 9월호부터 1968년 9월호까지의 잡지 「문화평론」에 연재된 것이다. 그동안 4년 3개월에 걸쳐 연재된 내용을 엄선하여 가필·수정한 후 단행본으로 엮은 것이다.

저자는 15년 정도 전에도 『현해탄』이라는 장편을 치쿠마쇼보(筑摩書房)에서 출판하였는데, 『태백산맥』은 그것의 속편이라고 할 수 있다.

『현해탄』의 내용은 전쟁 중, 즉 태평양전쟁 중의 조선 경성(서울)을 중심으로 한 것이었지만, 『태백산맥』은 전후, 즉 8·15 해방 후의 조선 서울이 중심 무대가 되고 있다. 둘 다 그곳에 살고 있는 조선인의 생활과 저항이 중요한 주제로 되어 있다.

이들 두 소설은 비슷한 주제이기는 하지만, 그동안의 시간적·역사적 경

과는 물론이고, 현실을 총체적으로 파악했다는 점에서 방법론상의 발전이라고 말할 수 있고『태백산맥』의 경우와는 그 표현 방법에 있어서도 상당한 차이가 존재한다.

1970년대

詩集 なるなり (시집 되는 대로)

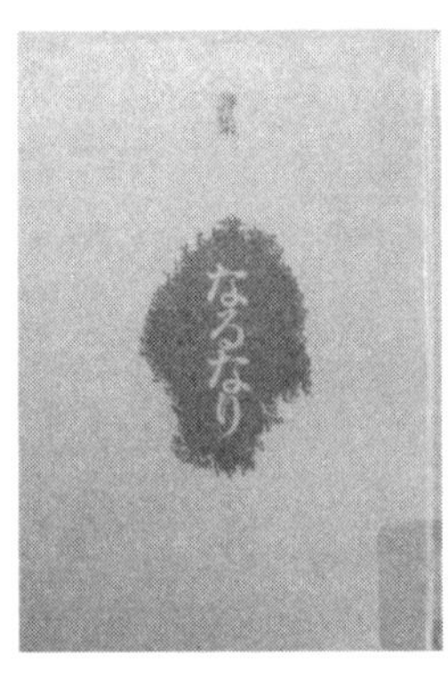

- 저자: 姜舜
- 출판사: 思潮社
- 자료유형: 단행본
- 출판연도: 1970년
- 총 페이지: 162쪽

이 시집은 저자가 조선어로 쓴 몇 권의 옛 시집 속에서 일부를 엄선하여 일본어로 직접 번역한 것이다. 저자는 젊었을 때 고향을 떠나 일본에 산 지 벌써 30여년 남짓 되어 가고 있다. 그동안 저자는 대부분 일본 이곳저곳의 조선인 부락 가건물 속에서 그들과 같이 생활하면서 공유할 수 있는 인고의 생활을 지속해 왔다. 따라서 저자의 시작(詩作)은 재일동포의 내핍 정황과 심정을 떠나서는 생각할 수 없는 것이었다.

주요 내용을 살펴보면 이 시집에 수록한 시편들은 어떻게 보면 그와 같은 가건물 속에서 생겨난 재일동포들의 영혼의 신음이고, 분열된 조국과의 관련에서 조국통일에 대한 갈망을 표현한 단편들이며, 저자의 시들지 않는 말들을 모아 놓은 것들이다.

저자의 시의 태도라든가, 어떤 특수 체질과 같은 것이 있다면 그것은 저자를 포함한 재일동포의 지향 양태와 향수를 응시하는 시선 속에 있다고 할 수 있을 것이다. 재일동포의 과거의 불행한 신상에서 생겨난 유랑 감정의 잔재와 몸에 쏟아지는 불티를 털면서 이국에서는 올바르고 강하게 살아가고자 하는 열정적인 모습, 기쁨도 슬픔도 함께 나누지 않으면 안 되는 연대의식이 잠재되어 있다.

이 책의 저자는 이러한 시편 속에서, 재일동포의 생활체험과 그것을 지켜보려는 소방대원 같은 역할을 나타내고자 노력하였다. 또한 이 시집은 정치적인 사상(事象)보다는 오히려 그 사상이 자아내는 정황과 마주하여 주체를 세워 가는 사람들의 초상(肖像)을 특화하고자 한 작품들을 수집하여 소개하는 데 주력하고 있다.

】海にひらく道(바다로 여는 길)

- 저자: 世良絹子
- 출판사: 太平出版社
- 자료유형: 단행본
- 출판연도: 1971년
- 총 페이지: 187쪽

이 소설에 등장하는 치쿠고(筑後) 평야의 가장 북쪽에 있는 마을은 옛날 미하라 군(御原郡)의 군청이 있었던 곳이다. 이 마을에서 하카타(博多) 만 연안의 후쿠오카 시(福岡市)까지 28km로 그 중간에는 번성했던 다자이후(大宰府)의 역사 흔적이 역력히 남아있다.

이 소설의 내용은 일본 다자이후가 번성했던 무렵을 다루고 있다. 다자이후가 지금의 장소에 설치된 665년부터 쇠락하는 1200년 가운데 840년이라는 역사를 통하여 맑은 시내가 많다는 점에서 이름 붙여진 사와타(澤田)가 있다.

이 소설의 내용은 사와타에서 미하라를 통해 나가다보면 그곳으로부터 출항을 한 배는 일본 하카타에서 한국 부산까지 200km 남짓 거리이다. 먼 옛날부터 사람들은 이 바다를 건너서 한국과 일본을 왕복을 했다. 사람과 사람의 교류는 좀처럼 이해하기 힘든 이상한 것인지도 모른다. 멀리 떨어져 있어도 어디에선가 무엇으로 연결되어 있는 것 같은 느낌이 든다. 사람으로서 이 땅 위에서 태어났다는 것은 태어날 때부터 모든 것들 중의 하나이며, 모든 것들과 만나게 되어 있고, 그 사람을 살아가게 하는 힘은 거기에 쏟아지는 사랑이라는 것을 저자는 강조하고 있다.

목 차

1 신라가 그렇게 가까운가?　　2 창고가 불 탄다
3 산의 도둑들　　4 바다소리가 들리지 않는다
5 여름의 태양　　6 미시카(三鹿) 이야기
7 출항

▌朝鮮の神話と伝説(조선의 신화와 전설)

- 저자: 申來鉉
- 출판사: 太平出版社
- 자료유형: 단행본
- 출판연도: 1971년
- 총 페이지: 231쪽

이 책은 다음과 같은 내용으로 구성되어 있다.

　1. 본서는 1943년에 도쿄의 이치스기(一杉) 서점에서 간행된 것을 복간하여 간행하는 것이다. 신판에 있어서는 용어를 현대풍으로 최소한의 통일을 꾀한 외에는 원문 전부를 수록하였다.

　2. 저자는 초판의 「머리글」에서 "솔직하게 고백하면 저자는 이러한 신화와 전설을 두려워하며 썼다"라고 고백하고 있다. 저자가 이렇게 말하는 것은 조선의 고문헌에 나타나 있는 신화나 민간에 전해지는 전설을 저자 나름대로 정리하여 써보았지만, 의욕만 앞서고 능력이 부족하여 신화에는 모독을 하게 되고, 전설에는 보석 같은 이야기를 하잘 것 없게 만들어버린 것이 아닐까 하는 걱정에서였다. 그리고 가능한 한 살아있는 이야기를 그대로의 형태로 유지하려 애썼다.

　저자가 이 책에서 신화와 전설에 역사적인 고증이나 비판적인 고찰을 시도하지 않았던 것도 이상의 이유에서이다. 되돌아보면 조선에서의 신화나 전설 분야는 아직 미개척 상태이며, 그 체계조차 구비되어 있지 않은 상황이다. 저자의 이 『신화와 전설』이 뒤를 잇는 사람들이 밟고 지나는 징검다리가 되고, 이를 발판으로 하여 앞으로 더욱 더 멋진 신화와 전설이 쓰이고 이를 통하여 일본과 조선의 사람들이 "진심으로 서로 이해하며 사랑하는 정신적인 양곡이 된다면 저자의 목적은 이루어지는 것이다."라고 저자는 말하고 있다. 이 책의 초판이 간행된 1943년은 이미 '대동아전쟁'이 종국에 가까워졌고 '성전' 완수를 위해 안달하던 일본의 조선지배가 한층 강화되어 조선민족에 있어서는 가장 혹독한 수난의 시대였다. '창씨개명'이라는 이름으로 조선인에게 본래의 이름을 버리고 일본인 이름을 사용할 것을 강요하고, 조선인의 '황국신민화' 교육이 한층 강화되어 조선민족 고유의 문화나 전통에 대해 탐색하는 것은 일절 터부시되면서 본서의 주제에 관한 연구는 불모지 상태에 놓여 있었다. 조선인의 강제연행도 이때 이미 87만 명에 달하고 있었다. 이와 같은 배경과 '성전' 완수를 위한 언론·출판 통제가 철저했던 당시의 상황을 생각할 때, 이 책은 저자의 소박하고 담담한 서술 속에 소위 '노예의 언어'와의 타협을 일절 배제하고 조선민족의 신선하고 강렬한 마음과 그 정신을 일본의 독자에게 전달하고자 하는 의도를 읽을 수 있다.

▌万德幽靈奇譚(만덕 유령 기담)

- 저자: 金石範
- 출판사: 筑摩書房
- 자료유형: 단행본
- 출판연도: 1971년
- 총 페이지: 213쪽

이 책 『만덕유령기담』은 깊은 골짜기 속의 관음사(觀音寺)에 밥 짓는 동자승, 즉 '불목하니'(절에서 잡일을 하는 남자)가 한 명 살았는데, 사람들은 그를 얼간이라고 불렀다. 그렇지 않을 때에는 '만덕(万德)'이라고 불렀다. 또 그렇지 않을 때에는 그냥 '불목하니'라고 불렀다.

이 소설의 주요 내용은 어떻게 보면 만덕이라는 이름이 그중 조금 나은 이름인데, 그것은 그의 법명(法名)으로 붙여진 것이다. 그러나 법명이 있으면 출가 이전의 소위 속명(俗名)이 있어야 할 것인데 그에게는 그 속명이라는 것조차도 없었다. 그저 개똥이라는 별명만이 있어서 그것이 그의 이름의 전부였다.

그는 어렸을 때부터 이름이 없었다. 이름이 없는 존재란 주위 인간들에게 자칫하면 인생에서 뭔가를 잃어버린 것처럼 묘한 기분을 불러일으킨다. 그럼에도 불구하고 사람들은 만덕이라는 이름이 생긴 이후에도 그를 부를 때나 서로 간에 개똥이라는 이름을 버리지 않았다.

그러나 동서고금, 사람들은 하층 인간의 성장과정에는 이렇다 할 관심을 두지 않는 것이 일반적이었다고 할 수 있을 것이다. 조선에 있어서도 특히 이러한 점은 분명하다. 조선에서 불목하니, 밥 짓는 동자승이라고 하면 소작인과 마찬가지로 원래 비천한 태생이라는 이유로 사람들은 만덕이처럼 성장과정이 불분명한 것을 이상하게 여기지 않는다.

성장과정만이 아니다. 인간다운 이름이 없어도 그다지 신경 쓰지 않는 것이다. 대개 길가의 거지를 보고 어떤 사람들이 그 이름을 알고 싶어 하겠는가? 서울역 정면 출구 오른쪽의 저 둥근 기둥 밑의 거지, 그리고 파고다공원 입구의 애꾸눈 거지와 절름발이 거지, 창경원 벚꽃나무 아래의 소매 잡아끄는 거지 등으로 충분한 것이다.

그러니 불목하니 정도의 인간도, 그것을 조선에서는 '공양주(供養主)'하고 하는데, 그들은 이름이 있어도 좋고, 없어도 그만인 존재이다. 그저 마구 부려먹기 위한 불목하니란 실체가 있어서 "어이"라든가 "이봐"하며 부르는 경우와 마찬가지인, 어떤 표시로서의 소리만 있으면 충분하다. 이름에서 이러하니 더 깊은 내용인 출신지나 양친, 나이 등은 더욱 분명치 않다.

▌朴達の裁判(박달의 재판)

- 저자: 金達壽
- 출판사: 東邦出版社
- 자료유형: 단행본
- 출판연도: 1972년
- 총 페이지: 253쪽
- ISBN: B000J96I4Y

이 소설은 남부조선 K라는 꽤 재미있는 도시를 다루고 있다. 지금부터 몇백 년인가 전으로 거슬러 올라가 예의 6등관 파웰·이와노비치·치치코프가 어디에선가 사륜마차를 타고 입성한 러시아의 현청소재지도 매우 재미있는 곳이었던 모양이지만, 이 도시도 그에 뒤지지 않게 매우 재미있는 곳이다.

하지만 이 도시는 현청, 즉 도청소재지는 아니지만, 그러나 인구 약 3만의 전통 있는 시로, 지방법원의 지원도 있고, 물론 경찰서, 검찰지청도 있으며, 또 형무소도 있다. 이 점에서는 예의 치치코프가 타고 들어갔던 현청소재지와 완전히 같지만, 그러나 러시아의 현청소재지와는 여러 가지 점에서 다르다.

첫째는 먼저 이곳이 현대의 남조선·대한민국이어서 결코 예의 농노해방 이전의 어두운 러시아가 아니라는 점이다. 자유세계의 불침번이라고 말해지는 미국군의 기지가 있다는 점에서도 다른데, 저자는 예의 우크라이나인(人) 니콜라이 바시리비치 고골리가 묘사했던 『죽게 하는 영혼』의 주인공과 같은 남자를 다시 한 번 이곳에 등장시키려 하는 것이 아니다.

우선 현재 치치코프와 같은 죽은 농노를 사들이는 남자가 있을 리도 없겠고, 또 고골리의 그 주인공은 6등관의 귀족이었지만, 이 사람은 박달(朴達)이라 부르는 일개의, 실로 일개의 소작농, 즉 농노였던 남자에 불과하다. 그리고 또한 그 치치코프는 사륜 마차를 타고 어디에선가 왔지만, 그는 이 K시의 형무소에서 석방 되어 나오는 중이었다.

이 소설은 여기 이 장면에서부터 이야기를 시작하고 있다. "앗, 나왔다. 우리의 박달은 지금 K형무소를 뒷문에서 방출되듯이 나왔다. 그는 문득 뭔가 잊어버린 물건이라도 있는 것처럼 멈춰 서서 눈을 가늘게 뜨고 초여름 햇빛 속에서 조용한 앞쪽 거리의 모습을 응시하고 있다. 주인공은 지금 형무소에서 나온 것치고는 그다지 마르지도 않았고, 그렇다고 살이 쪘다는 것은 아니지만, 키가 6척은 되어 보이는 큰 체격의 상당히 호남형 인간이다.

▋ことばの呪縛(언어의 주박)

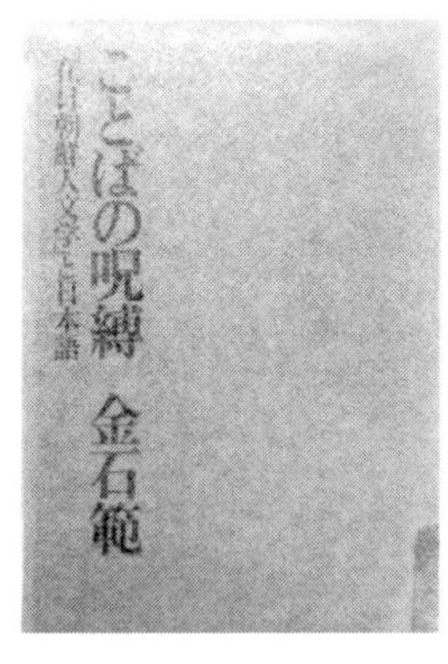

- 저자: 金石範
- 출판사: 筑摩書房
- 자료유형: 단행본
- 출판연도: 1972년
- 총 페이지: 292쪽

흔히 일본어문학이라는 익숙하지 않은 단어와 만나 당혹감, 혹은 저항감을 느낄지도 모른다. 그 이유는 '재일조선인문학'이 일본어문학이지만 일본문학은 아니라는 의미에서 말하고 있는 경우인데, 저자는 이것을 예측하고서도 이 단어를 사용하고 있기 때문이다. 즉 하나는 일본어문학이라는 개념상의 문제가 있고, 또 하나는 지금까지 자명한 일로서 일본문학인 것을 그게 아니라고 하는 점에서 오는 심정적인 것이 얽혀 독자를 자극하는 것이 아닐까 하는 생각이 든다.

그러나 저자는 '일본어문학'이라는 것을 문학상의 무언가 새로운 개념으로 규정하고 사용하고 있는 것은 아니다. 다만 일본어로 쓰여 있다는 그 사실성을 가리키고 있는 것에 지나지 않는다. 그리고 또 재일조선인문학이 일본문학이 아니라는 흔들림 없는 결론을 저자가 갖고 있다는 것도 아니다. 말하자면 지금까지 그것이 일본문학으로 되어 아무런 의심의 여지가 없는 것으로 간주되고 있었던 점에 대한 물음에 지나지 않는다.

주요 내용은 일본어로 적혀 있으니까 그것은 일본문학이라는 이 일반적인 어법에는 재일조선인문학 혹은 다른 일본인 작가 이외의 저자에 의한 문학의 발생 이전에서의 발상이 그대로 추궁당하는 일 없이 스트레이트로 살아 있다고 말할 수 있을 것이다.

그러므로 '재일조선인문학의 독자성'이라고 하는 것을 하나의 새로운 시점에 입각하여 생각하고, 그래도 일본어로 쓰여 있는 한은 일본문학이라는, 당연한 결론에 이론적으로 귀결되게 된다면 그에 따르고자 하였다. 즉 저자는 단어에 대해, 재일조선인 작가와 일본어를 자신의 속에 두고 있다고 생각하면 어느샌가 그것의 필연적인 경로처럼 되어 재일조선인문학의 독자성이라는 생각에 도달하지 않을 수 없었던 것이다.

▌夜(밤)

- 저자: 金石範
- 출판사: 文芸春秋
- 자료유형: 단행본
- 출판연도: 1973년
- 총 페이지: 117쪽
- ISBN: 0093-302940-7384

이 소설은 김석범의 '밤'이라는 작품이다. 소설의 내용은 다음과 같다.

"어머니의 장례식 날에는 비가 왔었다. 어머니가 돌아가시고 나서 벌써 1년이 넘지만, 화장터 건물 내부의 모습이 비 저쪽에 지금도 보이는 것이다. 그 비 내리는 날의 빛나는 빗발을 비추며 사체소각로 앞 사람들과 화장하는 사람의 모습이 보인다." 물론 그중에 저자도 서있는 것이었다.

저자는 연말 상점가의 밝은 번화가를 걸어가면서 지금 비 이외의 어머니 장례식 날을 생각해내지 않는 치환이 먹히지 않는 기억의 무거움에 놀란다. 그것은 이미 지울 수 없는 완성된 한 장의 그림과 같은 확실함을 갖고 있는 것이다.

비 오는 날은 이상하게도 어떤 냄새의 기억을 나에게 야기하는 것이었다. 건물 내부에 흘러드는 습기를 머금은 차가운 공기가 어떤 냄새를 싸고서 오랫동안 놓치지 않고 있는 것처럼 생각되었다. 영구차가 후진하여 들어온 흔적인 바퀴자국이 깊게 패어 있어서 물거품이 이는 웅덩이를 만들고 있었다. 건물 내부의 냄새가 약간 비릿하게 생각되었다. 비가 와서일지도 모른다. 젖은 공기가 건물 입구로 들이닥쳐 내부의 건조한 공기와 섞이고 있기 때문일지도 모른다. 아니, 실제로 여열(余熱)을 내는 소각로 주위에는 습기 같은 것이 없기 때문에 비린내 나는 것이 있을 리도 없었다.

　어머니는 병원에서 돌아가셨다. 공장으로 전화 연락이 와서(공장이라 해봤자 주인부부와 직원 3명의 작은 마을 공장에 지나지 않지만) 병원에 갔을 때는 이미 의식이 없게 되어 그 영혼은 자식을 보기 전에 죽었던 것이다. 그래서 노모가 숨을 거두는 광경을 지켜보았을 뿐이다. 마지막 숨을 거두기 직전에 의식불명이 되면서 마치 손톱으로 유리를 긁듯이 도움을 청하는, 아마도 산 자의 눈에는 영원히 비치지 않을 암흑에 잠긴 임종의 괴로움을, 그로부터 얼마 지나지 않아 찾아온 조용한 죽은 얼굴을 가만히 응시했을 뿐이었다. 곧 뒤따라온 공장 주인인 호소(細) 군은, 난녀(蘭女)라는 꽤 좋은 이름을 가졌지만 기가 센 여자인데 죽은 어머니의 얼굴을 보고 부처 같다며 울었다.”

목 차
- 밤
- 이훈장
- 도로쿠 도둑

▎海峡(해협)

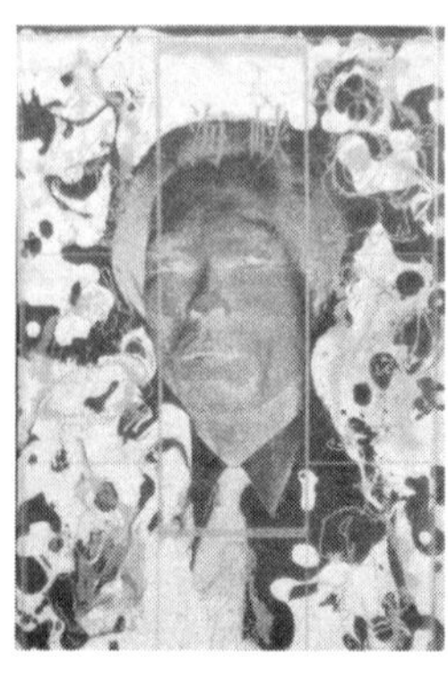

- 저자: 吳林俊
- 출판사: 風媒社
- 자료유형: 단행본
- 출판연도: 1973년
- 총 페이지: 242쪽

　이 책은 오림준 장편서사시편집성이다. 저자는 생각한다. “확실한 것은 궁극적으로 시를 선택할 숙명에 있었던 것은 아니다. 또한 이 현실을 확인하기 위한 하나의 방법으로서 감정을 압축하여 보인 것이 아니다. 분명한 것은, 명백히 그것에 도착하지 않으면 안 되었던 과정, 그 자체가 거의 질식시킬 것 같은 세월이었던 열도의 살아온 연쇄(連鎖)인 것이다. 이것이 지금에 이르기까지 멈추기 어렵게 울리는 맥박에서 끌어당겨져 용출하는 지금의 의지의 소산이다. 말하자면 자기 자신의 조소(彫塑)로서만 있는 궤적인 것이다.

그러므로 저자의 시작(詩作)하는 정신의 배태(胚胎)는 타자에게 전가할 어떤 책임을 가지고 있지 않다. 명백한 융화는 저자가 가장 혐오하는 설교이다. 이 점이 지금 발을 딛고 있는 토양에서 유로(流露)하는 관계의 재확인을 다짜고짜 요구하는 것이다. 이러한 물음에 대해 바라는 처방전은 없음에도 불구하고, 표명된 일본어 규범에서 나는 자유로울 수 있는 이방인이 아니라는 점은 확실하다.

충동하는 시작(詩作)의 원천이 긴 그림자를 드리우고 있는 해변에서 손쉽게 이동할 수 없는 불가능성의 상황이 항상 찰과(擦過)해버리는 계속되는 방향이 어디에 있을 수 있을까? 그 저편은 아직 용해(溶解)하는 것을 거부하고 있을 뿐이다. 지금 가령 이성이 상징에 지나지 않는 미래에 에누리 없이 근접할 수 있다면 나라도 그 보장을 닮고 싶을 것이다.

아무리 뜨거운 포옹이 이 세상에 있다 하더라도 나는 피안의 그 애정을 확인하는 일 없는 인간일 것이다. 한숨을 쥐어짜내고 있는 남자의 출생지란 무엇일까? 고향이 회상에 알맞은 재료를 날리고 있다고 해도 저자는 비향토자로서의 지탄을 받는 자로서 살아가고 싶다고 주장한다."

목 차

- 조선소년시편집성
- 세월시편집성
- 해협시편집성
- 해설 마쓰나가 고이치
- 후기
- 이향잔고시편집성
- 환상망경시편집성
- 암귀시편집성
- 진혼가 강순

▌朝鮮人部落(조선인 부락)

- 저자: 成允植
- 출판사: 同成社版
- 자료유형: 단행본
- 출판연도: 1973년
- 총 페이지: 277쪽
- ISBN: 0093-042073-5256

이 책은 다음 세 가지 주제로 분류할 수 있다.

재일동포와 일본과의 관련, 그리고 남조선의 상황과 관련된 것, 어떤 인물의 내면으로의 투사 등이다. 확실히 현실은 저자의 기우의 틀을 넘어서, 지각(地殼)은 태동하기 시작한 것 같다. 하루라도 빨리 새로운 선풍(旋風)에 의해 저자가 표현한 것이 망상 차원으로 함몰하기를 바라고 있다. 그 시한에 이르면 이 책이 모종의 의미로 좌표의 점과 관계되었다는 등 투덜거리지 않을 생각이고, 그렇게 되는 일에 대해 기쁨의 정감을 폭발시키는 데에 주저할 이유는 하나도 없다.

조국으로부터 두절되어 있는 상황이 오래 지속되면 우울한 폭풍우가 몰아친다. 펜을 들면 격류처럼 봇물 터지듯이 흘러넘치는 격정이 용솟음치겠지만, 우리들을 둘러싼 구축은 그보다 더 중후한 침묵을 응축시키는 것이다.

바다를 사이에 둔 저쪽은 우리들의 상념을 훨씬 넘어 정침(頂針)을 지향하며 뇌동하고 있다. 역사의 짓궂은 착종(錯綜)에 의해 이국땅에서 4반세기를 넘기면서까지 서식하고 있다는 가장(仮裝)을 하며 언제까지나 타면(墮眠)을 탐해서는 벌써 골격에서부터의 부식을 피할 수 없다.

이 땅에서 핍색(逼塞)하고 있는 한, 설령 사지(四肢)를 뛰어다니는 저주 같은 의식을 토로하는 부담감에 빠진다고 해도 말해야 할 축적은 세상에 드러내야 할 것이다. 그것은 왜소하여 다루어야 할 가치가 없는 것이라도 결국은 우리들이 목표로 하는 지표로 비상하는 이정표의 책임을 지고 서있는 것이다.

세월마저 능가하는 영지(英知)와 준민(俊敏)을 가진 인류가 눈앞의 암우(暗愚)에 맹목적인 것은 정치한 기계로도 측정할 수 없는 것이며, 비극을 넘어서 빈축을 초래하는 것일 뿐이다.

이 책이 그 어둠의 일부분을 미약하나마 조사(照射)했다면 저자의 목적은 이루어졌다고 해야겠지만, 그 판단의 키를 잡고 있는 것은 독자이다.

목차

- 조선인 부락
- 벽
- 변모
- 발문
- 갈라 찢겨진 것
- 어머니
- 표적을 쏘다
- 후기

不死鳥のうた (불사조의 노래)

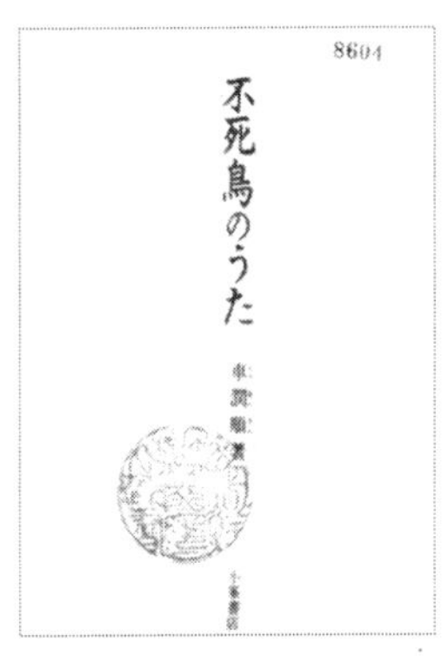

- 저자: 車潤順
- 출판사: 小峰書店
- 자료유형: 단행본
- 출판연도: 1973년
- 총 페이지: 295쪽

이 책의 내용은 차윤순이라는 여사가 한국의 38도선의 추운 한촌(寒村)에서

부군을 뒤이어 교회를 짓고, 또 기독교주의 학교를 경영하고 있는 내용으로 채워져 있다. 부군이 병으로 쓰러졌기 때문에 학교를 유지하기 위한 자금을 만들고, 청소년들을 육성하기 위해 『불사조의 노래』를 저술했다고 한다.

이러한 책이 일본에서 출판하게 된 목적은 어떻게든 한국과 일본이 함께 어깨를 나란히 하여 나아가고 싶다는 바람에서이다. 한일 양쪽에서 어느 쪽인가가 위가 되고 아래가 되는 일 없이 평행선에서 공동으로 협력해가고 싶다는 의미이다.

이 책은 한국과 일본이 지난 과거의 미움을 잊고, 원망을 버리고, 예수님을 만나 하나가 되어 살아가기를 바라는 글들로 채워져 있다. 한편, 저자는 앞으로 젊은 세대들이 한국과 일본의 가교가 되어 주기를 바라는 염원을 갖고 이 책을 썼다.

이 책은 소설 형태로 쓰여 있지만, 저자 자신이 소학교 시절을 일본 기후현(岐阜縣) 나가라가와(長良川) 근처에서 보낸 추억들을 기록하고 있다. 이러한 저자의 비통한 체험이 우리들에게 강력한 호소로서 다가오기도 한다. 저자는 일본인들이 이 책을 다 읽고 한국인에 대해 일본인의 죄가 얼마나 심각한 것이었는지를 반성했으면 생각하고, 신이 일본민족을 위해, 일본 교회를 위해, 특별히 자신이 선택된 복음의 사신이라고 생각한다며 끝을 맺고 있다.

島家の人々 (도가네 사람들)

- 저자: 朴秀男
- 출판사: 南北社
- 자료유형: 단행본
- 출판연도: 1974년
- 총 페이지: 305쪽
- ISBN: B000J974WE

이 책은 '도가니 사람들' 제1권 '소년들의 서장'이라는 소설의 일부이다. 소설의 내용을 살펴보면 "시민들 사이에서 만들어지고 있는 가정 채소밭 수확이 점점 중요한 야채 공급원이 되고 있는 일을 도강생(島康生)은 생각했다. 그의 눈에 띄는 약간의 공터라도 갖고 있는 자들이나 각자의 집 앞 도로까지를 사람들은 밭으로 일구고 있었다. 도강생도 부친 태길(泰吉)이 공들여 만든 예쁜 정원 일부를 망치는 것에 처음에는 봄이 잘리는 듯한 저항감을 느꼈다. 그러나 집 뒤 정원을 일구어 배추, 오이, 가지 등을 심어서 가정 채소밭으로 하지 않으면 식량 공급사정이 불안한 지경에까지 이를 정도로 궁벽해졌다. 그는 그 밭의 무가 이미 상당히 크게 자라기 시작하여 즐거웠다.

그는 정원 채소밭의 잡초를 뽑기 위해 매일 공장의 오후 식사시간 틈을 보아 집과 붙어있는 공장의 작업장에서 집 뒤 정원으로 와서 손질을 하였다. 그는 잡초를 뽑은 후, 나무 밑에서 쉬며 작황을 만족스러운 듯이 바라보았다. 그리고 채소의 재배에 대한 자신의 기량이 많이 좋아지고 있음을 느꼈다. 가정 채소밭에서 재배할 수 있는 야채만은 잘 키워낼 수 있다는 자신이 완전히 붙어 있었다."

이러한 일상생활에서 바야흐로 일본에서 돌발한 태평양전쟁으로 인해 모든 상황이 한꺼번에 돌변했다. 구체적인 표현들을 살펴보면 "그는 갑자기 폭음을 듣고 나무들 사이에서 튀어나와 하늘을 올려다보았다. 아주 조용한 하늘, 그 새파란 하늘에는 비행기 그림자는커녕 새 그림자 하나 보이지 않았다. '경보가 아니었구나.' 그는 휴 하고 안심을 하면서도 요즈음 그 점에 신경이 너무 예민해져 있는 것을 느꼈다. 12월에 들어서 처음 미군 B29 편대가 나고야(名古屋)의 미쓰비시 발동기(三菱發動機)를 덮치고, 그 후 거듭되는 공격으로 기분 나쁜 경보 사이렌 소리가 가끔 그에게 환청이나 착각을 일으킬 때가 있었다. 공습이 격해지자 식량사정은 더욱 나빠져 갔다. 연말이 가까워 모두들 어수선한 가운데 시골로 쌀을 몰래 사러 가지 않으면 안 되는 일도 잦았다."

詐欺師(사기꾼)

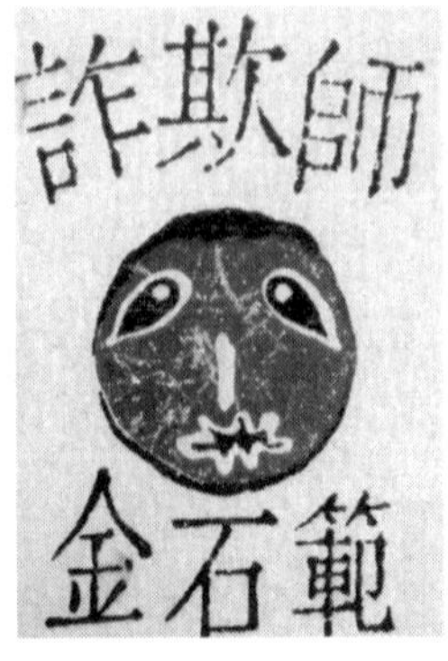

- 저자: 金石範
- 출판사: 講談社
- 자료유형: 단행본
- 출판연도: 1974년
- 총 페이지: 250쪽

이 책은 작가 김석범에 의해 1974년에 쓰인 소설이다. 소설은 다음과 같이 시작되고 있다. "녹이 슨 자전거의 페달을 돌리면서 도심에서 떨어진 S동에서 마을 중심부의 옛 성 안까지 약 10km의 자갈길을 달리는 것은 상당히 고생스럽다. 시간으로는 약 한 시간, 거리에 비해서는 시간이 너무 걸리는 것이지만, 그래도 그것만이라면 특별히 뭐라 할 것이 없다. 고생스럽다는 것은 원래 자전거가 고물이라서 무엇보다 도중의 고개를 넘는 것이 힘들기 때문이다. 고개라고 하면 바닷가마을에서 신작로로 나가는 언덕길도 힘들지만, 성내에 가까운 도중의 고개는 바다에 벼랑을 떨어뜨리며 솟아있는 R언덕 기슭을 포장한 신작로로, 자전거를 탄 채로는 도저히 넘을 수가 없다. 안장에서 엉덩이를 들고 페달을 힘껏 돌려봐도 도중에서 숨이 차버리는 것이다. 그래서 자전거 주인인 백동기(白東基)는 처음부터 포기하고 고개 앞에서 내려 짐말을 끌듯이 하며 걷기로 한다. 그래서 그 걷는 만큼 족히 반 시간은 잡아먹어버린다는 계산이 되는 것이었다.

백동기가 매일 옛 성내로 낡은 자전거를 타고 가는 시각은 정해져 있었다. 즉 출근시간인 오후 8시가 다 되어가는 시각으로, 가로등도 없는 시골을 지나는 신작로에는 사람들도 별로 다니지 않는다. 그래도 가끔은 달빛 아래에서 야, 야경꾼이 지나간다, 하면서 바보 취급하며 놀리는 무리가 틀림없이 존재한다는 것이다. 그 근방의 작업모와 비슷한 모자와 어두운 밤에도 알 수 있는 열어젖힌 옷깃의 제복, 허리에서 흔들리는 경봉(警棒)을 보면 그것이 순경(순사) 밑에서 일하는 야경꾼이라는 것을 누구라도 알 수 있다.

몇 차례인가 충돌한 전력이 있는 이 고물 자전거는 앞바퀴가 약간 비틀어져 있었다. 그것이 항상 삐걱삐걱, 아니 흐물흐물하는 것 같은 불안한 감각을, 핸들을 잡은 양손을 통해 그의 마음속으로 가져온다. 그러나 그때는 이미 고개를 넘으면서 원만한 내리막길을 달려내려 가는 것이어서 마을의 등불이 야광충떼처럼 어둠의 밑바닥으로 가라앉아 보이며, 근무지인 파출소는 이제 금방이다. 그래도 백동기가 페달을 돌리는 자전거는 무겁다. 특히 최근에 와서 갑자기 무거워진 것 같다."

목차

- 사기꾼
- 도상
- 밤의 목소리

口あるものは語れ (입 있는 자는 이야기하라)

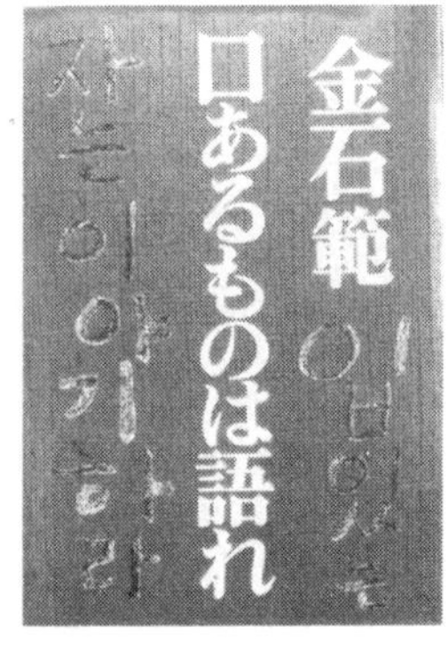

- 저자: 金石範
- 출판사: 筑摩書房
- 자료유형: 단행본
- 출판연도: 1975년
- 총 페이지: 235쪽

이 책 『입이 있는 자는 이야기하라』라는 제목은, 수록된 「말하라, 말하라, 잡아 찢긴 몸으로」 속의 "설령 일본에 있어도 입이 있는 자는 말하지 않으면 안 된다. 잡아 찢긴 몸이 아니라도 괜찮으니 말해야 한다."라는 취지에서 이름 붙여진 것이다. 이 말은 원래 김지하 씨의 시를 본따서 붙인 것이다. 즉 그것은 바다의 저쪽에서 싸우는 시인들에게 향해진 것이 아니라 바로 자기 자신을 향한 말로서 쓴 것이다. 재일조선인인 저자가 일본에 저항감을 느끼는 감정을 밝힘과 동시에 다시 한 번 자신에게 묻는 질문으로서 「입 있는 자는 이야기하라」는 강조하고 있다.

목차

- 충격적인 너무나 충격적인 조선통일을 위한 공동성명을 접하고
- 처형
- 우울한 여름
- 박정권과 테러리즘
- 공포로 인간을 지배할 수 없다
- 새로운 연대감을 형성한 날
- 30년째 8·15
- 거리감
- 어떤 부부
- 멀리 개가 짖는 소리
- 침묵하는 한국 민중
- 말하라 말하라 찢어진 몸으로
- 용서 안 되는 펜 대표의 궤변
- 고발을 초월하는 것
- 어떤 질문
- 재일조선인의 민족인 것-연대의 주체적 조건
- 우리들 허구를 지탱하는 것-왜 '제주도'를 쓰는가.
- 재일조선인 문필가의 것에 대하여
- 제주도 4·3사건과 이덕구
- 위조된 조선사
- 옛날이야기
- 작은 책
- 1945년 여름의 주변
- 문학에서 '저항'이란 무엇인가?
- 사라진 역사
- 이카이노 소멸에 대하여
- 어떤 원고
- 까마귀의 죽음이 세상에 나오기까지
- 후기

▌小說在日朝鮮人史上 (소설 재일조선인사 상)

- 저자: 金達壽
- 출판사: 創樹社
- 자료유형: 단행본
- 출판연도: 1975년
- 총 페이지: 374쪽
- ISBN: 0093-0051-4249

이 책은 일본 요미우리(讀売新聞)신문의 「저서를 위한 광고」에도 적은 내용이지만, 「재일조선인의 생활을 다룬 것을 한 권」이라는 것이 이야기의 첫 주제이다. 그중에서 적당한 것들을 선택해 달라고 한 것이다. 대부분의 내용은 지금까지의 단편집 등에 들어있던 것이지만, 그중에는 들어있지 않은 것도 있다. 더구나 단편집 등에 들어있던 것이라고 해도 전후 얼마 지나지 않은 무렵 출판사의 흥망이 극심했기 때문에 예를 들어 『전야의 장(前夜の章)』을 제목으로 한 단편집 등은 그 책의 출판과 동시에 망해버린 경우도 있어서 말하자면 이번이 처음이라고 해야 할 것들도 많다.

간단히 말하자면 이십몇 편 중에서 전부를 전전・전후 편으로 나누어 상・하 두 권으로 만들고 또한 다루었던 주제를 시대순으로 늘어놓고 보니 저자는 마침 재일조선인이 살아온 역사도 되므로 상하 두 권의 책 제목을 『소설・재일조선인사』로 하고 싶었다.

그것은 재일조선인으로서의 저자 자신의 역사이기도 하다. 저자가 일본으로 건너와 소위 재일조선인이 된 것은 1930년의 일이었다. 그리고 딱 10년 후인 1940년에 쓴 것이 여기에 수록되어 있는 「위치」라는 작품이다. 지금으로부터 계산하면 35년 전의 일로, 만 20세가 되던 해였는데, 어떻게 저자가 이와 같은 소설을 쓰는 작가가 되었을까? 그것은 저자가 다름 아닌 재일조선인이라는 까닭이었다. 저자는 일본으로 건너옴과 동시에 여러 가지 경험을 해야만 했다. 그 경험을 통하여 저자는 재일조선인이라는 자, 혹은 일반조선인의 생활이라는 것을 우선 일본인들이 진심으로 이해해 주기를 바라게 되었다.

목 차

- 서장
- 위령제
- 엄마와 두 사람의 아들
- 위치
- 쓰레기
- 부대장과 법무중위
- 후기
- 중산도
- 할머니의 추억
- 잡초처럼
- 이만상과 차계류
- 반란군
- 전야의 장

小說在日朝鮮人史下(소설 재일조선인사 하)

- 저자: 金達壽
- 출판사: 創樹社
- 자료유형: 단행본
- 출판연도: 1975년
- 총 페이지: 334쪽
- ISBN: 0093-0052-4249

이 책『재일조선인사 하』권은 저자가 당시 잡지에 발표한 후, 그 해의『창작대표작선집』이라든가『전후주요작품전집』,『전후10년 명작선집』등에 실린 작품이다. 그것은 다케우치 요시미(竹內好) 씨의『전환기 전후일기초』

나 노마 히로시(野間宏) 씨의 『현대아랍문학선』 등 이 출판사가 간행하고 있는 것을 보면 알 수 있지만, 출판 내용이 굉장히 양심적이라는 것을 알 수 있으며 이것은 곧 가난하다는 말이기도 하다. 모택동은 언젠가 창조적인 것의 조건 중 하나에 '가난할 것'을 들어 말했지만, 이것에는 항상 하나의 위험이 도사리고 있다는 것도 사실이다.

목 차

- 서장
- 번지 없는 부락
- 여행에서 만난 사람
- 곤촌길동전의 시도
- 후지가 보이는 마을에서
- 밤에 온 남자
- 8 · 15 이후
- 야노쓰 고개
- 손영감
- 위원장과 분회장
- 고독한 그들
- 일본에 남겨놓은 등록증

李朝悲史(이조 비사)

- 저자: 大庭さら子
- 출판사: 集英社
- 자료유형: 단행본
- 출판연도: 1975년
- 총 페이지: 250쪽
- ISBN: 0093-772033-3041

이 책은 오랜 투병생활 끝에 서울에서 돌아가신 마지막 조선 왕족 고 이(李) 전하의 일은 그 비(妃)가 나시모토 노미야(梨本宮)의 히메미야(姬宮)인 마사코(方子) 전하였다는 점에서 다소 기억하고 있는 독자에게도 흥선대원군과 민비의 이름은 거의 알려져 있지 않을 것이라고 생각하여 쓰게 되었다.

이 책의 내용을 살펴보면 대원군은 이(李)왕 전하의 조부이며, 민비는 계모였다. 그런 의미에서 일본과 관계가 깊은 두 사람이지만, 이 시아버지와 며느리에 해당하는 두 사람 사이에 정권획득을 둘러싸고 반복되었던 처참한 분쟁과, 그 분쟁에 편승하여 각각의 야망을 달성하고자 한 열강(청 · 러시아 · 일본 · 프랑스 · 영국 · 미국)의 동향은 다소라도 동양사에 흥미를 갖고 있는 자에게는 놓칠 수 없는 흥미로운 사항이다. 저자는 조선에 대하여 안으로 내란과 정쟁을 반복하고, 밖으로 끊임없는 외국의 무력 위협과 침략을 받으며 점차 망국의 늪으로 빠져가는 조선의 운명을 한번쯤은 다루고 싶다고 생각하던 차에 1965년 한일회담이 성립된 직후에 한국으로 건너가 이 나라를 자세히 보고, 이 나라 사람들과 만났다.

저자는 이 책을 일본(통치자) 입장에서가 아니라 한국(피통치자) 입장에서 쓰고 있다. 일본인으로서 별로 시도되지 않았고, 또한 오랫동안 쓰는 것이 금지되어 있던 분야에 감히 도전해 보고 싶다고 생각했던 것이다. 일본은 열강과의 각축에서 승리하고, 무력 침략에 성공하여 그로부터 조선 36년간의 식민지 지배 동안에 언론, 사상을 압박했을 뿐 아니라 일체의 역사서나 문헌을 태워버리고 학교에서도 자국의 역사를 가르치는 것을 금지해버렸다. 몰래 숨어서 읽거나 어딘가에 숨긴 사실이 발각되기라도 하면, 책은 불태워지고 그 사람은 헌병에게 끌려가서 가혹한 고문을 받지 않으면 안 되었다는 사실을 알게 되었기 때문이다. 그리고 그 대신 남겨진 것은 지배자 측이 멋대로 왜곡하여 적은 문헌들이었다. 이 책은 이러한 양심 있는 소수의 학자들에 의해 쓰인 적은 수의 사서가 지하 깊숙이 묻혀있다가 해방 전후 독립하고 나서 겨우 햇빛을 보게 된 귀중한 것이다.

목 차

제1장 흥선대원군의 출현
제2장 대원군의 제정개혁과 왕비 책립
제3장 천주교의 탄압과 쇄국정책

제4장 대원군의 몰락과 민비의 대두
제5장 강화조약 체결과 그 파문
제6장 임오군란과 대원군의 복귀
제7장 일청양국군의 압력과 민비정권의 복구
제8장 갑신정변과 일본의 배신
제9장 대원군의 귀국과 민비정권의 부패
제10장 동학란으로부터 일청전쟁 전야로
제11장 대원군의 재출마와 괴뢰정권의 수립
제12장 전승국 일본의 압박과 정국의 혼란
제13장 청국의 패전과 조선의 독립
제14장 일본의 모략과 을미사변
제15장 붕괴순전의 이왕조과 대원군의 죽음

▌わが文學(우리 문학-김달수평론집 상)

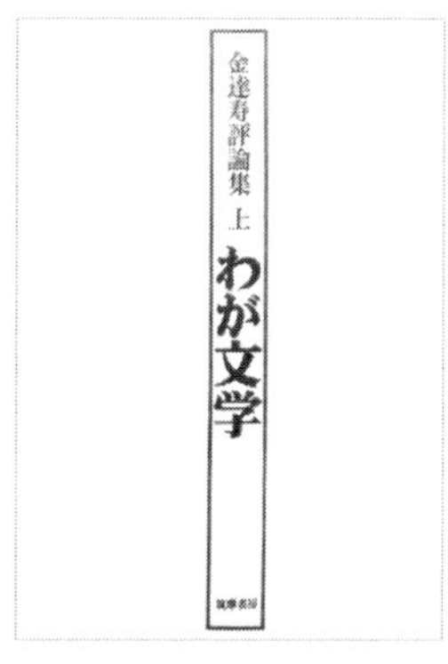

• 저자: 金達壽
• 출판사: 筑摩書房
• 자료유형: 단행본
• 출판연도: 1976년
• 총 페이지: 378쪽

이 책의 출발은 저자가 평론집을 하나 써달라는 부탁을 받고 여기저기 잡지나 신문 등에 기고해 온 것들을 뽑아 하나로 정리하여 치쿠마쇼보(筑摩書房)에서 출간한 것이 계기가 되었다. 그리하여 완성된 것이『김달수 평론집』이라고 하는 상·하 두 권으로 하나는 ⑴「우리 문학」이라고 되어있는 것인데, 목차를 보니 벌써 20년 이상이나 전에 쓴 것도 포함되어 있다.

책의 내용을 보면 저자가 실질적인 문학공부의 장이 된 것은 해방 전후 나카노 시게하루(中野重治) 씨 등에 의해 창립된 신일본문학회였다고 한다.

저자가 이 모임에 들어간 것은 1946년이며, 탈퇴한 것은 아마 1964년이었
다고 하는데 이 18년 동안 문학에 관한 많은 것을 배웠다고 고백하고 있다.

　또한 저자는 일본공산당의 분열에 의해 알려진 '조직'이라는 것의 중압이
라는 것도 그 하나로, -신일본문학회원의 10년-이라는 부제목을 붙인 『사실
을 사실로서』와 같은 것을 쓰지 않으면 안 되었던 이유도 밝히고 있다.

목 차

- 어느 조선인 · 나의 문학자각
- 『현해탄』에 대하여 어느 서클에서 대답
- 조선문학의 사적 각서
- 태평양전쟁하의 조선문학
- 식민지 중의 작가
- 김지하와 펜 대회
- 문학과 정치에 대한 감상
- 시점에 대하여
- 일본문학운동과 나의 입장
- 인간과 리얼리즘의 회복
- 문학과 지도자의식에 대하여
- 노동과 창작
- 소설도 쓰다
- 조선문학에서 정치의식
- 8 · 15까지
- 조선 문화에 대하여
- 조선문학에서 유머와 풍자
- 사실을 사실로서
- 창작방법에 관하여
- 남조선 학생데모를 소설에 쓰지 않았던 것
- 작가의 현실과 방법

▌わが民族(우리 민족-김달수평론집 하)

- 저자: 金達壽
- 출판사: 筑摩書房
- 자료유형: 단행본
- 출판연도: 1976년
- 총 페이지: 368쪽

이 책은 앞서 나온 『김달수 평론집』(상)의 「우리 문학」에 이은 「우리 민족」

(하) 로 일본에서 피차별 부락 문제에 대한 논고가 몇 개 들어 있다. 저자가 최초에 일본에서 『부락해방의 문제에 대하여』라고 쓴 것은 1951년의 일로, 지금부터 25년 전이다. 따라서 이 책의 내용은 1951년이라는 시점과 밀접히 관련되어 있다. 앞서 「우리 문학」(상)의 '후기'에서 저자는 신일본문학회에 들어가서 "여러 가지 일을 배웠다"라고 썼다. 그리고 책의 내용 중에 "그와 동시에 여러 가지 싫은 일도 있었다. 일본공산당의 분열에 의해 알려진 '조직'이라는 것의 중압이라는 것도 그 하나로"라고 적었는데 이것이 1951년을 중심으로 한 시점이었다.

저자는 만약 당시 이러한 분열이 없었다면 이 책에서 볼 수 있는 것과 같은 사태가 일어나지 않았을지도 모르며, 따라서 또 나는 이와 같은 책을 쓸 일도 없었다고 고백한다. 요컨대, 소위 피차별 부락의 사람들 자신과 저자 사이에는 특별히 이렇다 할 문제가 없었던 것이다. 이러한 문제의식이 없었음에도 불구하고 1962년 12월 저자는 '부락문제연구소' 주최의 「인권과 부락문제 강좌」에서 강연을 한 적이 있다. 그때의 강연이 『인권차별과 문학』으로 이것이 63년 1월호의 잡지 『부락』에 실렸을 때, 고인이 된 작가 아베 토모지(阿部知二) 씨로부터 「『부락』에 게재된 강연에 의한 문장, 매우 감명 깊게 읽었습니다. 경의를 표합니다.」라는 엽서를 받았다. 『재일조선인과 부락』이라는 것도 이러한 강연의 하나로서, 이것은 부락해방교육독본 『인간』에 들어있다.

목 차

- 우리 전후사
- 나의 유년시대
- 식민지적 인간
- 인간차별과 문학
- 「메이지백년」 과 재일조선인
- 김희로라는 인간
- 차별극복 투쟁
- 만보산 · 이 라인
- 일한회담과 재일조선인문제
- 8 · 15전후
- 부락해방 문제를 다루고
- 교토학파가 조선인의 「친류」였다는 이야기
- 어느 편지, 도표, 논문
- 일본인의 차별의식
- 재일조선인과 부락
- 조선인 학살의 기록 2 · 3
- 이것은 인도문제가 아닌가?
- 『조선』에 대한 "비판"에 대하여

- 돌아가는 자, 남는 자
- 남조선에서의 데모·봉기
- 조선인의 민족의식
- 무엇이 「선린우호」인가?
- 조선인의 한 사람으로서 생각한다
- 『일한회담』에서 생각한 것
- 문제는 간단하다
- 황폐와 불신에 대하여

ソウルの春にさよならを (서울의 봄에 안녕을)

- 저자: 韓丘庸
- 출판사: 講談社
- 자료유형: 단행본
- 출판연도: 1976년
- 총 페이지: 285쪽

이 소설 『서울의 봄에 안녕을』은 한국의 가장 어두웠던 시기에 열심히 치열하게 살다가 짧은 생애를 마친 여자중학생 영숙이를 통해 당시 부조리했던 사회의 일단면을 고발하고 있다. 영숙이가 사모하던 서울의 아침, 그리고 거리에 떨어져 쌓인 낙엽, 대낮의 사람들의 움직임, 저녁노을, 상점가의 시끄러운 물건 파는 소리, 어린이들의 떠드는 소리, 이러한 모든 것들이 지금 영숙이의 것이 되려고 하고 있다. 이 소설과 같이 그녀가 많은 선한 사람들에 둘러싸여 짧았지만 멋진 인생을 걸어온 것은 여러 가지 의미에서 시사하는 바가 크다.

주요 내용을 보면, "서울한성여자중학교 언덕길에 다다르자, 그곳은 더 이상 서울의 거리와는 동떨어진 별세계 같은 조용함이 감돌고 있었다. 지금은 고층빌딩이 늘어서서 6백만의 인간들을 안고서 꿈틀대는 대도시이다. 그러나 그 서울의 한 구석에 이처럼 차분한 곳이 있다는 것은 얼마나 이상한 일인가?

희끄무레한 덤불 산사나무 꽃이 언덕길에 넘쳐날 정도로 피어, 봄 나비가 어지러이 날며 5월의 바람은 북악산을 넘어서 서울 거리의 한 가운데로 흘러갔다. 느티나무의 잔가지를 스치며 내려온 검은 방울새 한 마리가 덤불 산사나무 꽃을 물고 도망가 버렸다.

한성여중의 교문을 나선 무용부 학생 다섯 명이 떠들면서 언덕길을 내려 갔다. 그리고 우연히 흰 꽃 앞에서 멈추자, 학생들은 서로 꽃가지를 꺾어 가슴의 포켓에 꽂거나 머리에 꽂으면서 잠깐 이야기하다가, 다시 큰소리로 자지러지게 웃으면서 걸어갔다.

박도화(朴桃花) 선생은 혼자 교원실 창에서 미소 지으며 아이들을 바라보고 있었는데, 다시 책상 위의 펜을 잡고 천천히 쓰기 시작했다. "또 봄이 되었습니다. 김천(金泉)이 두 번째 아이를 무사히 출산했습니다. 이번에는 계집아이입니다. 한번 놀러오라고 알려왔습니다. 미령(美玲)이 일본에 가 있다고 상상하는 것만으로도 정말 이상합니다. 아름다운 교토(京都)나 나라(奈良)의 그림엽서, 고맙게 잘 받았습니다."

거기에서 박도화 선생은 안경을 고쳐 쓰고 감개무량한 듯이 덤불 산사나무의 군락을 내려다보았다. 그렇다. 도화는 대학을 나와 모교에서 선생을 하게 된 것이다. 김천은 경북에서 양품점을 경영하는, 두 아이의 어머니가 되었다. 미령은 서울의 W신문의 여성 저널리스트로서 제 일선에서 활약하고 있고, 얼마 전에는 일본에도 와서 교토와 오사카(大阪) 등의 '일본 아이들'을 취재하고 돌아갔다. 또 한경자(韓京子)는 세브란스병원의 외과병동 간호사 주임을 맡고 있다는 것이다. 정말 모두 훌륭하다."

목 차

제1장 저녁노을의 종로
제2장 조용한 혁명
제3장 꽃과 작은 군인
제4장 봄에 이별을

▌民族 · ことば · 文學(민족 · 언어 · 문학)

- 저자: 金石範
- 출판사: 創樹社
- 자료유형: 단행본
- 출판연도: 1976년
- 총 페이지: 229쪽

이 책은 김석범의 세 번째 평론집이다. 서명(書名)을 「민족 · 언어 · 문학」으로 하여 약간 무거운 느낌이 들지 않는 것도 아니지만. 하나는 내용이 서명에 어울리는가 하는 것도 있고, 또 하나는 저자 개인의 소설 쓰기 입장이란 측면도 있다.

일반적으로 민족, 언어, 문학은 모두 대응하는(연속성이 있는) 것이어서 일정한 「국어」(혹은 민족어)에 의해 쓰이는 까닭에 그것은 일본문학이라든가 조선문학이라든가 하는 존재성을 갖는 것이라고 생각된다. 현재 세계적으로 각 민족, 각 언어의 차이가 있는 이상, 「민족 · (그 민족에 대응하는) 언어 · (그 언어에 의한) 문학」이라는 것이 일반적 상황일 것이다.

이와 같이 생각하여, 저자 스스로도 본서의 제목이 갖는 이상함이, 혹은 허구성이 눈에 들어와, 원칙적으로는 재일조선인 작가 중 한 사람인 저자가 이러한 서명을 붙이지 않는 편이 좋다고 생각하기도 했다. 대체로 이 제목에서는 민족(은 조선), 언어(는 일본), 문학(은 일본문학?)이 되어 본래라면 하나여야 할 것이 여기에서는 이어지지 않고, 모두 뿔뿔이 무너지는 듯한 느낌이 든다.

이 타이틀에 '재일조선인문학'을 중첩시키면 그대로 겹쳐지지 않는 부분이 크게 불거져 나오는데, 그것이 저자는 재일조선인문학의 존재의 모순이라고 생각하고 있다. 그러나 저자는 이 서명이 자신이 처한 입장의 모순, 허구성을 항상 의식하게 만드는 계기가 되는 것이라면 그것은 그것으로 또 괜찮다고 생각한 것이다. 재일조선인은 이와 같은 점을 의식하지 않을 수 없는 모순된 존재이다. 그러나 재일조선인문학이 존재하고 있는 것만은 틀림없다. 일본어로 적혀 있는 문학 중에서 확실히 일본인 작가와는 다른 민족의식을 갖고 창작하고, 그를 통하여 보편에 이르려는 작가들, 일본어를 사용하면서도 창작 주체가 조선인인 작가들에 의해 산출된 문학이 존재하고 있는 것은 틀림없다.

목 차

- 나에게 있어서 언어
- 나에게 있어서 허구
- 언어, 보편으로의 가교로 하는 것
- 「재일조선인 문학」에 대하여
- 일본어로 「조선」을 쓸 수 있는가?
- 나의 소설 주변
- 전후 김사량의 작품
- 당파를 싫어하는 당파적이라는 것
- 김지하, 그리고 일본
- 김지하 「양심선언」을 읽고
- 「한」과 『양심선언』
- 제주도 4·3무장봉기에 대하여
- 누군가 쓰다
- 나의 원풍경-제주도
- 「그리움」을 거부하는 것
- 유머에 지탱되어온 고섭(苦涉)-『현대조선문학선』
- 『쇼와 50년』에 대하여
- 『삼천리』 발간에 대하여
- 6가 크롬 화에 생각하다
- 「애호」에 대하여
- 어떤 전화
- 내가 싫어하는 언어 대신
- 아프리카 대륙의 삶의 지면-『신의 숲의 나무들·세네갈의 아들』
- 자신의 소설을 쓴다는 것-이노우에 미츠하루 『소설입문』
- 나의 「주덕」이라는 것

▌朝鮮の民話(조선의 민화)

- 저자: 金奉鉉
- 출판사: 國書刊行會
- 자료유형: 단행본
- 출판연도: 1976년
- 총 페이지: 88쪽

어느 나라의 전설은 사실을 전달하고 이성에 호소하며 현실에 접근하려고 하는 것에 비해 옛날이야기는 사실과 흥미, 꿈과 현실 사이를 오가며 공포와 괴기, 체험과 허위를 엮어가며 인간의 감정에 접근하려고 한다. 이 점이 옛날이야기의 불가결한 조건이다. 옛날이야기가 민중의 예술인 까닭이기도 하다. 그러므로 옛날이야기는 시적이며, 전설은 역사적이라고 하는 것도 그 때문이다.

이 책은 조선의 민화를 통해 이러한 우리 민족의 가장 내면적인 것과, 민족의 삶의 방식을 전달하려고 노력하고 있다. 우리민족의 생활·감정이 각각의 옛날이야기 중에 비유되어 그로부터 우리 민족의 역사나 풍토까지를 손에 잡힐 것처럼 엿볼 수 있기 때문이다. 이와 같이 민화는 각각의 민족문화의 지표가 된다.

그런데 전후, 조선민화(民話)라고 하는 용어가 〈옛날이야기〉와 〈전설〉을 포함하는 의미로 해석되고서부터 양자의 유사와 분석보다는 함께 민중의 문화유산으로 간주되며 무원칙적인 자료집 편찬이나 애매한 문예적 재화(再話)가 성행하게 되었다. 물론 옛날이야기와 전설이라는 양자의 사이에는 모티프가 공통되는 것이 많지만, 양자의 차이는 이야기 내용에 대한 신빙성의 유무에 있다고 할 수 있을 것이다.

전설도 옛날이야기도 그 기원은 사건에 있다. 사건을 있는 그대로 단순하게 보고하고자 하는 것이 전설이며, 사건을 풍성하게 시적 상상을 더해가며 이야기하는 것이 옛날이야기이다. 즉 전설은 '도대체 너는 그것을 어디에서 알았느냐. 누구누구는 이전에 이러저러한 일을 체험하였다. 그러므로 그것은 진실'이라고 하는 것에 의해 성립한다. 그에 반하여 옛날이야기는 모두 "옛날 옛날에", "옛날, 어떤 곳에서"라는 말로 시작되는 것처럼 사실을 현실로 추구할 필요는 없다.

민화나 전설을 올바르게 이해하기 위해서는 그 나라의 역사 · 풍토와 민족의 개성 · 체취를 염두에 두고 임해야 한다. 이를 위해 이 책에서는 우리 민족의 민족공동의 역사적 소산이자 정신생활을 지탱해 왔던 민화에 대해 자세히 다루고 있다.

목차

- 머리말
- 백일홍
- 추금
- 눈먼 총각과 앉은뱅이 처녀
- 거짓말과 거짓말 사이
- 세 개의 소원
- 4인의 대력사
- 정직한 나무꾼
- 사도의 명판결
- 이상한 문
- 호랑이와 나무꾼
- 산 사나이와 호랑이 가죽
- 선녀 바위
- 성주의 딸과 어부 노총각
- 월견화
- 백합꽃과 총각
- 홍상화 외 88편 수록

▋遺された記憶 (남겨진 기억)

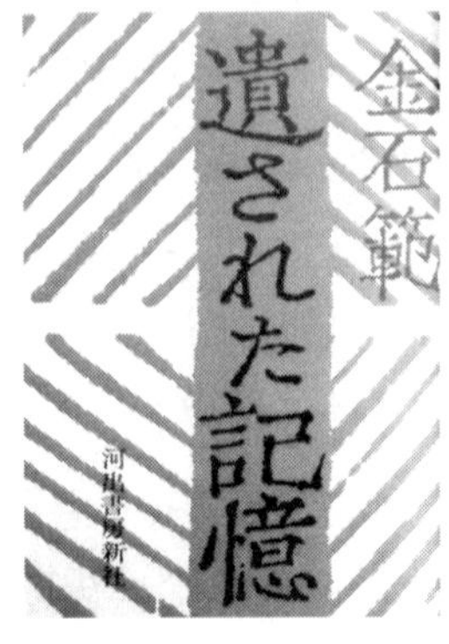

- 저자: 金石範
- 출판사: 河出書房新社
- 자료유형: 단행본
- 출판연도: 1977년
- 총 페이지: 175쪽

이 소설은 작가 김석범이 친척의 밀항을 돕기 위해 쓰시마에 가서 친척으로부터 전해들은 고향의 참혹한 현실과 가족사를 반영하고 있으며 소설 주인공이 조국에서 겪은 잊을 수 없는 기억을 회상하는 내용들로 채워져 있다.

소설의 구체적인 내용을 살펴보면, "아직 장마 전이라고 하는데도 요 며칠 흐린 날이 계속되며 묘하게 무덥다. 날씨 탓도 있겠지만, 몸이 나른하다. 샤워라도 하는 것처럼 쏴하고 한 차례 비가 내려주면 좋겠다고 생각한다. 넥타이를 매면서 거울 속의 내 얼굴을 천천히 들여다보았지만, 역시 나이를 먹는 것은 슬픈 일이다. 잘 알고 있으면서도 금방 음, 하는 소리를 내버린다. 불현듯 버릇이 나와 머리 꼭대기를 손가락으로 대어보니 땀이 차서 주룩 미끄러졌다.

지난날 덥수룩하게 머리카락이 나있던 부분이지만, 지금은 미끌미끌한 솜털 같은 것이 있을 뿐으로 빗어도 비듬 하나 나오지 않는다. 깊은 얼굴 주름 정도라면 몰라도 머리가 계속 벗겨져가는 것은 역시 싫은 것이다. 주변의 머리카락은 아직 남아있지만, 그것도 눈에 띄게 숱이 적어져서 지금이 낙엽 지는 가을이라면 앙상한 겨울의 징후도 머지 않을 것이다. 그 앙상한 겨울 뒤로 이제 두 번 다시 봄은 찾아오지 않을 것이다. 그래도 귀밑털에서 후두부에 걸쳐서는 아직 머리카락이 많이 있는 편이어서 그 부분에 손바닥을 살짝 댈 때의 감촉은 마음을 따뜻하게 만든다.

'나이 지긋해져서 새삼스럽게 장발을?'하며 사람들은 호기심과 약간은 경멸의 시선을 보낼지도 모르지만 이 장발의 부드러운 부풀림 속에는 늙음에 마주한 자의 슬픈 바람이, 사라져가는 봄에 대한 석별이 담겨져 있는 것이다.

그렇더라도 지금은 장발이 유행하는 시대라는 사실이 무엇보다도 고맙다. 그 전에도 머리가 벗겨졌다면 남은 머리카락도 산발로 적당하게 정리하지 않으면 안 되어서 꽤 서운한 일이었을 것이다.

머리가 벗겨지기 시작한 지 3, 4년이 되므로 지금은 포기하였지만, 그러나 완전히 포기하기까지는 앞으로 약간의 시간이 더 걸릴 것이다. 당신, 자신의 나이를 생각해보시오. 오십을 훌쩍 넘기고 있어요. 40대에 머리가 벗겨지는 사람도 전혀 드물지 않으니까. 머리카락이 횟가루를 뒤집어 쓴 것처럼 새하얗게 되는 것보다는 낫지 않소? 당신은 그래도 아직 흰 머리가 없어 백발도 아니고, 머리 벗겨지는 것은 남자다운 것이라고도 하잖소."

목 차

- 소나기
- 우아한 유혹
- 남겨진 기억

銀杏の木よ語れ！ (은행나무여, 말하라!)

- 저자: 林英樹
- 출판사: 成甲書房
- 자료유형: 단행본
- 출판연도: 1977년
- 총 페이지: 306쪽
- ISBN: 0093-251001-4015

이 소설은 재일조선인이 조국의 고향을 생각하면서 식민지시대의 암울한 현실 속에 닭이 울면 날이 새는 것과 같이 언젠가는 여명의 날이 올 것이라는 기대를 전달하고 있다.

소설의 구체적인 내용을 살펴보면 "지마(止馬) 고개 소나무의 신록 속으로 흰 천을 깐 것 같은 한 줄기 도로가 마을에서부터 뻗어있다. 고개 밑에 펼쳐진 보리밭에는 보리의 녹색이 대지를 덮고 있다. 아지랑이가 조금씩 피어오르는 사이로 멀리 은행나무가 희미하게 보인다.

쌀가마니를 실은 우차가 길게 열 지어 지마고개를 올라간다. 금순(今順)은 집의 돌담 밖에서 우차보국대에 징용되어 우차를 끌고 가는 남편을 불안한 얼굴로 배웅하고 있었다. '쌀은 모두 뺏겨버리고, 아무리 공출을 해도 또 '쌀 사냥'을 하러 온다고 한다. 끝이 없다. 아이고, 어찌 되는 거야. 도대체 어떻게 하면 좋지? 금순은 외양간 지면을 파서 적은 양의 쌀을 숨겨두었지만, 걱정이 되었다. 주위를 둘러보면서 외양간 안으로 들어가 쌀을 묻어둔 곳을 다시 한 번 잘 확인해 보았다. 그곳만이 특별히 눈에 띄지는 않았지만, 그래도 조심하기 위해 그곳에 다시 짚을 깔고 소똥을 뿌렸다.

어제 저녁, 마지막 버스로 마을에서 경찰서 순사와 군청의 양곡담당 관리들이 이 마을에 '쌀 사냥'을 하러 왔다는 소문이 퍼졌다. 그래서 금순은 남편과 한밤중에 일어나 조금밖에 없는 쌀을 장롱과 외양간 안에 숨겼다. 금순은 지금이라도 '쌀 사냥'하는 관리들이 덮쳐 올 것 같은 기분이 들어 또 다시 돌담 밖으로 나가보았다. 그곳에는 봄 햇빛을 받아 자라기 시작하는 녹색의 어린 싹과 작은 도랑을 하나 사이에 두고 서산 기슭에 서있는 커다란 두 그루의 은행나무 외에는 쥐 죽은 듯이 조용하며 사람 통행은 없었다. 남쪽, 지마 고개 쪽을 바라보니 줄 끝의 우차가 마침 고개를 넘어가는 것이었다.

우차 행렬의 맨 끝에 붙어가는 김쇠돌은 보국대에 붙잡혀 이 마을 부근에서 뺏은 쌀을 일본군의 군량미로 철도역까지 운반해 가는 중이었다. 김쇠돌은 쉰 살이 다 되어가지만, 선천적이기도 하고, 오랜 기간 힘쓰는 일을 해와서 굵은 체격, 넓은 어깨, 두꺼운 가슴은 여전히 젊은이들을 능가할 정도로 건강해 보였다. 커다란 빡빡머리와 순해 보이는 얼굴은 마을 어귀에 서 있는 돌 지장보살과 많이 닮았다."

▋隣の國で考えたこと（이웃나라에서 생각한 것）

- 저자: 長坂覺
- 출판사: 日本経済新聞社
- 자료유형: 단행본
- 출판연도: 1977년
- 총 페이지: 272쪽

저자는 1973년 10월부터 1976년 3월까지 서울에 체재하면서 정치현상뿐만 아니라 그 뒤에 있는 배경으로서의 양국 역사와 문명으로 되돌아가서 한일관계를 생각코자 하였으므로 정치문제는 다루지 않고 있다. 대신 중심내용은 저자가 서울에 체재한 2년 반이 어떤 시대였는가에 대해 사실 관계와 당시의 분위기를 극히 간단하게 소개하고 있다.

이 책의 중심내용은 1973년 여름, 저자가 전임지였던 워싱턴에서 한국으로 부임할 마음의 준비를 한창 하고 있던 중에 도쿄에서 김대중 납치사건이 일어났다는 뉴스를 전해 들었다. 그로부터 2년간은 오로지 연이어 일어나는 사건에 휘말리며 서울 체재기간을 보냈다. 먼저 서울 부임 직후, 김종필 총리가 박정희 대통령의 친서를 갖고 방일하여 사건의 일단은 결말을 짓고, 연말에는 도쿄에서 한일 정기 각료회의를 개최하는 데에까지 도달했지만, 한일관계는 쉽게 풀리지 않고 있었다.

한국 내에서는 때마침 유신헌법 반대운동이 활발해져 정부는 다음해

1974년 1월부터 봄에 걸쳐서 연이은 긴급조치를 발동하며 이를 억압했다. 그것이 해외에서, 특히 미국에서 박 정권의 강권정치에 대한 비판의 목소리를 한층 높이는 결과를 낳고, 이것이 일본의 언론계에도 큰 영향을 미쳤다. 원래 일본에서는 닉슨 쇼크, 사토(佐藤) 내각의 종식 이후, 이미 김대중 사건이 발생하기 전부터 일본 국내의 정치의식의 흐름으로서 사토 내각 시대에 국교정상화를 하여 순조롭게 발전해 온 한일관계에 대한 역류 분위기가 있었는데, 이 사건을 계기로 매스컴, 야당을 중심으로 하는 반한반박(反韓反朴) 무드가 일거에 분출하였다. 한편 일본의 반한 언론 중에는 단순히 무책임하고 선동적인 것도 있어서 이것이 한국 내에서 보도되고 정부 측, 반정부 측을 불문하고 한국의 지식인이나 일반인들로부터 조선인 멸시의 발현이나 편향으로 보고 반발을 사게 되어 한일 상호 불신의 벽은 더 깊어졌다는 것이 당시의 분위기였다.

목 차

1. 일본인이 좋아하는 나라, 싫어하는 나라
2. 일본인의 상식의 공백
3. 일본어에 가장 가까운 언어
4. 일본인의 유일한 친척
5. 통일신라와 일본
6. 일본과 한국의 역사의 기로
7. 근대화의 신화
8. 한국인에게 호소한다
맺음말

▌韓國人から日本人へ（한국인으로부터 일본인에게）

- 저자: 韓明錫
- 출판사: ビジネス社
- 자료유형: 단행본
- 출판연도: 1978년
- 총 페이지: 223쪽
- ISBN: 1031-37243-7152

이 책은 현대 한일관계에 대하여 서술하고 있다. '가깝고도 먼 나라' 한국과 일본의 관계를 표현하는 데에 이 말처럼 적절한 것이 없다. 저자는 일의대수(一衣帶水)라고 하는 것처럼 비행거리로 보면 불과 한 시간도 걸리지 않고, 과거・현재・미래에 걸쳐서 정치・외교・경제 기타 모든 분야에서 끊으려야 끊을 수 없는 관계를 가지면서 굳이 먼 나라로 있지 않으면 안 되었던 원인을 되돌아보면 그 책임이 어느 쪽에 있든지 간에 한 번은 진지하게 생각해보고 싶은 문제라고 생각하면서 시작하고 있다.

국교가 정상화되고 나서도 항상 파도치는 것 같은 긴장과 완화를 반복하고 있는 양국이다. 대다수 국민들은 올바른 이해와 인식을 전혀 가질 수 없는 상태에 놓이고, 또 국가적 결정과 판단을 강요당하는 경우도 많다. 그 장애가 되는 것이 무엇일까. 과거의 역사에서 오는 선입견, 현대 매스컴의 편파적 보도, 혹은 건너편 불구경하는 듯한 무관심도 있을 것이다. 그러나 어떤 형태를 취하든 모종의 관계를 지속해가지 않으면 안 되는 양국은 우방으로서 공동의 번영과 발전을 위해 협력해야 하는 상생의 운명이다. 국민 대중의 입장에서 진정한 이해와 인식을 깊이 하는 것이야말로 긴급한 일이다.

이 책의 저자는 1926년 출생으로 한국에서 일본을 의식하는 세대로서는 일본통치 시대와 전후 세대의 중간에 속한다. 저자는 정치・경제 방면에는 문외한이지만 일본을 종종 방문하였고, 또 여러 외국에도 가볼 기회가 많았다. 저자는 향후 한일 양국의 바람직한 자세를 바라는 마음과 일종의 사명감에서 이 책을 쓰고 있다.

목차

머리말
제1장 일본인과 한국인
제2장 일본의 한국인과 한국의 일본인
제3장 한국보도의 차별과 편견-약점을 누르는 일본의 매스컴
제4장 자유에 거는 나날
제5장 한국의 자유와 한국인의 마음
제6장 일한 「유착」의 추천
제7장 조용한 혁명-박대통령과 한국국민
맺음말

」「北朝鮮」の人びと (「북조선」의 사람들)

- 저자: 小田實
- 출판사: 潮出版社
- 자료유형: 단행본
- 출판연도: 1978년
- 총 페이지: 281쪽

이 책은 저자가 북한을 여행한 후 쓴 글이다. 저자의 '북조선'으로의 여행은 1976년 10월 22일에 도쿄를 출발하여 베이징(北京)을 경유, '북조선' 땅을 밟은 것은 다음날인 23일이었다. 그는 그로부터 3주 남짓 북조선에 머물렀다. 한국에는 매우 오래 전에 한번 가 본 적이 있지만, 북조선을 방문한 것은 처음이었다.

저자가 이 책을 쓴 이유는 주로 사람들과의 교류의 기록이다. 좀 더 정면에서의(아니, 이쪽이 어쩌면 정색을 하고 있는지도 모르지만) 평론은 「나와 조선」(지쿠마 서방)에 수록되어 있다. 이 책에서, 저자가 '북조선'이라는 것에 '조선민주주의인민공화국'의 약칭을 괄호에 넣어 쓴 것은 그 말이 약칭으로 적당하지 않기 때문이다. '공화국'으로 줄여서 부르는 사람들도 있는 모양이지만, 그것만으로는 어디의 '공화국'인지 확실하지 않다. 한국 쪽에 괄호가 쳐져 있지 않은 것은 '대한민국'의 약칭으로 적당하다고 생각했기 때문이다.

목차

프롤레타리아에서 「주체사상」까지 / 김 씨와 누이 가희(歌姬) /
영어와 「제3세계」의 연대 이야기 / 「북조선」 사람들은 노래를 잘 하는가 /
「꿈」과 「계산」 / 일하지 않는 사람들의 나라, 일하는 사람들의 나라 /
「무」로부터의 창조·혹은 「농업노동자」의 이야기 / 전업 작가에 대한 것 등 /
그곳에서 예술을 만든다는 것 / 문제를 근본적인 것에서부터 생각하다 /
「제3세계」는 시도하고 도전한다. / 「삼각형」과 「자유」 /
결론으로 생각한 것
부기 Ⅰ (사진)
부기 Ⅱ 여기저기 들여다보며 다닌 「북조선」 사람들의 생활
후기

⌗ 我生きんと欲すれど (내 삶의 길을 찾으려도)

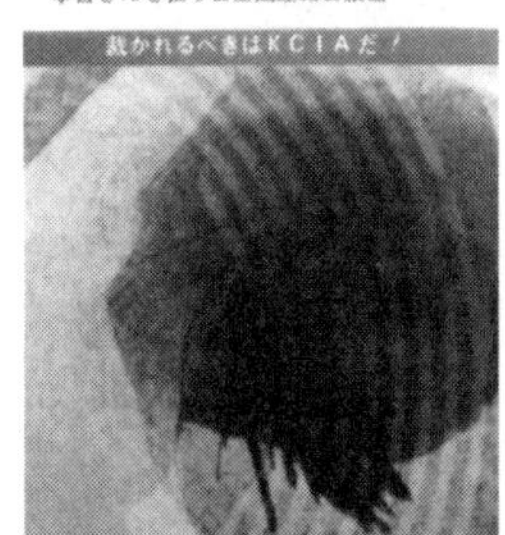

- 저자: 李哲さんを救う會全國連絡會議
- 출판사: JCA
- 자료유형: 단행본
- 출판연도: 1978년
- 총 페이지: 273쪽

이 책의 제목인 「내 삶의 길을 찾으려도」는 이철(李哲) 군이 중앙대학교 시절 「여정(旅程)」이라고 제목을 붙인 시의 일절이다. 그리고 지금, 약 10년의 여로 끝에 도달한 곳은 어디일까? 당시 그는 시골 부모 곁을 떠나 혼자 도회지로 여행을 떠났다. 그리고 그의 민족이, 또 그 자신이 받은 각종 차별을 극복하기 위해 고뇌하며, 마음의 절규로서 그 시를 만들었다.

본문의 상고 이유서 중에 기술되어 있는 허무주의(이것은 모든 재일한국인에 통한다고 생각된다.)를 그는 조국의 문화, 역사를 아는 것으로, 또한 많은 재일동포와 이야기하는 것으로 극복했다. 김지하가 말하는 "비인간화된 민족"의 일원에서 인간화된 민족으로 성장한 것이라고 생각한다. 그래서 그는 모국어를 배우고, 가정에서도 자신들의 언어로 이야기하기를 바랐다. 저자는 자신이 살아갈 땅은 이국 일본이 아니라 조국인 한국이라고 믿었던 것이다.

이전에 한 장의 사진을 본 적이 있다. 중앙대학의 동포들과 찍은 것으로, 의기양양했던 그가 인상적이었다. 이 무렵부터 그의 인생은 크게 변했다고 생각된다. 학문만으로는 도움이 되지 않는다는 것을 잘 알고 있던 부친이 빨리 일을 하라는 설득에도 귀 기울이지 않고 그는 도한(渡韓)해버렸다. 그런데 한국에서 그를 기다리고 있었던 것은 무엇이었는가? 한국에서 KCIA에 의한 체포, 사형으로의 길이 권력자들의 정권 연명을 위한 도구로서 놓여 있던 것이다.

지금 생각하면 10년 전 그가 '내가 살 수 있는 길이 있을지 없을지'를 걱정했을 때, 그것은 이미 운명 지워져 있었던 것일까? 그러나 죽음의 벼랑에서 그를 밀어뜨린 것은 운명이 아니다. 그것은 다름 아닌 박정희이며, 그것을 지탱하는 일본국 정부이며, 결국은 그들을 계속 용서해 온 일본국민이기도 하다.

이 책의 주요 내용은 이철이 체포되어 2년의 세월이 지난 후, 강대한 권력의 톱니바퀴에 휘말려 목숨을 빼앗기게 된 무명 청년의 진실한 기록이다. 여기에는 저자의 의형인 김수현(金秀顯) 씨를 비롯한 가족, '이철 씨를 구하는 모임 전국연락회의'의 수많은 분들의 도움이 필요했다.

목차

- 제1장 나는 살고 싶다
- 제2장 이철 씨를 구하라
- 제3장 이철 씨는 무죄다-자료편-
- 연표 "한국의 움직임과 이철 구원운동"
- 후기
- 이철 씨를 구하는 모임 전국연락회의 연락처

] マンドギ物語(만덕이 이야기)

- 저자: 金石範
- 출판사: 筑摩書房
- 자료유형: 단행본
- 출판연도: 1978년
- 총 페이지: 210쪽
- ISBN: 8093-04406-4604

소설 『만덕이 이야기』는 나의 『만덕유령기담』(치쿠마쇼보 간행 · 1971년)이라는 작품을 소년소녀들이 읽을 수 있도록 고쳐 쓴 것이다. 그러나 『만덕유령기담』을 그저 쉽게 바꿔 썼다는 의미는 아니다. 이 이야기는 『만덕유령기담』을 토대로 하고 있지만, 물론 이야기의 큰 줄기는 바뀔 수 있는 것이 아니지만, 또 다른 새로운 작품이라는 뜻이다.

이 소설 작품의 무대는 조선의 제주도로 되어 있고 이 섬을 무대로 하여 일어나는 사건이나 인물 등도 독자들에게 친숙하지 않은 것들이 있다. 이 소설은 외국소설의 번역이 아니고 저자가 직접 일본어로 쓴 것이기 때문이다. 번역의 경우에는 친숙하지 않은 세계라도 번역이라는 필터를 통하여 많은 부분을 있는 그대로 받아들일 수 있을 것이라는 심리 작용이 독자에게 있지만 일본어로 독자들이 그다지 친숙하지 않은 세계를 소설로 쓰는 경우, 과연 어느 정도의 공감을 얻을 수 있는가 하는 약간의 의문이 있다.

한편 저자는 소설내용에서 만덕이의 아이 같은 마음은 어른들보다 소년 소녀들에게 직접 연결되는 점이 있을지도 모른다는, 즉 공감을 해줄지도 모른다는 기대를 갖고 쓴 것도 사실이다.

목 차

- 머리말
- 한라산 깊은 숲에 안겨서
- 불태워진 관음사
- 젊은 아낙을 공양하러 마을로
- 살인자는 싫다
- 유령이 된 만덕이
- 다시 한라산에
- 팔푼이로 불리는 이상한 소년
- 나는 일본인이 아니다
- 「빨갱이」라고 의심받으면
- 연행된 경찰서에서 본 것
- 사형을 언도받다
- 지옥을 탈출하여
- 맺음말

猪飼野詩集(이카이노시집)

- 저자: 金時鐘
- 출판사: 東京新聞出版局
- 자료유형: 단행본
- 출판연도: 1978년
- 총 페이지: 221쪽
- ISBN: B000J86C7I

이 시집은 전부 데라다 히로시(寺田博) 씨에 의해 세상에 나온 것이다. 『이카이노(猪飼野) 시집』은 계간지 『삼천리』에 10회에 걸쳐 연재된 것이 대부분을 차지하고 있는데, 당초에는 장편시로 쓴 것이었다. 이것이 당시 3개월에 1회씩의 연재였기 때문에 그때마다 읽혀야 하는 필요를 강요받아 실질적으로 연작시가 되어버린 것이다.

　요즘은 '재일'도 일본어 영역에서 자기상을 나타내기 시작하고 있다. 3～4세대로 이어가는 이국 생활이 그래도 조선인으로서의 원초(原初)를 풍화시키지 않고, 이어지고 있는 것은 조악함까지 '조선' 그 자체인 재일조선인의 원형상이 여기저기에 집락을 이루어 존재하고 있기 때문이다. 본국에서조차 사라진 시대적인 생활관습까지가 그곳에서는 지금도 중요한 민족유산처럼 계승되기도 한다. 요령 있는 자들만이 '일본'에서 살아가고 있다면 '재일조선인'은 벌써 사라져 버렸을 것이다. 이것을 사라지지 않게 하는 토착의 향토성 같은 것이 재일조선인의 집락체이며, 그 집락의 본원에 이카이노는 존재한다. 그런 만큼 '이카이노'는 열려져 있지 않은 일본인에게는 지겹게도 기이한 '무라(村)'이기도 한 것이다. '이카이노'라는 재일조선인의 대명사 같은 마을 이름이 주변 주민의 민주적인 총의에 의해 바꿔진 것은 바로 그 기이한 '무라(村)' 성(性) 때문이다. '이카이노'라고 듣는 것만으로 토지가, 가옥이, 폭등 일로의 이 시절에 헐값으로 팔린다는 것이다. 나아가서는 혼인담까지 지장을 초래하는 등으로 인해 인접한 '나카가와초(中川町)'에 병합되어 버렸다.

　저자는 확고히 말하고 있다. "재일조선인 문제가 오늘날 어떤 의미를 갖고 있든 간에 70년 동안이나 '통치자' 나라인 일본에서 배양되어 온 재일조선인의 생활사는 그대로 일본과 조선의 틈새에서 응고한 나날의 중첩에 다름 아닌 것이다."

목차

- 보이지 않는 마을
- 노래 둘
- 추위
- 나날의 수렁(2)
- 조선와보-없어지는 유산-
- 나날의 수렁(3)
- 지처 버린 재일(2)
- 지처 버린 재일(4)
- 노래 하나
- 노래 다시 하나
- 나날의 수렁(1)
- 조선신보-도달하지 않는 대화-
- 이카이노 도깨비
- 지처 버린 재일(1)
- 지처 버린 재일(3)
- 지처 버린 재일(5)

- 연기가 나다
- 그늘에 가려지다
- 일본 생활
- 가로막은 풍경
- 언어의 원수
- 여름이 오다
- 그래도 그날이 모든 날
- 밤
- 아침까지의 외모
- 후기

▌峠をこえて(고개를 넘어)

- 저자: 本木心掌
- 출판사: 曉和出版
- 자료유형: 단행본
- 출판연도: 1978년
- 총 페이지: 354쪽

이 작품은 일단 소설 형태를 취하고 있지만, 소설 형태를 취한 저자 자신의 자기형성사이며, 반생사이기도 하다. 주인공이 느끼고, 생각하고, 그리고 자신의 마음에 새겨진 일밖에 여기에는 적혀져 있지 않다. 저자는 1906년 출생인데, 소설 속 주인공은 1915년 출생이다. 9년이라는 격차가 있지만, 거의 같은 시기에 인생의 전반을 보낸 셈이 된다.

소설의 내용은 보면 "나는 이즈(伊豆)의 산골 마을에서 태어나 자랐지만, 이쿠타 고로는 시나노의 벽촌에서 어린 시절을 보내고 있다. 나는 양친과 헤어져 혈연관계가 없는 할머니 슬하에서 사랑받으며 자라기는 했지만, 주인공의 어린 시절이 진흙투성이였던 것처럼 나의 어린 시절 또한 진흙투성이였다. 이쿠타 고로가 고향 마을을 떠나 오사카에 이사 갔던 해에 나 또한 내 나름대로 진흙투성이인 청년기를 교토(京都)로 옮기고, 그 후에는 오사카에서 신문기자로 보냈다. 이쿠타 고로가 군대생활을 지냈던 것처럼 나도 1937년에 소집되어 대륙으로 건너가 야전병원에서 나날을 보냈다."

이 소설은 이처럼 이쿠타 고로와 거의 같은, 일본의 어둡고 어지러운 시대를 살아온 동시대인으로서의 공감을 「진흙투성이 반생기」의 곳곳에서 느낄 수 있다. 소설 속 주인공이 시나노(信濃)에서 보낸 소년시절, 상점 급사로 세상의 쓴 맛을 맛본 오사카(大阪)시절, 그리고 청년기에서 장년기에 걸쳐 질풍노도의 시대를 살았던 조선 평양시절. 그리고 그 사이에 끼어 있는 군대생활과도 만날 수 있다. 한 인간이 인생을 진지하게 살아가는 모습이라는 것은 어떤 면에서 그 자체가 감동적인 것이다.

목 차

Ⅰ. 가리야 하라 고개
Ⅱ. 오사카 섬의 내부
Ⅲ. 이국조선
Ⅳ. 고향에의 길
후기

引き裂かれる日々 (찢기는 나날)

- 저자: 李恢成
- 출판사: 講談社
- 자료유형: 단행본
- 출판연도: 1978년
- 총 페이지: 253쪽
- ISBN: 0093-128722-2253

이 소설은 이회성의 『7월의 서커스』로 못다 이룬 꿈의 두 번째로 주로 남북통일을 위한 토착사회주의자와 남한정부 내의 대립을 다루고 있다. 특히 이 소설은 1970년대 전후 분단조국의 민족문제를 다루고 있다.

"여름이 불타고 있었다. 서울사람들은 하나의 화제에 열을 올리고 있었다. 갑자기 내려 들끓듯이 '남북적십자회담'의 막이 열린 것이다. 굉장하다, 굉장해! 정말일까? 정말 이산가족이 재회할 수 있을까? 20여년 만에 남북의 접촉이 이루어지려 하고 있었다. 남측의 제안은 1천만 이산가족의 실태를 확인하고 그 재회를 알선하는 '가족찾기 운동'만이라도 우선 펼치자는 것이었다. 이 제안을 받은 북측의 회답은 가족찾기 운동에 그치지 말고 이산가족의 자유로운 왕래와 편지를 주고받는 것도 실시하자고 한 것이었다.

굉장하다, 꿈같은 이야기이다! 대체 어째서 이런 기적이 생긴 것일까? 우선 누구보다도 해당 이산가족이 기뻐했다. 그들의 집집에서 급작스레 이북에 있는 양친이나 형제 이야기가 나오며 빛바랜 사진을 둘러싸고 화제가 끊이지 않았다.

"이쪽이 할아버지야, 너희들의" 하며 어떤 집에서는 아버지가 아이들에게 가르쳐주고 있었다. 다른 집에서는 "아, 이 사람, 머리에 뿔이 없어!" 하며 어린 아이가 외치고 있었다. "무슨 말을 하는 거야" 하며 아이의 머리를 세게 친 나이 많은 형이 허둥대며 주의를 주고 있었다.

또 어떤 가정에서는 초로의 부부가 둘 다 식사가 목으로 넘어가지 않았다. 20년 전, 아직 장년이었던 그와 30 고개였던 그녀는 6·25동란 후에 알게 되었다. 그는 38도선의 북에 처자를 두고 왔었다. 전쟁이 한창인 중에 뿔뿔이 흩어진 것이었다. 결국 그는 남에서 알게 된 그녀와 제2의 인생을 출발했고, 열심히 일하여 얼마간의 돈을 모았다. 태어난 아이도 성인기를 맞이했다. 이런 시기에 이산가족이 재회하게 되면 내 남편은 어떻게 할 셈일까? 이북에서는 아내가 재혼하지 않고 남편과 만날 날을 기다리고 있는 것은 아닐까? 만약 그렇다면 이 적십자회담은 기뻐해야 할까 슬퍼해야 할까?

신문은 매일 특집을 꾸며 헤드라인으로 남북적십자회담의 전망을 기술하고 있었다. 국회의 복도, 다방과 술집이나 고층빌딩의 사무실, 그리고 시내 여기저기의 광장 벤치에서도 이와 같은 화제로 흥분 상태였다."

▌はらからの空(동포의 하늘)

- 저자: 李恢成
- 출판사: 講談社
- 자료유형: 단행본
- 출판연도: 1978년
- 총 페이지: 274쪽
- ISBN: 0093-128731-2253

이 소설은 이회성의 『7월의 서커스』로 못다 이룬 꿈 세 번째로 주로 남북통일을 위한 토착사회주의자와 남한정부 내의 대립을 다루고 있다. 특히 이 소설은 1970년대 전후 분단조국의 민족문제를 다루고 있다.

"박채호(朴采浩)가 김포공항에서 일본으로 향한 것은 12월 2일이었다. 대한항공 DC8기의 트랩을 올라가는 승객에게 스튜어디스가 빠짐없이 생글거리며 웃는 모습을 흩뿌리고 있었다.

승객은 거의 만원. 연말이 가까운 탓인지 이번 달 결산에 거는 의욕이 사람들의 표정에 떠오르고 있다. 남자들이 많았다. 안면이 있는 국회의원이 탑승했지만, 박채호는 외면하고 있었다. 공화당 소속, 장면(張勉) 시대의 제2군 참모장 신분이면서 박정희 소장이 쿠데타를 일으키자 재빠르게 변신, 가담하여 한강 인도교의 바리케이드를 돌파시킨 당시의 대령(대좌)이다.

지금의 처지는 나쁘지 않다. 정일권 전 수상과 동향이라는 깊은 인연도 있어서 정계 유영술에 밝았다. 기자가 타고 있다. 새로 일본으로 부임하는 특파원일까? 회사원으로 보이는 정장 세트를 입은 남자들이 여기저기 자리를 차지하고 있었다. 기사 검열에 진절머리가 나있는 기자의 어딘가 신경질적인 태도와 비교하면 회사원들의 행동거지는 쾌활하다. 수출제일주의, 국책에 이만큼 매치된 장사도 없다.

여자들도 타고 있었다. 매니저와 밴드맨과 함께 앉아 있는 것은 일본으로 돈 벌러 가는 기생들이었다. 앞으로 6개월간 긴자(銀座)나 롯본기(六本木) 또는 지방의 기생집에서 엔(円)을 벌게 될 것이다. 여자들의 좌석에는 아름다움을 다투는 듯한 북적거림이 있었다. 90분 후에는 일본에 도착한다. 바다를 건너면 경기 좋은 일본에서의 생활이 기다리고 있다. 인플레라든가 들었지만, 한국과 비교하면 천양지차인 것이다. 해외여행에 나서는 것 같은 즐거움이 그녀들의 마음을 사로잡는다. 그러나 작은 창으로 밖을 응시하며 줄곧 손톱을 깨물고 있는 기생도 있었다. 애인을 생각하고 있는 것일까? 그렇지 않으면 일본에서 버는 돈을 송금해 주지 않으면 안 되는 부모나 형제자매를 생각 중일까?

박채호는 그 기생으로부터 시선을 돌려 앉은 채 기지개를 폈다. 그 후, 시선을 떨어뜨리고 읽던 시집을 펼쳤다. 남궁필우(南宮弼宇)의 몇 번째인가의 책이다. 「생(生)의 암장」이라는 제목을 가진 100 쪽 정도의 출판본, 시적 교양을 익히고자 하는 것은 아니었다.”

▌七月のサ-カス(7월의 서커스)

- 저자: 李恢成
- 출판사: 講談社
- 자료유형: 단행본
- 출판연도: 1978년
- 총 페이지: 247쪽
- ISBN: 0093-128740-2253

이 소설은 이회성의 『7월의 서커스』로 못다 이룬 꿈 4번째로 주로 남북통일을 위한 토착사회주의자와 남한정부 내의 대립을 다루고 있다. 특히 이 소설은 1970년대 전후 분단조국의 민족문제를 다루고 있다.

소설의 내용을 보면 "서울은 여름에 접어들고 있었다. 적란운이 새파란 하늘에 무리지어 있었다. 햇볕이 분지로 되어있는 이 과밀도시에 빨려들어 빌딩 유리창에 빛을 반사시키고 있었다.

그 날은 7월 4일이었다. 아침부터 더웠다. 오전 10시에 도대체 어떤 중대 방송이 있다는 것일까. 정부 대변인이 텔레비전과 라디오를 통해 오전 10시에 중대 방송을 듣도록 국민들에게 호소하고 있었다.

대체 어떤 중대 방송일까? 서울 시민들은 불현듯 22년 전의 초여름을 떠올렸다. 진공관 라디오에서 공산군 침략이라는 뉴스가 튀어나왔을 때의 경악, 그 직후부터 시작된 민족의 피비린내 나는 전쟁과 피난의 기억 등등.

그러나 설마 그 전쟁이 재발했다는 것은 아니겠지! 시대가 바뀌었다. 이 시대는 긴장완화의 세상인 것이다. 닉슨이 중국에 가는 '핑퐁 외교'의 시대가 아닌가? 늦었지만 우리나라에서도 남북협상이 시작되고 적십자회담이 결실을 맺어가고 있다. 6월 16일의 20회째의 예비회담에서 드디어 본 회담의 의제가 정해진 것이었다. 옥신각신하는 갈등 끝에 여기까지 온 것이다. 8월 5일에 본 회담이 평양에서 열리기로 되어 있었다. 육친이나 친척의 생사 또는 주소를 이제 곧 알 수 있게 될 것이다. 자유롭게 만나 쌓이고 쌓인 이야기를 나누며 함께 살아갈 날도 이제 더 이상 꿈이 아닌 것처럼 생각된다.

서울 시민들은 전쟁에 너무 민감한 자신들의 신경에 웃었다. 터무니없이 쓸데없는 걱정인 것이다. 그렇더라도 어떤 뉴스가 기다리고 있는 것일까? 우리나라에서도 원자로를 개발했다는 뉴스일까? 그렇다면 우리나라도 이제 선진국 대열에 합류하게 될 텐데.

아니, 혹시나 영일(迎日) 유전의 굴삭파이프에서 원유가 솟아난 것은 아닐까? 벌써 10년 전부터 어떤 남자가 석유의 꿈에 사로잡혀 있었다. 이 남자의 추정에 따르면 신세대3기에 속하는 지질층이 영일만에 있으며, 그 석유 매장량은 앞으로 적어도 수십 년간의 국내수요량을 충당할 수 있다는 것이었다. 만약 이것이 정말이라면 우리나라는 하룻밤 새에 석유산출국이 되어 아랍제국에 뒤지지 않는 부유한 생활을 기대할 수 있지 않을까? 그렇지만 이 환상의 유전을 둘러싼 시민들의 반응은 매우 시큰등한 것이었다."

燕よ, なぜ来ない(제비야, 왜 오지 않느냐)

- 저자: 李恢成
- 출판사: 講談社
- 자료유형: 단행본
- 출판연도: 1978년
- 총 페이지: 305쪽
- ISBN: 0093-128759-2253

이 소설의 내용은 주로 남북통일을 위한 토착사회주의자와 남한정부 내의 대립을 다루고 있다. 즉 말하자면 1970년대 전후 분단조국의 민족문제를 다루고 있다. 소설의 구체적인 내용을 살펴보면 "동지를 넘긴 서울의 하늘은 대단히 맑았다. 분지인 시가를 에워싸고 있는 산들의 능선이 요즈음 윤곽을 확실히 내보이고 있다. 하늘과 땅의 접점이 실로 밝고 분명하게 나뉘어 있는 것이었다. 북한산이나 도봉산, 인왕산이나 낙타산의 연봉(連峰)들은 훨씬 전에 잎을 떨어뜨렸고, 회갈색으로 물든 산들의 척량(脊梁)에 웅크린 기암을 차가운 바람이 문지르고 있었다.

군청색 하늘이 한강에 비늘구름을 떨어뜨리고 청계천이 끊임없이 거품을 내고 있었다. 어떤 강이나 한 여름에 서울사람들을 탄식하게 만들었을 뿐이다. 호우가 춤춘 것은 8월 18일이었다. 한강과 청계천은 금방 물이 불어 수도를 물에 잠기게 해버렸다. 무방비 수도(水都)가 되어버린 수도(首都) 서울. 5천 년의 역사에서 사상 최악이라는 이 재해도 세월이 지난 지금에는 거짓말 같다.

주택가 여기저기에서는 주부들이 바쁜 듯이 산 같은 배추와 맞붙고 있다. 김장(김치 담그기) 계절인 것이다. 가장 가까운 시장에서 리어카로 잔뜩 사온 배추나 무가 어느 집 처마 밑이나 폭을 차지하고 있었다. 겨울 동안에 가족이 신세를 질 김치이니만큼 이것은 주부들의 솜씨를 보여주는 부분이었다.

마늘과 고추를 빻아서 건어나 해초, 아미노산, 파, 생강 등을 섞어서 양념을 준비한다. 이 양념을 만드는 것이 주부들의 비결인 것이었다. 그러나 올해의 김치는 꽤 맵게 담그는 편이 좋을 것 같았다. 주부들의 머리에 달라붙어 있는 경제관념이 무의식 중에 고춧가루를 잔뜩 뿌리게 한다.

올해 한여름에는 나쁜 일이 겹쳤다. 저 '8·3조치'가 그렇다. 시민들에게 있어서 이날 정부가 갑자기 발표한 '사채동결' 명령은 흡사 악몽을 꾸는 것 같았다. 처음에는 도대체 이 긴급명령이 무엇을 의미하는지 전혀 몰랐다. 사채를 동결한다는 것이 무슨 말인가. 갑자기 전부 확실해졌다. 그리고 이자를 벌려고 회사나 계에 부지런히 모아두었던 돈을 빌려주었던 주부나 샐러리맨들이 울게 되었다. 경제안정을 위해 이자는 동결, 회사는 사채를 3년 거치 5년 상환을 해도 된다는, 약자를 괴롭히는 법령인 것이다."

▋魂が呼ぶ荒野 (영혼이 부르는 황야)

- 저자: 李恢成
- 출판사: 講談社
- 자료유형: 단행본
- 출판연도: 1979년
- 총 페이지: 413쪽
- ISBN: 0093-128768-2253

인간의 마흔 살은 인생의 전환점이 되는 것일까? 저자가 이 장편소설에 착수한 것이 그 연령이었으니 어쨌든 단락이 좋은 시기였다. 그로부터 3년 가까운 세월, 저자는 이 작품과 함께 살아왔다. 3천 매에 이르는 이 소설을 3년 가까운 기간에 쓴다고 하는 것은 어떤 의미에서는 처음부터 무모한 일이었는지도 모른다. 저자는 모든 것을 집중하여 이 일에 임했다. 현실의 가정생활과 소설 속의 세계가 뒤섞여버린 것 같은 3년간이었다.

이 소설의 내용 중에서 중심인물인 박채호(朴采浩), 조남식(趙南植)을 독자는 어떻게 받아들일까? 그들은 혁명의 한 줄기 빛을 찾아 근대화의 꿈을 좇으며 청춘을 살고자 하는 인물들이다. 저자는 이 소설을 쓰는 과정에서 한국관계의 다양한 자료를 훑어보고 구상을 얻었다고 했는데, 그중에서도 특히 '서(徐)군 형제를 구하기 위해 · 합본'(서군 형제를 구하는 모임)에서 많은 영감을 받았다고 한다.

落照(낙조)

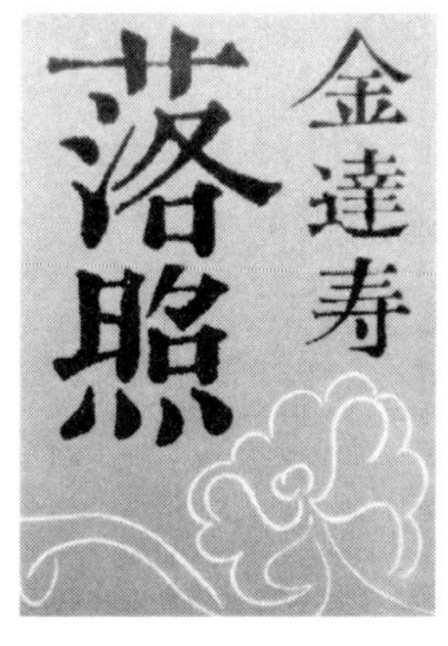

- 저자: 金達壽
- 출판사: 筑摩書房
- 자료유형: 단행본
- 출판연도: 1979년
- 총 페이지: 199쪽
- ISBN: 0093-80182-4604

저자는 지금까지 상당수의 작품을 써왔지만, 이 작품만큼 오랜 시간이 걸린 것은 없다. 단행본으로 만들면서 『낙조(落照)』로 제목을 바꾼 이 작품이 『마지막 참봉(參奉)』이라는 표제 하에 『문예전망』에 게재된 것은 1978년 여름 호였다. 당시 『문예전망』의 편집을 담당했던 카시와바라 시게미쓰(柏原成光) 씨에 의한 여름 호의 「편집후기」를 보면 다음과 같이 쓰여 있다.

"이번에 게재한 김달수 씨의 『마지막 참봉』은 그의 오랜만의 소설이다. 이것은 1948년 『민주조선』에 『족보』라는 타이틀로 게재된 작품을 바탕으로 하고 있는데, 그것을 새로이 써 달라고 이야기를 한 것이 벌써 5년 전 일이다. 일본의 조선지배 와중에서 침식되어가는 민족의 긍지와 슬픔을, 한 시대의 종언을 체현한 것 같은 고풍스러운 노인을 통해 묘사한 작품이다."

이상과 같이 내친 김에 작품내용을 언급한 부분까지 인용하였는데, "벌써 5년 전 일이 된다."라고 한 것도 물론이지만, '1948년'의 그때부터 계산하면 그동안의 기간은 30년이 지나 있었다. 하나의 작품을 탄생시키기 위한 기간으로서는 대단히 놀랄 만한 시간이지만, 구체적으로 다음과 같은 경과를 거치고 있다.

"저자는 전후 1946년 3월, 당시 살고 있던 가나가와 현(神奈川縣)의 요코스카(橫須賀)에서 『민주조선』이라는 잡지를 창간하여 거기에 전쟁 중 제2장까지를 쓴 『후예의 거리』라는 첫 장편을 연재하였다. 그것이 끝나자 이어서 같은 잡지의 1948년 1월호부터 『낙조』의 '바탕'이 된 『족보』를 연재했다. 그리고 지금 말한 『후예의 거리』 등이 수록된 「치쿠마(筑摩)현대문학대계」, 『타무라 타이지로(田村泰次郎)·김달수·오하라 도미에(大原富枝)집』의 「연보」 1949년 항목에 이렇게 적고 있다. "장편 『족보』를 완결하였지만, 거듭 원고를 수정하기로 하여 미간(未刊)한다." 저자가 미간으로 둔 채 1978년에 이르게 되어 그 기간이 30년이었다는 것이다.

▌往生異聞(왕생이문)

- 저자: 金石範
- 출판사: 集英社
- 자료유형: 단행본
- 출판연도: 1979년
- 총 페이지: 95쪽
- ISBN: 0093-772228-3041

김석범이 1979년 『스바루』 8월호에 '지존의 아들', 1980년 『스바루』 8월호에 '왕생이문'이 실린 것을 바탕으로 수정·가필한 것이다.

소설의 내용을 구체적으로 살펴보면 "의자에 앉아서 짜장면을 기다리고 있는 장산도(張山道)의 배가 꾸르륵하고 명치까지 가벼운 진동을 일으키며 울렸다. '이런'하고 생각한 순간 이번에는 이어서 방귀가 나온다. 딱딱한 의자가 엉덩이를 지탱하고 있었기 때문에 방귀는 상당히 막힌 기세로 소리를 냈다. 그는 잠깐 엉덩이를 들어 고쳐 앉으면서 다리를 바꿔 꼬았다. 방귀냄새가 희미하게 올라온다.

숨이 막힐 듯하게 기름진 냄새가 흘러나오는 안쪽 조리장에서 가게 주인이 아들과 뭔가를 수군거리고 있었다. 가게 안에 장산도 외에는 손님이 없다. 장산도는 제대 후 반년이 되지만 아직 적당한 곳에 취직을 하지 못하고 있었다. 이 나라에서는 제대 증명이 없으면 취직도 장사도 농사도 일절 취업을 할 수 없다. 결국은 사회생활을 할 수 없게 되어있는 것인데, 장산도는 군대에서의 2년 남짓한 복무를 끝냈음에도 불구하고 이렇다 할 직업을 갖지 못한 것이다.

작은 중국집의 한쪽 구석에서 표지가 찢어진 대중잡지의 페이지를 넘기면서 장산도의 머리는 여러 가지 잡념으로 어수선하게 돌아가고 있었다. 무엇보다도 이 여름방학에 서울에서 돌아온 고등학교 동창생들의 희망에 가득 찬 모습이 실업 중인 장산도에게는 그 자극이 너무 컸다.

음, 그들은 대학에 재학 중이라는 것만으로 그 지옥 같은 한국 군대에서 '기합' 고문을 받지 않고 마쳤던 것이다. 배후에 '백'이 있는 무리가 "나는 어디 신문사이다, 은행이다, 관공서이다."라며 1~2년 후의 취직이 정해진 듯한 말투인 것에 부아가 난다. 역시 대학을 나오지 않으면 안 된다. 그리고 '백'이 없으면, 지난날의 동창생도 지금은 나를 팽개친 엘리트이다.

이 사회를 지배하는 것은 '뇌물'과 '백', '백'이 있으면 어찌어찌해서 평생 군대에도 가지 않고 끝난다. '백'과 돈이 없으면 육군훈련소에서 자대배치 받아도 위험한 38도선 근처의 수비대로 보내지는 것이다. 음, 한 번 빵! 해버리고 싶다. 머리가 벗겨진 가게 주인이 짜장면을 갖고 왔다. 젓가락으로 면을 충분히 저어서 양념을 듬뿍 묻힌 다음 입에 넣는다."

목 차

• 지존의 아들
• 왕생이문

海を渡ればわがふる里(바다를 건너면 우리 고향)

- 저자: 成允植
- 출판사: 晴文社選書
- 자료유형: 단행본
- 출판연도: 1979년
- 총 페이지: 206쪽

이 소설은 함윤식의 1979년도 작품으로 고향이라는 존재와 의미에 대하여 새로운 의미를 던져주고 있다. 부락민 마을에 사는 재일조선인의 생활, 그리고 밀조 막걸리나 소주를 팔면서 연명하는 삶과 재일조선인 부락 주변의 풍경이 생생하게 기록되어 있다. 소설의 구체적인 내용을 살펴보면 "전철 정류장에 미끄러지며 들어온다. 재득(在得)은 고개를 숙인 채 꿈쩍도 하지 않았지만, 차장이 말을 걸어 비로소 주위를 둘러보고 류색의 어깨끈에 팔을 넣었다. 그리고 트랩에서 지면으로 내려섰는데 갑자기 비틀거렸다.

종점이니까 지나칠 일을 없겠지, 하는 안도감이 신경을 마비시킨 것 같다. 그리고 전철을 탐으로써 단속에 대한 경계심이 풀어져서 그만 기분 좋은 잠에 빠져버렸다. 재득은 하품을 하며 기지개를 켜고 나서 걷기 시작했다. 언제나처럼 이 근처의 시큼한 기류가 코를 찌른다. 그것은 때와 땀에 절어 늘어진 남루한 냄새 같았다. 근처의 강관(鋼管) 회사의 늘어선 굴뚝에서 뿜어 나오는 불티가 하늘을 빨갛게 물들이는 경우가 있고 주위 일대에 매연을 뿜어내고 있는 것이다.

이 냄새를 맡으면 옛집으로 돌아왔구나, 하는 의식이 되살아남과 동시에 왠지 초조함이 섞인 불안한 기분에 사로잡히는 것이다. 그래서 이 지역에서 탈출하고 싶은 욕구 비슷한 것이 욱신거리고, 혼돈스러운 정념을 날갯짓하게 하였는데, 날아오르는 데에까지는 이르지 못한 채 꺾여버린 것이다.

재득은 등의 묵직한 무게를 느끼며 어깨끈을 잡았다. 요코하마(横浜)의 포장마차가 몰려 있는 뒷골목을 목표로 하여 짊어진 카스토리소주(제2차 세계대전 직후 쌀·고구마 등으로 만든 하급 밀조주)였지만, 인수할 사람이 없어 그냥 돌아가는 형편이 되었다. 사제 알코올에는 더 이상 아무도 쳐다보지 않게 되어버렸다. 혹시나 하는 일말의 희망을 갖고 가보았지만, 꼴좋게 거절당해서 가망 없는 것으로 단념해야 한다는 포기가 괴로운 생각과 함께 겨우 굳혀져 갔다.

그는 바닥에 침을 뱉고 대합실을 우회하여 국도로 나섰다. 그곳을 가로지르면 그가 살고 있는 부락이 나온다. 재득은 일단 보도(步道)가에 서서 무심코 부락을 응시했다. 그곳에는 쓰레기가 쌓인 듯한 것이 거뭇거뭇 불뚝 솟아 굳어 있었다. 등불이 없어서는 아니지만, 파묻혀 있어서 외부로 빠지는 공간이 열려져 있지 않다. 그는 휴, 하고 한숨을 쉬고 얼굴을 들었다. 가로등이 졸린 듯한 눈으로 희미하게 보인다."

始源の光(시원의 빛)

- 저자: 磯貝治良
- 출판사: 創樹社
- 자료유형: 단행본
- 출판연도: 1979년
- 총 페이지: 255쪽
- ISBN: B000J8EBJE

‘재일’조선인 작가나 시인의 일본어문학에 관련한다는 것은 거기에 내포되어 있는 풍부한 광맥을 파냄으로써 문학에 탄력 있고 튼튼한 골격을 되살리는 일이 아닐까 생각한다. ‘재일’조선인의 일본어문학은 자신들의 언어인 모국어를 범해 마지않던 일본어에 의해 표현되고 있다. 혼동 없이 ‘자신의 것’으로부터 등 돌린 세계에서 성립하고 있다. 이러한 점은 단순히 언어의 문제만이 아니라 ‘재일’이라는 부성(負性)의 세계를 살아가는 실존의, 근원적인 형태를 표징하고 있다. 그런데 ‘재일’조선인의 일본어문학은 그와 같은 부성의 세계를 훌륭하게 문학의 창조력으로 전환시키고 있는 것이 아니겠는가?

이 소설은 김달수의 굵고, 김석범의 강인한, 김태생의 명징(明澄)한—이러한 문체는 자신들의 언어를 탈취 당한 것이 선명하게 회복되어 보이는 표현의 지평처럼 생각된다. 또한 『현해탄』의 이승원이나 『까마귀의 죽음』의 정기준의 인간상은 찢긴 민족의 상징이지만, 그것이 멋지게 중후하고 심연의 문학적 인간상으로까지 형상화되고 있다. 부성의 조건을 문학의 질량으로 전환시켜 보여주는 이러한 하나하나의 영위는, 혹은 문학적 복수라고조차 할 수 있지 않을까? 문학의 창조력이란 이와 같은 전환력을 가리켜 말한 것이라면, ‘재일’조선인의 일본어문학이란 존재 그 자체가 문학의 창조력과 깊게 관련되어 성립하는 것은 아닐까?

그리고 ‘재일’조선인의 일본어문학을 통하여 우리들이 시사 받는 것은 무엇일까? 그것은 거기에서 조사(照射)되어 드러나는 일본과 일본인의 모습은 아닐까? 이 책에 수록된 「척결(剔抉)과 가교」 「복원과 대치」 등이 그 시도이다. 저자가 「재일」조선인의 일본어문학을 자신의 문학의 사정거리에 두게 된 계기는 죽은 작가 고바야시 마사루(小林勝) 씨나 시인 오림준(吳林俊) 씨와의 인간적인 만남의 영향이 크다고 한다.

목 차

- 시원의 빛-김사량론
- 저항과 배신-김달수 『현해탄』 각서
- 김석범의 「원」, 민중상-박서방에서 만덕에
- 척결과 가교-오림준의 궤적
- 복원과 대치-김시종 노트
- 명징과 응시-김태생론
- 「재일조선인 문학」의 지평-김석범·고사명·이회성
- 후기

許南麒の詩 (허남기의 시)

- 저자: 許南麒
- 출판사: 同成社
- 자료유형: 단행본
- 출판연도: 1979년
- 총 페이지: 254쪽
- ISBN: 0098-069079-5256

이 시집에 수록된 시는 두세 편을 제외하면 모두 일본어로 쓰인 것들이다. 저자는 1945년 가을부터 1960년경까지 조선어 시작(詩作)과 함께 일본어 시작도 병행해 왔다. 저자의 일본어에 의한 시는 조선이 놓여있는 위치와 경우를 가능한 한 많은 일본인들이 알게 하기 위한 것이다. 그러므로 조선어 시인 경우에도 그렇지만, 일본어로 된 시의 경우, 시 그 자체의 소위 '예술성'인 것을 도외시하고 조선이 현재 맞닥뜨린 상황 쪽을 보다 중요시한 작품이 많다.

　여기에 실린 서정시집『조선 겨울 이야기』는 1946년부터 1949년 봄까지 노래한 시들이다. 당시 일본어로 발행되던『민주조선』이라는 잡지에 1년 이상 연재되었던 것들이다.『서정시집』은 잡지『열도(列島)』의 편집자였던 데우미(出海溪也) 씨가 편찬한『서정시초(抒情詩抄)』와『일본시사시집』을 하나로 묶은 것이다.『선물』은 1955년 봄, 조선어로 발표한 것을 같은 해 여름에 일본어로 고쳐서 도쿄쇼린(東京書林)이라는 출판사에서 간행한 것이다. 그리고 서정시집『조선해협』은 1956,7년에 걸쳐 지는 시들을 1959년, 고쿠분샤(國文社)라는 곳에서 출판한 것이다. 서사시『화승총의 노래』는 1950년 가을에 적은 것으로『여섯 명의 조선인의 노래』,『목 없는 나라 이야기』와 함께 서사시집『화승총의 노래』로 아사히쇼보(朝日書房)에서 출간했다. 나중에『화승총의 노래』는『조선 겨울 이야기』와 함께 아오키분코(青木文庫)에서 수합하여 출간하기에 이르렀다.

목차

조선 겨울 이야기
1. 상처투성이의 시에 바치는 노래
2. 망향시집
3. 부산시집
4. 경주시집
5. 대구시집
6. 목포시집
7. 광주시집
8. 부여시집
9. 서울시집
10. 춘궁시집
11. 동물시집
12. 10월 시집
13. 산맥시집
서정시집
닭
탄환
개
선물

▌凍土の靑春(동토의 청춘)

- 저자: 尹在賢
- 출판사: 講談社
- 자료유형: 단행본
- 출판연도: 1979년
- 총 페이지: 352쪽
- ISBN: 0095-436603-2253

이런 책이 일본에서 출판되다니 세상이 바뀌었다. 격세지감을 느낀다. 세상도 바뀌고, 일본도 바뀌고, 조선도 바뀌었다. 바뀌지 않은 것은 나뿐인 것 같다.

저자의 일본과 일본인에 대한 마음은 상당히 복잡하다. 일본은 내게 있어서 '마음의 고향'이다. 그러나 저자는 일본에 가는 것은 싫다. 그러나 일본에 간다면 역시 고향에 돌아간 것 같은 기분이 든다. 그것이 저자의 솔직한 고백이다. 저자는 옛날 사람이다. 모두가 흔히 말하는 것처럼 저자는 19세기의 유물인 것 같다. 바뀌지 못한다는 말일 것이다.

이것은 저자가 처음부터 출판을 목적으로 하여 쓴 책이 아니다. 단지 어떤 사명감에서, 쓰지 않으면 안 된다고 생각하여 시작한 책이다. 따라서 저자는 이 원고를 처음에 일본인들이 읽어주기를 바라는 용기를 가지지 못했다. 괜히 일본인 친구들을 상처 입히고 싶지 않았기 때문이다. 그 대신 저자는 일본문학 연구로 알려져 있는 윌리엄 테일러 씨에게 보여주었다. 테일러 씨는 원고를 읽은 후에 그 이야기를 이타사카 겐(板坂元, 하버드 대학) 씨에게 이야기했다고 말해주었지만, 물론 저자는 이 원고를 이타사카 씨가 읽어주길 바라는 마음은 전혀 없었다. 그래서 원고는 서재에서 먼지만 뒤집어쓰고 있었다. 때마침 작년 가을, 후쿠오카(福岡) 대학의 이기미(五十君有玄) 씨가 보스턴에 유학 왔다. 보스턴에 자주 찾아오기 때문에 원고 내용을 어렴풋이 알고 있던 이데 히로유키(井出博之) 씨로부터 저자의 원고 이야기를 들었던 그는 꼭 읽어보게 해달라고 부탁했다. 몇 번인가 거절 끝에 결국 원고를 서고에서 갖고 나와서 자신의 아파트로 돌아갔다. 그리고 4~5일이 지나자 다시 찾아와서 이것을 일본어로 출판하고 싶다고 하여 그로부터 뭐에 썰 듯이 2주일 간 가까이 거의 철야로 원고수정을 했다.

목 차

제1부 두만강
　　　회령, 잔인, 유조구, 도쿄
제2부 백두산
　　　청진, 연담, 원시림, 풍운
제3부 황하
　　　부재, 진주만, 준양
제4부 양자강
　　　추이, 중경, 종전
후기

1980년대

ソウルの位牌(서울의 위패)

- 저자: 飯尾憲士
- 출판사: 集英社
- 자료유형: 단행본
- 출판연도: 1980년
- 총 페이지: 218쪽
- ISBN: 0093-772261-3041

이 소설은 저자가 1978년 『스바루』 12월호, 1979년 『스바루』 5월호, 1980년 『스바루』 2월호에 실은 소설을 수정·가필한 것이다. 소설의 내용을 구체적으로 살펴보면, "떠날 날이 왔다. 위패 앞에서 숙부님들은 깊숙이 머리를 숙였다. 두 숙모님은 정장을 하고 있었다. 을순(乙順) 숙모의 아들 이종엽(李鍾燁)이 아침에 숙모의 이별 인사를 전화로 전해 주었다. 윤희(潤姬)에게서는 배웅하러 못 와서 미안하다는 전화가 있었고, 울먹이는 목소리로 또한 편지를 독촉했다.

인주(麟周)가 등불 심지를 손가락으로 집어 불을 끄자, 금순(今順) 숙모님이 위패를 내려 흰 천으로 싼다. 그 숙모님은 전날 밤의 마지막 만찬 때, 이제 너와 못 만날지도 모르겠다며 조금 울었다. 내 부탁으로 마이크 있는 데로 가서 나의 누님과 동생 이름을 부르며 나는 너희들의 숙모이다, 살아있는 동안에 너희들과 만나고 싶다며 목메어 울었다.

드레스 차림의 명숙(明淑)과 윤숙(潤淑), 윤옥(潤玉) 자매도 위패를 에워싸고 있었다. 그 자매는 전날, 내일도 올 테니까, 하며 내가 떠나는 시간을 인주에게 확인하고 돌아간 것이었다. 묵묵히 형의 위패를 싸고 있는 여동생의 손놀림을 숙부님은 지그시 응시하고 있었다. 초라한 듯한 턱수염이었다. 이엽(二葉)의 사진은 상 위에 안치되어 있었다.

"사이다 사 준다며 누가 권해도 따라가면 안 돼. 당치도 않은 일이 생긴다고." 혼자 여행을 떠날 어린아이에게 다짐하는 듯한, 엄중한 어조였다. "반드시 다시 한 번 돌아오겠습니다." 나는 돌아오겠다고 말했다. 그 말이 저절로 입에서 나왔다. 숙부님이 말을 이었다. "네 아버지 양복의, 친구였던 사람……". "다카하시(高橋) 아저씨입니다". "다리가 불편했지, 아마". "네". "일본에 돌아가면 안부 전해라".

목 차

- 바다 건너 저편의 피
- 징
- 서울의 위패

流民伝 (류민전)

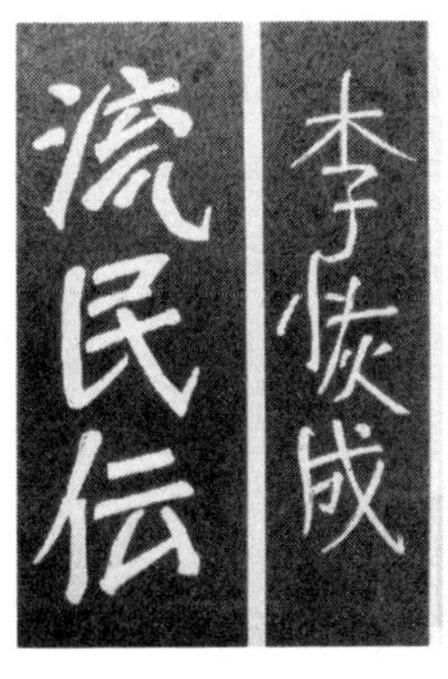

• 저자: 李恢成
• 출판사: 河出書房新社
• 자료유형: 단행본
• 출판연도: 1980년
• 총 페이지: 177쪽

「유민전」은 이회성이 『문예』 1980년 신년호 「유리담」을 개제, 「곡」은 『신쵸』 1979년 10월호에, 「마산까지」는 「군상」 1980년 신년호에 실린 소설을 수정한 것이다. 소설의 내용을 살펴보면 "민생(民生)이 귀국한 것은 공화국에서 제2의 인생을 살기 위한 것이었다. 그러나 또 하나, 서른 살이 된 민생의 마음속에는 헤어진 지 오래인 사할린의 모친이나 형제자매들과 북조선의 고향에서 합류하고자 하는 바람이 있었다.

그는 열일곱 살 때에 사할린을 떠난 이후, 부모의 소식을 모른다. 1961년의 여름, 8월이었던가, 평길(平吉)은 종형(從兄)인 민생으로부터 만나고 싶다는 연락을 받았다. 그럭저럭 1년쯤 서로 왕래도 없는 채로 지내고 있었다. 이런 일은 몇 년 전에는 상상할 수 없는 일이었다. 당시는 1주에 몇 번 만났었다. 두 사람은 같이 실업대책사업의 일, 흔히 말하는 일용노동자 일을 하고 있었기 때문에 아무래도 현장에서 만나는 식으로 되어 있었던 것이다.

민생이 지정한 신주쿠(新宿)의 커피숍은 가부키쵸(歌舞伎町)에서 가까운, 골목으로 들어간 곳에 있었다. 클래식을 들려주는 곳이지만, 전에 이 장소에서 만난 적이 있는 것을 민생은 평길에게 기억을 되살리게 했던 것이다. 약속 시각은 4시였다. 5분 정도 앞서 도착한 평길은 숨을 한 차례 돌리고, 무슨 일인가하며 멍하니 생각하고 있었다. 이때, 종형에게 완전히 의리를 저버린 자신을 양심에 찔려하기도 하고, 그 후 애인은 생겼을까하며 고엔지(高円寺)의 술집여성을 언뜻 떠올리기도 했다.

열아홉 살에 평길이 갓 상경했을 무렵, 민생은 종제(從弟)인 평길을 데리고 몇 번인가 술집을 간 적이 있었다. 그 술집은 오키나와(沖繩) 출신의 부부가 경영하고 있었는데, 딸은 서글서글한 눈을 가진, 약간 얼굴이 붉은 아름다운 사람이었다. 아무래도 종형은 그녀를 좋아했던 모양이다. 그러나 그녀가 과연 어떻게 생각하고 있었는지 평길은 잘 몰랐다. 어쨌든 종형은 술병 언저리를 손가락으로 끼우고 겸연쩍어 하면서도 즐거운 듯 마셨고, 호감 가는 얼굴의 딸은 능숙하게 일하면서 단골손님에게 골고루 미소 짓고 있었다.

그곳에서의 종형은 신뢰할 수 있는 좋은 청년이라든가, 가식 없고 말수 적은 성격의 사람이라는 식으로 보이고 있었다. 그것은 종제인 평길이 보아도 그렇다고 생각되는 것이므로, 내심 기분 나쁘지는 않았다."

목 차
- 류민전
- 곡
- 마산까지

流言蜚語(유언비어)

- 저자: 熊谷達
- 출판사: 精興社
- 자료유형: 단행본
- 출판연도: 1980년
- 총 페이지: 52쪽

저자는 선천적인 게으름과 부끄러움 때문에 자신의 시집을 정리해보려고 생각한 적은 없었다. 이 시집도 그런 의미에서의 개인시집이 아니다. 저자는 요시유키(吉行) 등과 만들었던 동인지『갈대』(1946)나, 이누이 여사 등도 있었던『톱니바퀴』(1953~1959)에 발표했던 것 이외 또한 미쓰코시 쟁의(三越爭議)의 소시집『포도 빵』(1953), 고분칸 쟁의(廣文館爭議)의 소시집『교차점』(1954)과, 마쓰가와 문집(松川文集)『진실은 벽을 뚫고』(1951),『일본휴머니즘시집』(1952),『죽음의 재 시집』(1954) 등에 투고한 적이 있다.

특히 등사판 수작업의 치요다(千代田) 시인집단 기관지 잡지『다카나리』에 실린 것 중에서 채택된 것이 많았다. 저자가 공부하며 장편서사시「마쓰가와(松川)사건」의 공동제작에 몰두했던 그 무렵이다. 여기에 모은 시들도 그 계열에 속하며 지금은『다카나리』같은 장소를 갖고 있지 않기 때문에 김대중 구출문제에 있어서도 혼자서라도 호소하고 싶다는 기분이 이 시집을 정리하게 만들었다고 한다.

여기에 실린 시들은 1951년 9월, 베를린 세계청년학생평화제 참가시집으로 급히 다루어 발행된『원폭시집』(초판, 등사판 인쇄)을 꺼내어 보면, 도우게 미츠요시(峠三吉)는 히로시마(廣島)의 평화제가 관헌에 의해 무참히 해산당하는(한국전쟁이 일어나 모든 집회가 금지당하고 있었다) 광경을「1950년의 8월 6일」에서 노래하고 있다. 책 후기에서 저자는 "다시 시간을 들여 후일의 완벽을 기하는 것은 용서받을 수 없다고 생각했다"라며 그 시대의 압박감에 대해 솔직하게 이야기하고 있다. 전후 첫 번째의 반동기였던 그 무렵 저자의 시를 감히 더한 것도 두 번째 반동기에 와 있는 현재, 의미가 있을 것이라고 생각했기 때문이다.

저자는 한국전쟁 이전에 이승만 정권하에서 동포 살육이 남부에서 치열했던 것을 떠올린다. 되돌아보고 싶지 않지만, 다시 한 번 되돌아보지 않으면 앞으로의 걸음을 제대로 내디딜 수 없을 것 같은 시대가 닥친 듯한 기분이 든다고 한다. 게으름뱅이가 몽당연필 끝에 다시 침을 묻혔다는 것은 좋은 시대가 아니라는 증거이다.

목차

- 조선에
- 청지
- 유언비어
- 흐름
- 인도차이나에
- 담뱃대와 호박에 대하여
- 베트남의 소개의 학교로부터
- 셰익스피어의 우울
- 명우와 왕
- 서울의 촛불과 도쿄의 샹제리아
- 넝마주이 이승만
- 아직 어느 정도의 월일을
- 하나의 대나무 피리

▌詩集 骨片文字(시집 골편문자)

- 저자: 栗生詩話會編
- 출판사: 晧星社
- 자료유형: 단행본
- 출판연도: 1980년
- 총 페이지: 175쪽

이 시집은 구리우 시화회(栗生詩話會)의 제3합동 시집이 무라마쓰 다케시(村松武司) 씨의 편고(編稿)로 출판되게 되었다. 이 시집은 제2시집이 48년에 만들어졌으므로 그 후 7년간의, 회원들의 삶의 기록의 집대성이라고 할 수 있다. 회원들은 나병 요양소에서 요양 중인 자들이다. 작품은 작자의 분신이므로, 그 이해를 위한 참고로서 요양소의 모든 양상(樣相)을 기술하고 있다. 나병은 지난날 유전병이라고 오해받았는데, 결핵균과 비슷한 항산성 나병균에 의한 만성 전염병이다. 또한 불치라고도 하지만, 프로민을 비롯한 각종 나병치료약 개발에 의해 치유 가능한 질환이다. 나병이 불치라는 오해 중에 신체장애가 있는데, 그것은 후유증이다. 입원자의 90%는 국민연금의 장애 1급이다. 이것은 경중자가 사회에 복귀하고 장애가 심한 자가 남았다는 것과, 그들의 발병시기가 나병치료약 개발 이전이었기 때문이다. 현재는 조기발견·조기치료에 의해 장애를 남기지 않고 치료할 수도 있다.

이 요양원에는 699명이 요양하고 있는데, 그 85%는 균 음성자이다. 참관자 중에는 균 음성으로 된 자가 신체장애가 있다고 해도 계속 요양소에 있는 것을 기이하게 생각하는 자도 있지만, 이것은 그들이 국가의 평생격리 정책 하에 강권으로 고향이나 직장에서 쫓겨나고 생활의 근거가 끊기며 수용된 것을 상기한다면 납득할 수 있는 점이다.

의학상으로도 균 음성은 전염성 소멸을 의미하고 있어도 반드시 치유를 의미하는 것은 아니다. 균 음성자에 대해서는 계속 축적 조사해야 할 문제를 안고 있다. 이 요양원의 요양자들의 평균연령은 62세로, 자매 요양원 13개소 중에서는 높은 편이다. 또 65세 이상인 자가 40%를 차지한다. 이것으로 보면 요양원은 신체장애를 가진 고령자의 보호소라고 간주할 수도 있다.

재원(在園) 기간은 30년 이상인 자가 73%나 있다. 요양소는 그들에게 있어 의료시설임과 동시에 제2의 마을이나 고향이기도 하다. 이곳을 무덤으로 한 자는 가토 사부로(加藤三朗) 씨의 시에서는 1,276명으로 되어 있는데, 그 후 1,411명이 증가되었다.

목 차

- 서
- 다케우치 신스케 시집
- 후루카와 토키오 시집
- 후지타 산시로 시집
- 쵸히토리 시집
- 고다마 유지 시집
- 후기
- 가지지 못한 자를 쓰다
- 가토 사부로 시집
- 가야마 스에코 시집
- C·토로체프 시집
- 오무라 기요이치 시집
- 야마구치 킨시 시집

▌火と水の語法(불과 물의 어법)

- 저자: 金錫滿
- 출판사: 晧星社
- 자료유형: 단행본
- 출판연도: 1980년
- 총 페이지: 84쪽

『불과 물의 어법』은 그 자체가 하나의 시집으로서 엮을 것으로 지금까지 저자의 시편을 모아 『불과 물의 어법』으로 출간한 것이다. 본문의 내용에 기재된 「시대창(時代蒼)」, 「태양과 나팔」은 원본대로가 아니고 저자가 수정 가필, 또는 삭제하여 본문에 실었다.

목차

- 시대창(時代蒼) '62 — 어떤 시대 / 세계 / 절망 / 실재 / 열정 / 가을 / 바다의 이미지 / 후예 / 시대창
- 태양과 나팔 — 희망 / 계절 / 열린 문 / 마크 샤갈에게 / 역사 / 출발 / 세계의 누군가에게 / 타인이었던 나를 위해 / 이성대(李星台) / 우리들의 시대에 웅크려라 / 동남지부의 저녁 / 우리들은 오늘도 / 성조기여 우쭐해 하지마라 / 이별의 메시지
- 불과 물의 어법 '68~'77 — 시간 / 강 / 달의 아치 / 보행 / 여름 / 밤 / 가을 / 세대 / 저녁 / 그것 / 오르간 뮤직 / 초조함의 노래 / 불과 물의 어법 / 흙 / 불

金達壽小說全集一 (김달수소설전집 1)

- 저자: 金達壽
- 출판사: 筑摩書房
- 자료유형: 단행본
- 출판연도: 1980년
- 총 페이지: 446쪽

이 책은 김달수의 소설전집 1권으로 첫 번째 작품 「위치」는 다음과 같이 시작하고 있다.

"츠키지(築地)의 극장에서 철야무대 연습 견학을 끝내고 혼자 오카치마치(御徒町)에 있는 다나아미(棚網)와 이사를 하기 위해 살풍경한 이른 아침의, 추운 아키하바라(秋葉原)의 긴 계단을 내려갔다. 반까지 내려섰을 때, 밑에서부터 걸어오는 제복을 입은 다나아미가 보였다. 그는 나를 보고 달려 올라왔다.

"어제 속달을 보내두었는데." 다나아미가 옆에서 숨을 두세 번 고르는 것을 기다렸다 내가 말했다. "응, 봤어, 봤어. 오늘은 회사에 가지 않으면 곤란해서. 미안하지만 내 책상 위에 편지를 놔두었네. 짐도 다 정리했고. 미안하지만 혼자서 해주지 않으려나."

"그래. 용달차를 아직 부탁 못했는데, 자네 어디 짚이는 데 없나", "아, 그래, 우리 회사 용달차를 부탁해 줄게. 회사에 가면 바로 보낼 테니 내 방에서 준비하고 기다려 주게나. 부탁하네."

목 차

위치 / 대장 / 기차도시락 / 쓰레기 / 잡초처럼 / 할머니의 추억 / 이발관(床屋)에서 / 거짓말하는 여자 / 이만상과 차계류 / 8·15 이후 / 상혼 / 사련정 57번지 / 화촉 / 막걸리 건배 / 번지 없는 부락 / 4 드럼의 할머니 / 반란군 / 대한민국에서 온 남자 / 최영준의 항의 / 야노

쓰(矢の津) 고개 /눈의 색
해제
저자 후기

▌金達壽小說全集二(김달수소설전집 2)

- 저자: 金達壽
- 출판사: 筑摩書房
- 자료유형: 단행본
- 출판연도: 1980년
- 총 페이지: 419쪽

이 책은 김달수의 소설전집 2권으로 첫 번째 작품은 다음과 같이 시작하고 있다.

"후지산이 보이는 마을에서 마을을 벗어나면 길 양쪽은 온통 보리밭이었다. 2월 초순으로 보리는 검은 흙 위에 이제 겨우 푸른 싹이 조금 나왔을 뿐이었다. 왼쪽 저 편에 후지산이 하얀 눈을 뒤집어쓰고 불쑥 솟아있다. 걸으니 그 후지산이 아래위로 흔들렸다.

이와무라 이치타로(岩村市太郎)는 완전히 정력적인 수다쟁이였다. 그는 지난 밤 밤새 혼자서 떠들고, 오늘은 오늘대로 또 집을 나서자 곧바로, 그에게 있어서는 지난밤이 초대면이었던 윤재학과 이경극을 붙잡고 잽싸게 그의 신상 이야기를 누누이 이야기하기 시작한 것이었다. 윤재학과 이경극은 목을 늘어뜨리고 걸으면서 그것을 듣고 있었다.

"있지, 또 저곳에 포플러가 있었어."하며, 나와 나란히 앞서서 걷고 있는 이삼상이 손을 들며 말했다. 보리밭 군데군데에는 논가가 한 채, 두 채 숲에 에워싸여 있는 것이 보이고, 그 사이에 우리들에게 향수를 자아내는 포플러가 한 그루 서 있기도 했다. "응" 나는 힐끗 그 쪽으로 눈을 돌렸다."

목 차

후지산이 보이는 마을에서 / 손 영감 / 부산 / 전야의 장 / 표찰 / 혜순의 바람 / 부대장과 법무중위 / 울상 / 어머니와 두 아들 / 헌책방 이야기 / 여행에서 만난 사람 / 참외와 황제 / 위원장과 분회장 / 쓰보(壺) 촌 길동전의 시도 / 일본에 남기는 등록증 / 밤에 온 남자 / 개척지의 어느 마을(시나리오) / 일본인 아내 / 백주몽(白晝夢) / 황사영(黃嗣永)의 순교 / 고독한 그들 / 중산도 / 장군의 상
해제
저자 후기

金達壽小說全集三 (김달수소설전집 3)

- 저자: 金達壽
- 출판사: 筑摩書房
- 자료유형: 단행본
- 출판연도: 1980년
- 총 페이지: 373쪽

이 책은 김달수의 소설전집 3권으로 세 번째 작품은 다음과 같이 시작하고 있다. "오전 8시경 눈을 뜬다. '아아, 드디어 1963년인가'라고 생각한다. 그에 따라 여러 가지 일을 생각한다는 것, 이 또한 예년과 같다. 조용한 날로, 배달된 연하장을 보거나, 또한 이쪽에서 보낼 연하장을 쓰거나 하는 동안에 어느샌가 하루가 저물어 간다. '올해는' 반드시 보낸다고 생각했지만, 그러

나 우물쭈물하는 동안에 인쇄가 된 것이 전날로, 올해는 또 이쪽에서의 연하장은 '답장을 쓴다.'라는 형태로 되어버린 것이다. 이렇게 되면 이제 연하장이라는 것도 엄청 성가신 것이다."

또한 저자는 예년 일이기는 하지만, 올해는 공부를 많이 하지 않으면 안 된다고 해서 저녁부터 책상에 앉아 다나카 가오루(田中薫)의『고대일한교섭사단편고』를 읽어간다. 「밀항자」의 자료로 전부터 찾던 것으로 작년 말 겨우 헌책방에서 발견하여 사 둔 것이다. 저자는 80이 지난 노 법제사 연구자인데, 이 방면 지식의 해박함이 놀랍고 조선어도 잘 구사하고 있다.

목차

- 1963년 1월
- 위령제
- 공복이문(公僕異聞)
- 고려청자
- 쓰시마(對馬)까지
- 비망록
- 저자 후기

- 서울의 해후
- 직함 없는 남자
- 나에시로 강(苗代川)
- 어떤 해후
- 낙조(落照)
- 해제

▌金達壽小說全集四(김달수소설전집 4)

- 저자: 金達壽
- 출판사: 筑摩書房
- 자료유형: 단행본
- 출판연도: 1980년
- 총 페이지: 309쪽

이 소설은 김달수의 소설전집 4권에 실린 네 번째 작품으로 다음과 같이 시작하고 있다.

"기차가 경성 역에 가까워지자, 고창륜(高昌倫)은 서서히 안정감을 잃어 갔다. 기차는 아침에 부산을 출발하여 7시간, 마지막의 재빠른 기적을 한 번 울리자, 홈으로 몸을 던지듯이 미끄러져 들어갔다. 사람들이 와르르 내렸다.

창륜은 허리를 들어 올리려다 풀썩 앉아버렸다. 그는 순간, 다른 승객들처럼 내릴 것인가 말 것인가 망설였다. 어쩐지 불만스러웠다. 그는 창 앞에서 신문사진반이 한 사람, 카메라를 가슴에 걸고 내리는 사람들과 부딪치면서 어슬렁거리고 있는 것을 특별히 주시하며 저 사람은 최 씨와 같이 온 사진반이 아닐까, 생각하기도 했다.

얼마 지나지 않아 옆쪽에서 뛰어와 사진반의 소매를 확 잡아당기고 다시 뛰어가는 남자는 일본인 얼굴로, 최 씨는 아니었다. 사람들은 연연히 가교 계단 쪽으로 이어졌다. 그것은 대부분이 흰색 일색인 복장의 사람들이었다.

창륜은 이윽고 이 기차가 앞으로 더 달려 나가고, 그래서 자신은 더 앞쪽으로 가는 것이 아닐까 하는 가벼운 착각에 사로잡혔다. '아니, 나는 여기에서 내리는 거야.' 창륜은 자신에게 그렇게 들려주듯이 배에 힘을 넣고 속삭이며, 슈트케이스를 들고 결의하는 것처럼 일어서서 두루마기를 입은 사람의 뒤를 따랐다. 영리(英利)가 나와서 기다리고 있을 것이다."

목 차

• 후예(後裔)의 도시
• 고국 사람들
• 해제
• 저자 후기

▌金達壽小說全集五 (김달수소설전집 5)

- 저자: 金達壽
- 출판사: 筑摩書房
- 자료유형: 단행본
- 출판연도: 1980년
- 총 페이지: 331쪽

이 소설은 김달수의 소설전집 5권에 실린 다섯 번째 작품이다.

내용을 살펴보면 "야마키 케이스케(八巻啓介)는 전에 왔을 때와는 다른 하녀에게 이끌려 현관 옆의 응접실을 지났다. 과장은 아직 관청에서 돌아와 있지 않지 않은가? "들어오세요. 여기에서 기다려 주세요." 케이스케는 그 곳에 있는 의자 중 하나에 걸터앉았다.

왠지 또 기다리는가, 하고 생각하면서 담배를 한 개비 꺼내어 왼쪽 엄지손톱에 맞추고 톡톡 하고 팅긴 후 불을 붙였다. 불을 붙인 성냥갑을 탁자에 던졌는데, 생각을 바꿔 호주머니에 도로 넣었다.

주위를 둘러보았다. 1년 정도 전, 그가 숙모의 분주함 덕분에 법무부에 들어가는 것이 겨우 정해졌을 때, 한 번 왔을 때와 별로 바뀐 것이 없다. 과장 모리다(森田)의 선물이라는 말레이시아의 풍경을 그린 유화 액자도 그대로이다.

국무대신 모 씨라는 직함이 있는 낙관이 찍힌 '국체호지'라는 가로 액자가 하나, 표창 받아 갓 보내져 온 것인지 그 선반 위에 올려진 채 그대로였다. 그것은 이 집의 젊은 부인, 아사코(朝子)의 게으름을 이야기하는 것일까?"

목 차
- 일본의 겨울
- 해제
- 밀항자
- 저자 후기

❚ 金達壽小說全集六 (김달수소설전집 6)

- 저자: 金達壽
- 출판사: 筑摩書房
- 자료유형: 단행본
- 출판연도: 1980년
- 총 페이지: 358쪽

이 소설은 김달수의 소설전집 6권에 실린 여섯 번째 작품이다. 소설의 내용은 "남부 조선 K라는 도시는 상당히 재미있는 곳이다. 지금으로부터 백몇 년 전인가 예의 6등관 파웰·이와노비치·치치코프가 어디에선가 사륜 마차를 타고 들어온 현청소재지도 상당히 재미있는 곳이었던 모양인데, 이 도시도 그에 뒤지지 않게 재미있다."

공교롭게도 이 도시에는 현청, 즉 도청소재지는 아니지만, 인구 약 3만의 훌륭한 도시로, 지방법원 지원도 있고, 경찰서, 검찰지청도 있으며, 또 형무소도 있다. 이 점에서는 예의 치치코프가 타고 들어온 현청소재지와 분명히 같지만, 그 러시아와는 대부분의 점에서 다르다.

첫 번째는 먼저, 이곳은 현대의 남조선·대한민국이라서 결코 그 농노해방 이전의 어두운 러시아 등이 아니라는 점이다. 자유세계의 불침번이라는 미군의 기지가 있다는 점도 다르지만, 저자가 예의 우크라이나인 니콜라이·바시리비치·고고리가 묘사한 곳인 『죽이는 혼』의 주인공과 비슷한 남자를 또 다시 여기에 등장시키려고 하는 것도 아니다.

우선 지금 그런 치치코프와 같은 죽은 농노를 사러 다니는 남자가 있을 리도 만무하지만, 고고리의 주인공이 6등관 귀족이었지만, 이것은 박달(朴達)이라고 부르는 일개의, 실로 일개의 고용인, 즉 농노였던 남자에 지나지 않는 것이다. 그리고 또 예의 치치코프는 사륜 마차 등으로 어디에서부턴가 타고 들어왔지만 그는 지금 이 K시의 형무소에서 석방되어 나오고 있는 중인 것이다. 저자는 여기에서부터 이 소설을 시작한다.

"어, 나왔다. 우리의 박달은 지금 K형무소를 뒷문에서 방출되듯이 나왔다.

그는 문득 뭔가 잊은 물건이라도 있는 듯이 멈춰 서서 눈을 가늘게 뜨고 초여름의 햇빛 속에 가라앉고 있는 전방의 도시의 모습을 바라보고 있다. 주인공은 어째서인지 지금 형무소에서 나온 것치고는 그렇게 마르지도 않았고, 그렇다고는 해도 살쪘다는 것도 아니지만, 키가 6척은 되어 보이는 커다란 체격의, 꽤 남자다운 모습이다."

목 차

- 박달의 재판
- 해제
- 현해탄
- 저자후기

金達壽小說全集七 (김달수소설전집 7)

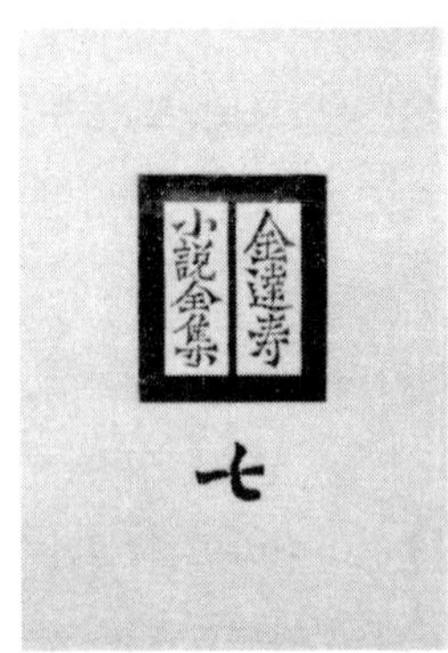

- 저자: 金達壽
- 출판사: 筑摩書房
- 자료유형: 단행본
- 출판연도: 1980년
- 총 페이지: 509쪽

이 소설은 김달수의 소설전집 7권에 실린 일곱 번째 작품이다. 소설의 내용은 살펴보면 다음과 같다. "날이 밝아오기 시작한다. 유연숙(劉連淑)은 문득 눈을 뜨고 보니, 채광창이 하얗게 되어 있었다. 그녀는 놀란 듯이 침상 위로 상반신을 일으켰다. '그래도'하며 그녀는 생각했다. '어느샌가 잠들어버렸구나.' 딱히, 잠들어서 나쁘다는 것은 아니다. 그러나 그녀는 그 시간을, 시시각각을 잠자며 보내버리는 것은 아까운 것 같은 기분이 드는 것이었다.

유연숙은 하얘진, 천장에 가까운 2척(尺) 4방(方) 정도의 채광창을 응시하며 백성오(白省五)를 생각했다. 그도 지금쯤은 이렇게 잠에서 깨어 하얘지는 채광창을 응시하면서 오늘이라는 날을 맞이하고 있는 것일까? 하고.

그녀는 감옥 방의 채광창이 어떤 식으로 되어 있는지 본 적은 없었다. 그러나 백성오이 들어가 있는 방에 그것이 있다는 것은 알고 있었다. 언제였던가, 면회를 갔을 때, 그것을 물어봤던 것이다.

""창은 어떻게 되어 있나요. 창이 있기는 한가요." 철망 너머 마주한 백성오의 얼굴은 햇볕을 쬐지 못한 탓에 창백해져 있었다. "아, 있어. 높은 곳에."하며 그는 웃었다. "하늘이 네모로 보여.""

목 차

• 태백산맥
• 해제
• 저자 후기

▌韓國の旅(한국 여행)

- 저자: 大阪市外國人敎育硏究協議會
- 출판사: 大阪市外國人敎育硏究協議會
- 자료유형: 단행본
- 출판연도: 1980년
- 총 페이지: 81쪽

이 소설은 한국여행에 관해 쓴 것으로 소설보다는 한국여행 시찰기에 가깝다. 구체적인 내용을 보면 "눈에 스며들 것 같은 녹색 속에 점점이 이어지는 푸른 지붕, 빨간 지붕. 동화 나라의 위를 날고 있는 듯한 즐거운 생각에 빠져있는 새에 이윽고 우리들의 탑승기 KE721은 아련한 쇼크와 함께 착륙했다.

서울, 김포국제공항.

여러 가지 기대와 바람으로 가슴이 뛰면서 지금, 우리들 한국교육시찰단 일행 10명은 결국 한국에 도착한 것이다. 오사카국제공항을 출발하여 약 1시간 반. 정말 손을 내밀면 닿을 곳 같은 느낌이다. 이번에 우리들이 한국의 교육사정을 시찰하고자 계획한 것은 평소 우리들이 맡아서 교육하고 있는 재일한국·조선인 아이들의 조국을 이 눈으로 확인하고 이 발로 걸어보고 싶었기 때문이다.

교육은 아이들과 교사의 마음으로의 만남에서 시작된다고 할 수 있다. 아이들의 조국 사람들의 직업이나, 아이들의 생활을 이 피부로 느껴야만 진실로 이 아이들을 교육할 수 있는 것이다.

"할머니, 할아버지 집을 보고 왔어요.", "한국 아이들은 모두 열심히 공부하던데요." 우리들의 여행 이야기에 아이들이나 부모들은 얼마나 눈을 반짝일까? 이걸 보고 싶다, 저것은 꼭 봐야 한다, 이런 기분으로 우리들은 출발했다.

서울의 견학, 학교 시찰에 3일, 경주 사적견학에 2일, 부산의 학교 시찰에 1일, 제주도 견학, 학교 시찰에 2일. 짧은 일정이었지만 정말 충실한 8일간이었다고 생각한다. 특히 많은 아이들의 고향, 제주에 중점을 둔 이번 시찰은 여러 가지 의미에서 매우 뜻 깊은 것이었다."

목 차

- 한국 교육시찰을 마치고
- 한국의 교육
- 문화와 역사
- 가정생활
- 한국인의 생활과 의견
- 한국의 여행

朝鮮の民話(上)(조선의 민화(상))

- 저자: 瀬川拓男·松谷みよ子
- 출판사: 偕成社
- 자료유형: 단행본
- 출판연도: 1980년
- 총 페이지: 217쪽

조선과 일본과의 관계는 2천 년에 걸치는 교류의 역사를 가지며, 또 지리적으로도 가장 가까운 이웃나라이지만 오늘날 상호 교류는 반드시 이상적인 것이라고는 할 수 없다. 그런 만큼 조선이라는 나라의 민화를 통하여 조선을 알아가는 것은 의미 깊은 일이다. 이 조선의 민화는 1972년 다이헤이(太平)출판사에서 3권으로 나누어 출판한 것인데, 이번에 새로 가필하여 2권으로 정리하였다.

민화라는 것은 대체 언제 적부터 이야기되기 시작한 것일까? 이것은 상상이지만, 인간이 언어라는 것을 갖기 시작했을 무렵부터가 아닐까? 아기가 맘마라고 말하기 시작하고 나서부터 잠시 지나면 몇 가지 단어를 돌아가지 않는 혀로 이야기하기 시작한다. 인형을 껴안고 종알종알 떠들고 있는 모습을 볼 수 있다. 거기에는 이미 이야기가 발생하고 있다. 마치 이와 같이, 인류가 언어를 갖기 시작했을 때부터 민화가 생겨났을 것이라고 생각한다.

민화는 어떤 민족의 것이면서 그 민족을 넘어선, 인간 공통의 것, 그런 느낌이 드는 것이다. 그렇게 생각하지 않을 수 없는 보편성, 유사성을 갖고 있으며, 또 민족의 문화·생활이 진하게 배도록 만들어 독자적이다. 조선의 민화 또한 마찬가지이다.

『조선의 민화』 상권에서 다룬 조선다운 민화의 몇 가지 예를 살펴보면 조선이라고 하면 먼저 호랑이의 등장이다. '가토 기요마사(加藤淸正)의 호랑이 퇴치'와 같은 그림을 어렸을 때 본 탓일까? 저자에게 있어서는 조선과 호랑이가 바로 연결되어 떠오른다. 그리고 사실 조선에는 호랑이와 관련된 민화가 많이 남아 있다. 상권에서뿐만 아니라 하권에도 몇 개 수록되어 있다.

목차

- 세계의 시작과 끝
- 불효 청개구리
- 호랑이 퇴치
- 청개구리의 아들
- 이상한 복 뱀
- 선녀의 신부
- 청룡과 황룡
- 까마귀 부리가 휘어진 이유
- 나비가 된 딸
- 불을 훔친 개
- 의사와 호랑이
- 춤을 좋아한 호랑이
- 꽃나무가 다른 할아버지
- 도깨비와 도카비
- 뚱보
- 흥부와 놀부
- 악마의 복수
- 산삼캐기

- 말세의 괴물
- 새를 쫓는 노래
- 금강산의 호랑이 퇴치
- 참고지도
- 산을 옮긴 9마리 용
- 낙랑의 북과 나팔
- 해설

▌ 知的怠惰の時代(지적 나태의 시대)

- 저자: 松原正
- 출판사: PHP研究社
- 자료유형: 단행본
- 출판연도: 1980년
- 총 페이지: 153쪽

이 책의 제1부에는 『중앙공론』, 『Voice』 및 『제군!』에 썼던 5편의 평론을, 제2부에는 산케이(産經) 신문에 저자가 기고했던 주간지 비평 글을 수록했다. 저자는 주간지 비평에 격주로 400자 3장 길이로 썼는데, 저속한 주간지가 대상이라고 해서, 혹은 작은 칼럼이라고 해서 날림으로 쓴 적은 한 번도 없다고 한다. 이토 진사이(伊藤仁齋)가 말하는 것처럼 "학문은 비근(卑近)을 싫어하는 일이 없다. 비근을 소홀히 하는 자는 도(道)를 아는 자가 아니다."이기 때문이다.

본문의 내용 중 『신문은 왜 도의에 약한가?』에서 누누이 설명한 대로 지적 태만은 도의적 태만에 다름 아니지만, 저자는 태만을 당대 최대의 악덕이라고 생각했다. 이 책의 제목을 『지적 태만의 시대』로 한 연유도 여기에 있다. 최근 '지적'이라는 수식어를 붙인 제목의 서적이 상당히 많이 나돌고 있지만, 그 서적의 저자도 독자도 지적으로 태만한 패거리들이 많은 것은 아닐까 생각한다. 이 책은 이러한 지적으로 태만한 매스미디어 및 문필가를 비판한 글을 한 권으로 엮은 것이다.

일본은 현재 담합과 용서의 천국이다. 일본인은 '화(和)를 숭상'하는 민족이라고 흔히 말하지만, 그것은 옛날 일이고 지금은 '담합을 숭상'하는 민족이라고 생각한다. 서로 용서하며 철저하게 타인을 비판하는 일 등은 하지 않는다. 용서한다는 것은 원만·느슨하게 하는 일인데, 타인에게 느슨하게 하고 자신도 느슨하고 싶어 한다. 그러한 용서 놀이가 한창이기에 진지하게 타인의 지적 태만을 비판하면 돈키호테로 경멸 받든지 촌뜨기라며 싫어하든지 하여 그 어느 쪽이든 득이 되지는 않는다.

확실하지는 않지만 저자는 지금까지 몇 번이나 진지해서 손해 본 적이 있다. 그러나 진심으로 타인을 자르는 것은 진검승부에 다름 아니다. 저자는 자신이 문약(文弱) 패거리임에 틀림없고 무인의 용기는 갖고 있지 않지만, 문약 패거리에 있어서는 글을 쓰는 일이 진검승부이며, 신문이나 주간지 또는 문필가를 진심으로 두들기는 이상, 언젠가 두들겨 맞아도 그에 상응되는 만큼의 각오가 없으면 안 된다고 생각하여 그러한 각오로 이 글을 맺고 있다.

목차

제1장 신문은 왜 "도의"에 약한가?
제2장 우둔의 시대
제3장 「친한파」 지식인에게 묻다
제4장 박 대통령은 왜 살해당했는가?
제5장 교육론의 위선을 냉소하다
주간지 시

▌狂躁曲(광조곡)

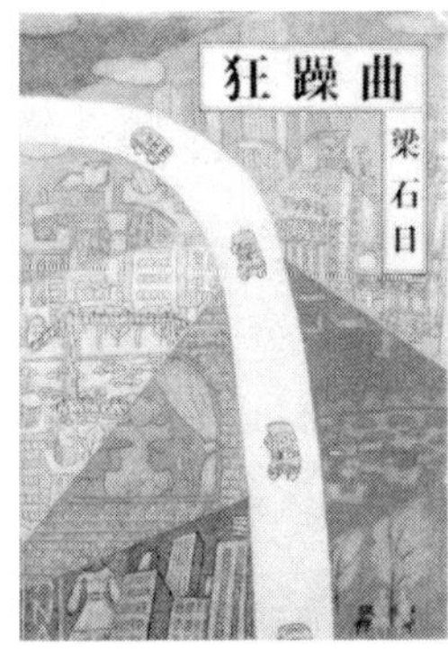

- 저자: 梁石日
- 출판사: 筑摩書房
- 자료유형: 단행본
- 출판연도: 1981년
- 총 페이지: 165쪽
- ISBN: 0093-80214-4604

재일동포 작가 양석일의 『광조곡』은 일본사회에서 아웃사이더로 살아가고 있는 재일한국인들의 시선을 통해 일본 사회를 조명하고 있는 소설의 하나이다. 구체적인 소설의 내용을 살펴보면 "오전 9시 정각에 운전수 동료인 나카니시(中西)가 나를 마중하러 왔다. 마치다(町田)의 야마자키(山崎) 단지에서 시나가와(品川)에 있는 회사까지 차로 통근하고 있는 그는 중간에 내게 들러 나를 태우게 되어 있었다. 그는 자물쇠가 걸려있지 않은 나의 방에 들어오면 자고 있는 나를 두세 번 흔들어 "어이, 시간 됐어"하며 깨우고, 그러고서는 창가에 앉아 담배를 한 모금 피우는 것이었다.

눈꺼풀과 볼이 처지고, 눈가에 굵은 주름이 세 줄 져있다. 노동자의 얼굴이다. 오늘 아침은 한기가 한층 심하다. 나는 그에게서 담배를 한 개비 받아 침상 안에서 피웠다. 마른 입 안에 연기가 퍼져가며 쓴 침이 넘어온다.

업무 시작시간인 10시까지 도착할 수 있을지 어떨지, 서둘러야 한다. 나는 2분 동안에 이를 닦고 세수를 끝내고서, 이번에는 내가 나카니시를 재촉했다. 아침식사 따위 이 몇 년간 먹어본 적이 없다. 방 자물쇠를 채워본 적도 없다. 도둑맞을 것이 아무것도 없기 때문이다. 벽에 걸려있는 낡은 단벌 재킷을 어깨에 걸치고 길거리로 뛰어나가 시동이 걸린 채 기다리고 있는 차에 올라탄다.

국도 246호선은 시부야(澁谷)까지 차량들이 정체하고 있다. 그곳은 프로인 우리들이니 뒷길로 오바시(大橋)의 개천을 따라 난 옆길을 빠져서 간발을 두지 않고 빽빽한 차량들 사이로 끼어들었다. 다른 사람이나 교통 규칙 등을 일일이 살피다보면 택시 운전수 일을 할 수가 없다. 1분 1초를 다투며 할당량을 달성하는 것, 그것이 프로이다.

가장 어려운 곳인 오바시의 교차로는 일진일퇴의 정체가 이어지고 있다. 기다림에 지친 덤프트럭이 함부로 엔진소리를 올리며 우리들의 차창에 시커먼 배기가스를 흩뿌리고 있다. 빨간 벤츠 스포츠카에 탄 여자가 불필요하게 클랙슨을 울려서 주위 사람들이 살기등등하다. 미모를 뽐내며 허영심을 드러낸 거만한 여자이다. "뭐라고 저 여자는 클랙슨을 울리는 거야"하며 나카니시는 여자를 노려보면서 화풀이로 클랙슨을 울렸다. 육교를 건너가는 사람들, 버스를 기다리는 긴 뱀 같은 줄, 교통정리를 하는 순경의 흰 장갑이 자동인형처럼 움직이고 있다."

목 차

- 도주
- 신주쿠에서
- 공동생활
- 제사
- 운하
- 미친 말 I
- 미친 말 II

▌娘に語るアボジの歴史 (딸에게 이야기하는 아버지의 역사)

娘に語るアボジの歴史
—アボジの体験記—

池田市立北豊島中学校 編

- 저자: 在日朝鮮人教育分科會
- 출판사: 池田市立豊島中學校
- 자료유형: 단행본
- 출판연도: 1981년
- 총 페이지: 108쪽

이 소설은 재일조선인이 탄광으로 끌려오게 되면서 탄광 내에서의 인간적인 고뇌, 여러 가지 체험과 탄광을 탈주하기까지의 과정에 대하여 딸에게 이야기 형식을 빌려 서술하고 있다.

구체적인 소설의 내용을 보면 "나는 조선인이다. 1978년으로 꼭 50살이다. 나는 일본에 온 지 33년째이다. 1944년 5월에 일본 땅을 밟았다. 나에게는 현재 중학교 3학년생인 딸이 있다. 아이는 두 명 있었다. 현재 중학교 3학년생인 딸 아래에 딸이 하나 더 있었다. 그 아이는 교통사고로 1974년에 죽었다. 현재는 나와 중학생 딸 둘이서만 살고 있다. 이 중학생 딸이 아버지의 역사를 쓰고 싶다고 하여 지금부터 내가 일본 땅을 밟고서 33년 동안 살아 온 것을 이야기하려 한다.

나는 나와 친한 사람들에게는 곧잘 내가 살아온 이야기를 하지만, 딸에게는 자세히 이야기한 적이 없다. 그것을 알아줄 것 같지 않았기 때문이다. 내가 살아온 시대와 지금의 세상은 꿈에도 생각 못할 만큼 변했기 때문이다. 내가 지금부터 이야기하는 것을 지금의 중학생이 이해한다면 그것은 매우 놀라운 일이다. 그렇기는 하지만, 내가 역사에 남을 만한 삶을 살아온 것은 아니다. 말하자면 하찮은 삶이다. 아무런 희망도 없이, 아무런 즐거움도 없이, 죽을 것 같은 괴로움을 맛본 삶도 아니다. 나로서는 극히 평범한 삶이 아니었나 하고 생각한다. 인간에게는 그 사람에 따라 괴로움, 슬픔, 즐거움을 느끼는 방식이 다르지 않을까하고 생각한다. 내가 살아온 경위에 대해 "고생하셨군요!"라며 감탄하는 사람들이 많은 듯한데, 그것도 사람들의 느끼는 방식이 각자 다르기 때문이라고 생각한다. 가난뱅이는 가난뱅이 제 나름대로, 또 부자는 부자 제 나름대로 각각 느끼는 방식이라든가 갈등, 괴로움이 있을 것이다. 나의 역사를 쓰는 일에는, 나의 역사를 쓰기 전에 지금까지 말한 것이 아무래도 필요할 것이다. 전제가 길어졌지만, 지금부터 1944년 5월 일본 땅을 밟고서 현재까지의 일을 하나부터 열까지 쓰는 일은 중3의 딸에게는 아무래도 무리가 아닐까 생각한다. 이 33년 동안에 주로 내 마음에 담고, 생각을 새롭게 할 수 있었던 일 같은 것만을 이야기하고자 한다. 그에 앞서 일본에 온 이유를 이야기해야 할 것이다.

일본은 지나사변을 일으키고 그리고 태평양전쟁을 일으켰다. 그 훨씬 이전에 조선을 합병하고 있었다(즉 조선을 식민지로 만들었다.) 그리하여 우리 조선인들에게 일본제국주의 정부의 명령에 반하는 일은 죽음으로 이어지는 것이었다. 태평양전쟁이 시작됨과 동시에 조선인에게도 징병령이 적용되었다. 징병령이라는 것은 일정 연령이 되면 군대에 강제적으로 끌려가는 것을 말한다."

목 차

- 시작하며
- 처음 일본 땅을 밟다
- 탄광에 들어가기까지의 훈련
- 오봉의 외출허가 돌연 금지
- 혼자되어 생각한 것
- 외출조가 돌아오다
- 자신의 방에 돌아오다
- 항내의 일
- 욕탕에서 소곤소곤 이야기
- 도시락의 일을 동료에게 이야기하기
- 첫 월급
- 돌연 징용으로 끌려가다
- 조선의 생활
- 탄광에서 일을 시작하다
- 탄광에서 도망치기를 생각하다
- 많은 조선인을 강제적으로 일 시키다
- 식당 감시인이 늘어나다
- 식당에서 생긴 일
- 항내에서 중식 도시락을 먹다
- 기숙사에서 자면서 생각에 잠기다
- 항내의 힘든 작업
- 고향의 아버지로부터 편지가 도착하다

- 탈주를 위해 지도를 손에 넣다
- 외출허가가 나오다
- 버스 안에서 생각한 것
- 탄광에서의 최후 식사
- 마침내 버스에 올라타다
- 편집후기

▌幽冥の肖像(유명의 초상)

- 저자: 金石範
- 출판사: 筑摩書房
- 자료유형: 단행본
- 출판연도: 1982년
- 총 페이지: 191쪽
- ISBN: 0095-80226-4604

이 소설은 김석범의 「유명의 초상」『문예』1982년 2월호, 「추몽의 계절」『바다』1982년 8월호, 「유방이 없는 여자」『문학적 입장』1881년 5월호, 「결혼식의 날」1978년 11월호 계간『삼천리』에 실린 작품들을 수정하여 출간한 것이다.

소설의 내용을 보면 "바로 24시간 전 지금쯤, 즉 어제 정오가 지나서 나는 친척 결혼식에 가기 위해 신간선 신오사카(新大阪) 역 플랫폼에 내려섰다. 결혼식이 끝나자 곧바로 식장을 나온 나는 미리 전화를 걸어둔 친구들과 오랜만에 만나서 밤늦게까지 마셨다. 당일로 도쿄(東京)에 돌아갈 요량이었지만, 결국 마지막 열차 시간에 늦어버려 그때부터 마시는 시간을 벌게 된 것이었다.

선배격인 S에게 이끌려서 서너 집을 돌며 마신 끝에 시각은 오전 3시, 예약 없이는 호텔에서 머물 수도 없고, 친구 집으로 가는 것도 내키지 않아서 나는 러브호텔 중의 한 곳에 들어가 혼자서 머물렀다. 방 안 작은 냉장고에서 맥주 한 병을 꺼내들고 땅콩을 먹으면서 다시 한 병을 꺼내 혼자서 2차, 3차의 마무리를 하고 나서 취중에 잠들었다.

다음날 아침, 뜨거운 욕탕에서 사우나 하듯이 땀을 흘렸지만, 취기가 가시지 않는다. 나는 11시 무렵, 어둑한 여관에서 백주의 태양이 비추는 눈부신 길거리로 나섰다. 자, 지금부터 도쿄로 직행하지 않으면 안 되는데, 그 전에 뭔가 국물이라도 먹어서 장에 물기를 주지 않으면 안 된다. 쓰루하시(鶴橋) 역까지는 택시로 몇 분 거리이다. 역 근처 불고기집에라도 가서 조선식 사시미에 적당한 국물, 맥주를 한 병 곁들여서 위장에 보내는 것이 좋겠지. 아니, 그것보다는 개장을 먹으러 가기로 정했다.

그리고 택시를 달려 쓰루하시 역에서 동남쪽으로 십몇 분, 어느다리(橋) 근처까지 개장을 찾아 온 것이다. 이전에 친구가 데리고 와서 두세 번 와본 적이 있는 곳으로 맛에 정평이 나 있다. 개장은 다른 이름으로 보신탕이라고 하는 것처럼 일본의 장어와 비슷하게 여름 타는 것을 방지하는 용도로도 먹는다. 보양제, 즉 즉각적인 강정식으로 생각해버리는 성급한 인간도 있지만, 그렇지는 않다. 이것은 한방 처방과도 비슷하여 전신 건강을 촉진함으로써 정력을 증진시키는 것이며, 속효가 있는 것은 아니다. 그러나 그렇더라도 모종의 속효를 기대하는 신자가 적지 않다."

목 차

• 유명의 초상
• 추몽의 계절
• 유방이 없는 여자
• 결혼식의 날

▌私の學校(나의 학교)

• 저자: 姜一生
• 출판사: 同時代社
• 자료유형: 단행본
• 출판연도: 1982년
• 총 페이지: 121쪽

이 소설은 재일조선인 교사를 주인공으로 하여 그의 삶의 방식을 좇고 있으며, 일본과 조선 사이에서 방황하는 젊은 영혼을 그리고 있다. 또한 일본에서 생활하고 있는 재일조선인 사회의 복잡한 양상을 담담하게 그리고 아주 깊은 곳까지 도려내고 있다.

소설의 구체적인 내용을 살펴보면 "일본에 있는 조선학교는 현재, 초급 86교, 중급 56교, 고급 12교와, 도쿄도(東京都) 고다이라(小平) 시에 있는 조선대학교 한 곳을 합하면 총 155교에 이른다. 후쿠시마(福島) 조선초·중급학교는 가장 새로운 학교로 1971년 4월 1일에 창립되었다. 당시 고리야마(郡山) 시내에 조립식 건물 교실을 만들어 초·중급 합해서 49명의 학생과 11명의 교원으로 시작한 학교는 같은 해 9월 5일, 고리야마 시의 교외에서 상당히 떨어진 모리야마(守山)에 신설되었다.

2천 명이 약간 못되는 동포들이 후쿠시마 현 내에 분산적으로 산다는 조건과 학교가 위치하는 지리적 조건으로 인해 초·중급학교로서는 전국에서도 드물게 초급 1학년부터 중급 3학년까지 전원 기숙사제도인 학교로 출발했다.

학교는 고리야마 역에서 국도 49호선을 달려 촌도(村道; 지방공공단체인 촌의 경비로 설정·수리하는 도로) 입구까지 차로 약 25분, 촌도로 들어가서 산길을 달려 학교까지 3~4분 걸린다. 전차는 약간 번거롭다. 고리야마 역에서 미즈

고리(水郡)선을 타고 두 번째의 아사카 모리야마(安積守山) 역에서 내린다. 10평 정도의 대합실이 있는 목조의 작은 역 앞에는 벚꽃나무가 몇 그루 심어져 있고, 가장 굵은 나무 옆에는 매점이 있으며 그 나머지는 정원이다. 정원 가운데에 똑바로 난 길을 걸어가면 주변에서는 가장 인가가 많이 모여 있는 거리가 나온다. 그러나 슈퍼마켓을 흉내낸 듯한 가게 한 곳과 전기 상회, 약국, 쌀집 등 생활필수품을 파는 가게가 몇 채, 알루미늄 새시 창문이 딸린 가게가 오래된 인가 사이에 끼어있을 뿐이다.

그중 한 채인 술집을 오른쪽으로 두고 S자형으로 걸어서 국도 터널을 빠져나가면 국도에서 갈라진 촌도와 만나며, 그 다음은 오르락내리락하는 꼬부랑 외길로 되어 있고 멀리 사과밭이 보인다. 사과밭을 왼쪽으로 하여 백 미터 정도 더 가면 폭 10미터 정도의 냇가가 있다. 냇가에는 돌다리가 놓여 있다. 지금은 훌륭한 돌다리로 되어있지만, 당시에는 중량 1.5톤까지라는 표지가 이목을 끄는 위험스러운 나무다리였다."

목 차

- 생명의 서
- 1~6
- 프롤로그
- 후기

私の少年時代(나의 소년시대)

- 저자: 金達壽
- 출판사: ポプラ社
- 자료유형: 단행본
- 출판연도: 1982년
- 총 페이지: 214쪽

이 소설은 저자가 당시 애독했던 「산을 지키는 형제」라는 연재소설, 무슨 『중학강의록』, 『중학 전 과목 강좌』, 『상업 강의』, 『영어강의록』 등을 오랜만에 대하면서 '아, 그랬지. 그런 시절이었지.'하며 새삼스럽게 떠오른 추억을 더듬어 쓴 것들이다.

사람에게는 각자 누구나 소년시절이라는 것이 있다. 그리고 그 시절은 각각 달콤새콤한 것임에 틀림없다. 물론 저자도 그렇다. 그러나 저자의 경우에는 단지 그랬다고만 생각할 수 없는 것이 실제 존재했다고 믿고 있다.

하나는 재일조선인이라고 불리는 자였기 때문인데, 그러나 지금 생각해 보면 그것이 모든 원인은 아니다. 소위 전전(戰前)·전쟁 중의 소년시절은 일부를 제외하면 일본인에게 있어서도 힘든 시절이었고, 또 '차별 받는 재일조선인이었으므로'라고 하는 편이 진실에 가까운 것이 아닌가 하고 생각된다.

'뒤쳐진 자'라는 말이 있다. 극심한 입시공부 등에 따라가지 못하는 자를 말한다고 하는데, 싫고 심한 말이지만, 그러나 그러한 '뒤쳐진 자'라고 불리는 사람조차도 될 수 없었던 것이다. 그것은 당시 재일조선인에만 한정되지 않았다.

저자는 소학교(小學校) 학생 무렵, 같은 학년의 일본인 학생들로부터 당시의 소학생들 대부분이 읽고 있던 『소년클럽(少年俱樂部)』을 빌려 읽은 일이 소설을 쓰는 커다란 계기가 되었고 한다. 그 일로 조금 과장되게 인생이라는 것에 대해 눈을 뜨게 되었고, 작가를 지향하게도 되었다고 한다. 저자는 작가를 지향하고 책을 쓰면서 약 50년 전의 소년잡지인 『소년클럽』의 발행처였던 고단샤(講談社)를 방문하여 그곳의 자료실에 있는 『소년클럽』을 수십 권 열람한 적도 있다고 한다.

목 차

- 일가 이산
- 할머니의 추억
- 일본에 건너오다
- 둘째 형과 아버지의 죽음
- 고향의 이것저것
- 도쿄의 어머니 집

- 야 이 조센징
- 야학교에 들어가다
- 야 이 삼한정벌이다
- 소학교 중도퇴학
- 목욕탕의 솥 데우기
- 넝마주이
- 작가의 길로

- 청국장 팔기와 넝마주이
- 겐지 앞 소학교에서
- 역사교과서의 일
- 직업을 찾아서
- 영사기사 견습생이 되다
- 『문학 강의록』을 수강하다
- 후기

韓國社會をみつめて (한국사회를 주시하며)

- 저자: 黑田勝弘
- 출판사: 亞紀書房
- 자료유형: 단행본
- 출판연도: 1983년
- 총 페이지: 265쪽

이 책은 한국과 한국인을 알고자 악전고투한 저자의 서울 생활의 일단을 소개한 것이다. 직접적으로는 한국 사회, 한국 정치는 그때그때 어떻게 전개되는지, 한국인은 그때그때 어떻게 행동하는지, 혹은 그들의 그때그때의 행동의 근저에 있는 사고방식은 어떤 것인지, 이러한 한국의 '미지'로의 호기심이 집필 동기이다.

저자가 한국과 본격적으로 가까워진은 그리 오래되지 않았다. 1977년에 1개월간 한국의 시민생활 르포로 부산시 민가에 식객으로 있었던 것이 처음이었다. 그 후 78년부터 79년까지 한국어 공부를 위해 서울의 연세대학교에 1년간 유학하고, 80년 9월부터는 특파원으로서 한국에 체재하고 있다.

물론 저자는 그때까지도 기자 활동 중에서 한국-조선과의 만남은 많았고, 한국과 관련된 기사나 에세이는 많이 써 왔다. 그러나 저자가 한국과의 본격적 만남의 계기는 김대중 사건이었다고 한다. 기자로서 자신도 보도의 소용돌이 속에 있으면서 사건 후 홍수처럼 넘쳐난 한국 보도에 끊임없이 무언가 위화감을 느끼고 있었다. 그 위화감이란 일종의 정보 홍수에도 불구하고 한국 및 한국인의 전체상이 보이지 않는다는 초조함이었다.

"이웃나라이고, 이웃나라 사람들이며, 또 역사적으로 가장 우리들과 관계가 깊었으면서 왜 그런 것일까? 가능한 한 한국 및 한국인의 전체상을 알고 싶다."

이 책은 저자의 이러한 의문을 해소하고 한국 및 한국인, 한국사회를 생각하는 데에 이해를 돕기 위해 쓴 책이다.

ジュリア・おたあ(줄리아 오타)

- 저자: 谷眞介
- 출판사: 女子パウロ會
- 자료유형: 단행본
- 출판연도: 1983년
- 총 페이지: 169쪽
- ISBN: 4-7896-0144-7

이 책의 저자는 기독교의 역사에 관심을 가지고 일본에 처음으로 기독교의 가르침을 전한 프란시스코 자비에르의 전기를 비롯하여 『26의 십자가』, 『크리스천 다이묘(大名)·다카야마 우콘(高山右近)』, 『로마로 간 소년사절』이라는 네 권의 책을 써왔는데, 다섯 번째가 『줄리아 오타』이다.

　이 책은 사실에 바탕을 두고 있지만 어디까지 소설이기 때문에 줄리아에 대해 말하고 써온 것의 대부분은 전설, 픽션이고, 또한 그러한 사항들을 뒷받침하는 증거가 되는 자료가 너무 빈약하다. 그러나 저자가 이 책을 쓴 것은 자신도 함께 배우면서 그다지 알려져 있지 않은 일본 기독교인의 역사를, 역사에 관심을 나타내기 시작하는 연령대의 아동들에게 알기 쉽게 소개해 보고 싶다는 바람에서였다.

　소설의 내용은 줄리아가 도요토미 히데요시(豊臣秀吉)의 조선침략전쟁에서 고아가 되고, 일본으로 끌려와 세례를 받고서 기독교인이 되었는데, 줄리아의 그 후의 반생을 결정한 히데요시의 조선침략이라는 것이 어떠한 것이었는지 저자 자신도 잘 알지 못했다는 반성에서 이 소설은 비롯되었다.

　줄리아에 대해서는 특히 히데요시의 조선침략, 세키가하라(關が原) 전투, 도쿠가와 이에야스(德川家 康)가 내린 1612년의 기독교금교령 등을 간과할 수 없다.

목 차

머리말
제2부 도쿠가와 이에야스의 주위
제4부 줄리아의 운명
제1부 변모하는 시대
제3부 폭풍전야
후기

▋ <在日>という根拠 (〈재일〉이라는 근거)

- 저자: 竹田青嗣
- 출판사: 國文社
- 자료유형: 단행본
- 출판연도: 1983년
- 총 페이지: 230쪽

이 책은 재일조선인 대표작가 이회성, 김석범, 김학영 등이 '재일이라는 근거가 무엇인가?'라는 물음에 답하는 형식으로 이루어져있다.

여기에 수록된 문장 중에서 김학영(金鶴泳)의 문학에 어느 정도 역점을 두고 있는 반면, 김석범 같은 작가들을 약간 비판적으로 다루고 있다. 따라서 저자의 의도가 사회적·정치적인 것보다 내면적·문학적인 것을 좋아한다는 느낌은 피할 수 없을지도 모른다.

김학영 씨의 어투를 빌린다면 '약 20세 정도'에서부터 '자신과 세계와의 관계법에 대해' 자각적으로 생각하기 시작한 것인데, '정치적인 자—문학적인 자'라는 대항적(對項的) 관계는 그 항목에서 이미 삶의 방식상에서의 중요한 문제로서 극히 명료한 형태로 존재하기 시작했다고 할 수 있다.

이러한 대항성(對項性)은 예를 들면 '이성적—감성적', '정신적—육체적', '인식적—실천적' 등등의 형태에 있어서도 존재하고 있었고, 물론 현재에도 청년기의 윤리규범이나 감수성의 질을 결정해 가는 시금석과 같은 것으로서 확실히 존재하고 있음에 틀림없는 대립의 범형(範形)인 것이다.

아마도 많은 사람들이 그랬을 것처럼 저자 또한 이 다양한 차원에서 나타나는 대항적 문제로 고심하며, 그래도 어찌어찌 자기 나름의 결단으로 이 물음에 답하려 하고 있다. 그리하여 지금 생각해 보면 이와 같이 하여 각종 대항적 물음의 내측으로 휩쓸려 가는 것은 마치 '자신과 세계와의 관계법'의 물음에 대한 결단이라는 형태에서 서서히 확정해 가는 것 같은 과정이었다고 말할 수 있는 것처럼 생각되는 것이다.

이 물음은 매우 진지한 물음이며, 누구나가 필사적으로 이 물음을 구명하고자 한다. 또한 이 물음은 단순한 배움을 위한 물음이 아니라, 도대체 어떠한 삶의 방식이(그것은 또 개개 장면에서의 이것이냐 저것이냐 하며 어느 쪽 삶의 방식이라는 물음의 축적으로 나타나지만) 인간으로서의 본질에 가장 가까운 것인가 자문하는, 말하자면 과격한 직접성을 갖고 있는 것처럼 생각된다.

목차

• 이회성
• 관념의 극
• 김석범
• 원민중
• 김학영
• 민족주의
• 문제로서의 내면

• 재일의 집
• 성숙한 이념
• 이데아로서의 제주도
• 재일의 근거
• 〈흐름〉-불우의 의식
• 〈부친〉
• 후기

詩集 火の鳥(시집 불새)

• 저자: 權五宅
• 출판사: 紀尾井書房
• 자료유형: 단행본
• 출판연도: 1983년
• 총 페이지: 269쪽
• ISBN: 4-7656-1040-3

이 시집은 저자가 1975년에 한국에서 출판한 『눈 내린 새벽』과, 1980년에 출판한 『해동(解冬)』 중에서 선택한 158편을 일본어로 번역한 것이다. 물론 일본어역이 들어간 것으로 일본에서 출판하는 것은 처음 있는 일이다.

저자는 시집 서문에서 "시는 괴로운 현실에서 벗어나 이상적 세계를 열어준다. 시를 통하여 고독과 근심에 가득한 '현실의 포로'가 되어 있는 자신을 해방시키고 자연의 도식을 본뜨면서 창화(唱和)함으로써 물상(物象)의 존재를 진실로 투명하게 볼 수 있는 것이다. 나는 그러한 존재를 응시하는 안목의 끝을 점과 선으로 두는 것이 아니라 면과 공간에 중점을 두도록 노력해 왔다. 인생의 성립은 점에서 시작되든 선에서 시작되든 간에 그것은 누구라도 공백 가운데에서 출발을 하고 그것을 그려나가는 것일 게다. 튼튼한 점, 흔들릴 것 같지 않은 선이 있으면, 그곳에는 쑤셔 넣어진 면과 희박한 공간의 '비명'과 '초대'가 있는 것이다. 뒤집어서 점과 선은 인간이 가져온 문화, 그 자체이며, 면과 공간은 신이 만든 '자연' 그 자체일 것이다. 역사는 점과 선의 누적과 연장의 반복이며, 자연은 변함없는 생명의 어머니이며 고향이다. 나는 면 가운데에, 공간의 가운데에 헤엄쳐 나온 점과 선을 붙잡는 수고를 아까워하는 일 없이 꿈의 성터를 답사하는 순례자의 마음이 되어 자연으로부터 생명의 수업을 받고자 하는 것이다."라고 밝히고 있다.

목차

- 불의 새에 부쳐서 / 씨앗 / 겨자 한 알 / 흰 물새 / 불새
- 골목 / 황홀 / 미소 / 항아리 / 소나기
- 종이 연 / 마취 / 돌 / 하늘로 가는 배 / 고속도로
- 오수1 / 오수2 / 오수3 / 묵화 / 기적
- 장님의 노래1 / 장님의 노래2 / 종루 / 희락3종 / 달밤
- 아침에 신문을 보면 / 무덤가에서 / 사진첩 / 눈 내린 새벽1 / 눈 내린 새벽 2
- 해동 / 아기 얼굴 되어 / 내 얼굴 되어 / 부록 놀이 / 내일을 만납니다. 호숫가에서 / 나비 광상곡 외

新井徹の全仕事(아라이 도오루의 모든 업적)

- 저자: 新井徹著作刊行委員會
- 출판사: 創樹社
- 자료유형: 단행본
- 출판연도: 1983년
- 총 페이지: 589쪽

이 책은 아라이 도오루(新井徹)의 현재 판명된 시 작품·단가(短歌)를 모두 망라해서 수록하고 있다. 또한 산문을 추가로 선택하여 수록했다. 원본(原本)으로서 조선시집『흙담에 그리다』는 경인사(耕人社) 간행, 시집『승리』는 선언사(宣言社) 간행,『빈대』는 문천각(文泉閣) 간행의 단행본, 그 외 여러 잡지·신문에 의거했다.

목차

- 아라이 도오루의 리얼리즘 세계
- 단행본 수록시편
- 시집『같이』
- 평론·에세이
- 아라이 도오루라는 시인
- 조선시집『토담에 그리다』
- 기타 미수록 시편
- 회상-아라이 도오루의 인물과 업적

故國祖國(고국 조국)

- 저자: 鄭貴文
- 출판사: 創生社
- 자료유형: 단행본
- 출판연도: 1983년
- 총 페이지: 206쪽

이 소설은 어머니가 야키니쿠를 경영하는 재일조선인부인동맹위원장 인녀를 통한 일본국적으로의 귀화에 대한 고뇌와 조국에의 단상을 그리고 있다.

구체적인 소설의 내용을 언급하면 "대한 귀신이 따라오고 있다. 쫓아온 것이다. 상대편을 따라 나선 무렵에는 거리를 두고 있었지만, 점차 거리를 좁혀 자전거 페달을 돌리는 양 다리에까지 엉겨 붙어서 인녀(仁女)의 전신을 녹초로 만들어버리기까지에 이르렀다. 틀림없이 귀신이 달라붙은 징후이다.

비틀거리면서 부엌에 들어가 뒤주가 있는 곳에 몸을 기댔다. 콩밥에 사용할 콩을 두 알 세 알 집어내서 입 안으로 넣었다. 씹은 콩이 비릿하면 그냥 피로해서이고, 향기로우면 걸신이 들렸다고 하는 것이다. 약간 향기롭지 않은가? 둥근 상 언저리에 몸을 미끄러지듯이 하며 카펫에 입은 옷 채로 누웠다.

이 귀신은 신성한 장소나 사당 등에 모셔져 있는 종류의 질 좋은 신이 아니다. 세상을 싸돌아다니며 때로는 백 리 천 리도 마다않는 걸신이라는 놈으로 성질 나쁜 걸신이라는 놈이 달라붙은 것이다. 가벼운 복통과 토하고 싶은 느낌뿐인데도 온몸을 납으로 누르는 것처럼 무겁다. 이러한 증상이 걸신이 들린 특유의 증상이라고 인녀는 믿고 있다. 그렇지 않은 증상과 어떻게 다른지는 콩 맛으로 깨닫는 것으로, 의학 같은 지식과는 관계없이 그렇게 생각하는 것이다. 말하자면 인녀의 지식이며 지혜였다.

열여덟 살이 되는 막내딸이 아직 자지 않고 있었다. 인녀는 맥없는 목소리로 일렀다. 딸 호영(好榮)은 고개를 끄덕이고 있었는데, 이윽고 물을 담은 사발을 누워있는 모친의 입가로 가져와서 사발 언저리를 모친의 뺨에 꼭 대었다. 오른손에는 날이 긴 부엌칼을 잡고 있고, 칼끝을 사발에 담가 위턱에서부터 물을 떨어뜨렸다. 삼키려고 했지만, 물방울이 칼날을 따라 목깃을 적시며 입 안으로는 쉽게 들어가지 않는다. 몇 번이나 반복하며 이번에는 그 부엌칼로 인녀의 머리카락을 쓰다듬고 나서 부엌칼과 사발을 가진 호영은 밖으로 나갔다.

막다른 골목길인 이 주변은 차가 지나다니는 일이 없다. 외등 하나가 이웃집 담가에 켜져 있어서 그것이 하늘에 매달려있는 것처럼 환하다. 호영은 사발의 물을 앞쪽으로 휙 버리고 그곳을 겨냥하여 부엌칼을 던졌다. 다가가서 부엌칼을 주워들고 다시 한 번 했다. 칼끝이 옆을 향하고 있었기 때문으로, 두 번째는 칼자루 쪽이 앞으로 되고 칼끝이 저쪽으로 되었다. 모친이 일러준 대로 한 것이다."

목 차

- 걸신 쫓기
- 손을 만든 조직
- 앞치마 여자
- 맷돌을 안다
- 기묘한 계절
- 노병과 지혜
- 교원 1호
- 3개의 작은 돌

▌光州詩片(광주시편)

- 저자: 金時鐘
- 출판사: 福武書店
- 자료유형: 단행본
- 출판연도: 1983년
- 총 페이지: 150쪽
- ISBN: 4-8288-2083-3

광주시편은 1980년 광주민중항쟁에 관한 시집이다. 당시 광주시는 인구 80만으로 한국에서 다섯 번째의 유수의 교육도시였다. 호남평야의 남서부에 위치하며, 조선시대 말기에 일세를 흔든 일대 농민봉기였던 '동학란'이나, 식민지하의 1929년 11월, 반일 기운을 조선 전역에 끓어오르게 했던 '광주학생사건' 등에서 알 수 있는 바와 같이 예로부터 반골 기질이 강한 지역으로 알려진 전라도의 남도를 관장하는 도청소재지이다.

쇠도 꺾는 유신군사정권체제 속에서 10일이라는 짧은 기간이기는 했지만, '자유 광주'를 민중의 손으로 실현할 수 있었던 것은 이 열렬한 반골 명맥이 지금도 숨쉬고 있기 때문이라고 해도 될 것이다. 한국에도 마침내 정치의 유화가 밀려오는 것처럼 보였던 '잠깐의 봄'이 있었다.

당시 18년이라는 오랜 기간 동안 군사독재에 의한 '유신체제'를 제멋대로

행했던 박정희 대통령이 높아지는 민중의 민주화 요구에 두려워진 심복에 의해 사살된 후, 새로운 정치체제가 펼쳐진다고 선언되었던 수개월 사이이다.

소위 '광주민중항쟁'은 이 와중의 1980년 5월 18일에 터졌다. 유신체제 계승을 외치는 육군보안사령관 전두환 소장은 이날 새벽, 전국 비상계엄령을 선포하고, 즉각 국회를 폐쇄했을 뿐만 아니라 지체 없이 민주화운동 지도자들에 대한 가차 없는 체포를 개시했다.

대통령 사후의 새로운 사태에 역행하는 이와 같은 비상계엄령의 철폐를 요구하며, 광주 시민은 도시 곳곳에서 일어섰던 것이다. 자유로의, 그야말로 무참할 정도로 아름다운 산화였다.

전두환 사령관은 박정희 대통령조차 허가한 적이 없는 민중을 향한 발포, 무차별 공격을 명령하고, 가장 유효한 수단으로서 외국 적군과의 전쟁용으로 특별훈련을 받은 특전단을 사용했다. 이 특전단은 유례가 없는 '용맹'함으로 이름을 날렸던 베트남 파견군 백마부대의 부산물이며, 전두환 사령관은 직속 제1공수특전여단장이었다.

목차

바람 / 흐트러짐 / 천둥 / 아직 있다고 한다면 / 불 / 벼랑
희미해진 시간 가운데 / 이 깊은 하늘의 끝 / 뼈 / 창 / 입 다문 언어 / 가둠 / 짧은 장례식 전날 / 명복을 빌지마라
그리고 지금 / 3년 / 거리 / 미친 소견 / 돌고 돌아 / 마음 / 나날이여 사랑이 짧은 그날의 어둠이여 / 해설 / 후기

火山島 I (화산도 1)

- 저자: 金石範
- 출판사: 文藝春秋
- 자료유형: 단행본
- 출판연도: 1983년
- 총 페이지: 390쪽

화산도는 재일조선인작가 김석범의 장편소설로 집필 기간만도 20년이나 걸린 대하소설이다. 제주 4·3항쟁에 관한 소설로 당시의 배경이나 생활모습, 풍습 등을 그리고 있다. 소설의 내용에 나타난 바와 같이 일본 오사카 이쿠노쿠에서 살다가 조국광복을 맞아 고국으로 돌아가 지하조직원으로 활동하는 청년 남승지와 제주의 큰 자본가의 아들, 이들을 둘러싼 여러 사람 사이에 얽힌 이야기를 소설로 풀어내고 있다.

제1권의 소설 내용을 살펴보면 "선옥(仙玉)의 높은 목소리가 들려왔다. 마당 가운데 최용학(崔龍鶴)의 모습이 보였는데, 돌연 이쪽을 향해 뭐라고 한두 마디 큰 소리를 지르며 뛰어갔다. 그러나 이상하게도 그것은 마치 팬터마임처럼, 혹은 무성영화 속에서 인간이 외치는 것처럼 전혀 대사가 들리지 않았다.

분명 갑자기 청년의 얼굴이 둥글고 어두운 구멍이 되어 그 곳에서 외치는 소리가 들렸을 터이지만, 그러나 들리지 않았다. 아니, 사라진 것이다. 외침과 동시에 사라질 수밖에 없는 목소리였던 것이다. 대체 그 목소리는 뭐라고 외쳤던 것일까? 피곤한 미치광이 자식. 역시 그렇군, 너는 소문대로 수치를 모르는 인간이다! 영문도 모른 채 마당 가운데로 뛰어나온 선옥이 여동생의 이름을 부르면서 대문 쪽으로 최용학을 쫓아가는 것이 소파에서 보였다.

어느 샌가 비가 뚝뚝 떨어지며 빗발이 하얗게 빛나고 있었다. "또 비가 내리기 시작하는군." 이방근이 조용히 말했다. 여동생이 마당을 보며 으응, 하고 끄덕였다. 이방근은 여동생에게 일러 문을 닫게 했다. 얼마 지나 선옥이 왔지만, 그녀를 안으로 들이지 않았다. 성가실 뿐 아니라 할 이야기가 없었다.

소파로 돌아와 멍하니 앉아있던 여동생이 정신을 되찾은 듯한 표정으로 살짝 웃어 보였다. 아무 말 없이 미소 지은 것이었는데, 그런데 갑자기 "오빠, 나, 정말 이상해"라며 하며 웃음소리를 내더니 곧바로 터지듯이 웃기 시작한 것이다.

상반신을 비틀며 깔깔거린다고 해도 될 것 같은 무례한 웃음소리로 한동안 계속 웃었다. 머리를 흔들며 얼굴에 빨간 핏줄을 세우며 웃었다. 이방근은 순간 숨을 삼키고 두 손으로 얼굴을 감싸면서 웃어대는 여동생을 보았다. 여동생의 구석구석에 독을 쏟아부은 것 같은 웃음에 약간 소름이 돋는 것을 느끼면서. 여동생은 한참 동안 서재에서 나오지 않았다. "계모에게 붙잡히면 거북한 기분이 드니까"라는 것이었다."

목 차

- 서장
- 제2장
- 제4장
- 제1장
- 제3장

火山島 Ⅱ (화산도 2)

- 저자: 金石範
- 출판사: 文藝春秋
- 자료유형: 단행본
- 출판연도: 1983년
- 총 페이지: 414쪽

제2권의 소설의 내용을 살펴보면

조선의 대중이여, 동포여 들으라.
울려 퍼지는 해방의 날을
시위자(示威者)들이 울리는 발소리
미래를 고하는 시대의 소리
노동자, 농민은 힘을 합하여
그들에게 빼앗긴 땅과 공장……

이것은 해방 직후에 만들어진 혁명가로 이미 노래하는 것을 금지당하고 있었다. 이방근의 뇌리에 작년 3·1운동 기념일에 수많은 군중들의 큰 데모대가 '해방가'를 크게 부르면서 성(城)내 거리를 메운 광경이 되살아났다.

그는 당시 본토 여행 중으로 성 내에는 없었지만, 그 광경이 보이는 곳에 있었다. 시위자들과 경찰부대의 충돌, 소년의 시체, 시위자들의 시체를 짊어진 항의 데모대의 분노의 파도 등등.

이방근은 올라섰다. 아버지가 마침 부재 중이라서 다행이긴 하지만, 그가 들으면 쓰러질 것이다(아버지와 계모는 지인 아들의 결혼식이 있어서 아침부터 한라산 맞은 편 서귀포까지 가 있었다). 밖에 들리지 않는다고도 할 수 없다. 이 조용한 밤에 혁명가가 웬 말이냐. 이방근은 가랑이를 크게 벌리고 툇마루를 쿵쾅거리면서 응접실로 향했다. 방에 발을 들여놓은 이방근과 시선이 마주친 신(申)씨가 기타 줄을 켜는 손가락을 멈추며 입을 다물었다.

"자네, 지금 노래가 해방가지. 그런 노래는 관둬 주게. 다른 노래도 있잖은가."

이방근은 좌탁(座卓) 옆에 선 채, 상대를 내려다 보였다.

"'해방가'는 안 됩니까."

상대의 취해 벌건 얼굴이 일그러졌다. 싫은 느낌의 표정이다. 이봐, 이봐, 옆에서 견제의 목소리. 이방근은 활활 타올라 오는 분노의 불꽃을 눌렀다.

목 차

- 제5장
- 제7장
- 제6장

火山島Ⅲ (화산도3)

- 저자: 金石範
- 출판사: 文藝春秋
- 자료유형: 단행본
- 출판연도: 1983년
- 총 페이지: 566쪽

이 소설 화산도 3권은 '해소(海嘯)'라는 제목으로 문예춘추 출판국장인 니시나가 다쓰오(西永達夫) 씨가 『문학계』 편집장이었을 때, 장편을 써보지 않겠느냐는 권유로 연재가 시작된 것이다. 연재가 끝난 뒤 가필수정, 새 집필 단계에서부터 단행본은 호소이 히데오(細井秀雄) 씨가 담당해 주었다.

목 차

- 제8장
- 제10장
- 제12장
- 제9장
- 제11장
- 후기

透明の街(투명의 거리)

- 저자: 鄭貴文
- 출판사: 創生社
- 자료유형: 단행본
- 출판연도: 1984년
- 총 페이지: 269쪽

정기문의 소설 『투명의 거리』는 줄거리를 제시하면 다음과 같다.

"네야강(寢屋川), 그 연도(沿道)의 70·80대의 노인이라면 어렸을 때의 기억에 노자키 관음(野崎觀音) 참배의 집 모양 배가 오르락내리락하던 광경이 있다고 한다. 신키타(新喜多) 대교에 서면 서쪽으로 보이는 오사카성은 엄중하게 솟아있고, 천수각의 기와지붕이 손에 잡힐 정도이지만, 동쪽의 이코마산(生駒山)은 멀리에 접시를 엎어놓은 것처럼 귀엽다.

나마즈에(鯰江) 공설시장이라는 것이 다리 기슭에 있는 것을 보면 이전에는 메기 등이 많이 서식하고 있었을 것이다. 그곳 주변에서 약 2km 동쪽으로 벗어나면 공장이 늘어선 대로 달라붙듯이 논이 약간 남아있어, 몇십 년 전의 가와치(河內) 평야는 상당히 활기찼었음에 틀림없다.

그러나 지금은 이 주변의 네야강은 장구벌레조차 보이지 않는다. 크고 작은 공장들이 양 기슭에 빼곡하여 그 진흙투성이 흐름을 한층 옹색하게 만든다. 신키타 대교와, 국철 가타마치(片町)선 교바시(京橋)역의 중간 정도에 세워져 있는 작은 석비를 장용갑(張容甲)이 본 것은 바로 수 년 전의 일이었다. 어렸을 때에 보았을지도 모르지만, 보았다는 확실한 기억은 없다. 석비에는 '1928년 11월 길일(吉日)'라고 적혀 있으므로 그것이 세워졌을 때 그의 나이는 일곱 살이나 여덟 살쯤이 된다. 석비는 아슬아슬하게 2차선 도로를

끼고, 네야 천을 줄여서 나누고 있는 두꺼운 콘크리트 보호벽과 마주하여 서있다. 1m 될까 말까한 것으로서 폭은 30cm, 두께는 20cm 정도이다. 공장과 골목의 경계인 그 모퉁이에서 웅크리듯 세워져 있다. 정면 중앙에 '기죠 시게타로 씨 영세불망비(鬼城繁太郎 씨 永世(不忘碑))'라고 약간 큰 해서체로 새겨져 있다.

심야라면 2차선인 이 도로를 어쨌든 차가 제한속도로 달리는 일은 일단 없다. 조금씩 움직이는 차의 운전자나 승객의 안절부절못하는 눈에 이 석비의 글자 면이 비칠 일도 없어 설령 충분히 보았다 해도 '기죠 시게타로 씨 영세불망비'라는 그것이 무엇인지를 이해하는 것은 무리일 것이다."

목 차

제 1 부연 / 제 2 고려 관녀의 연지 / 제 3 표적 / 제 4 환상의 고향
상흔 / 추아의 혀 / 사장이라고 부르는 남자 / 눈물이 문제가 아니다 / 4월에서 5월로

隻眼の人(애꾸눈)

• 저자: 飯尾憲士
• 출판사: 文藝春秋刊
• 자료유형: 단행본
• 출판연도: 1984년
• 총 페이지: 291쪽

이 소설 「애꾸눈의 사람」과 「군가」는 『문학계』 1981년 10월호, 「불꽃」은 『시와 진실』 1965년 2월호 제187호, 「지붕 뒷방의 어떤 집」은 『문학계』 1982년 9월호, 「박쥐」는 『스바루』 1980년 9월호, 「최을순의 상신서」는 1974년 『류동』 10월호에 실린 소설을 수정·가필한 것이다.

내용을 살펴보면, "「일본에 밀항했다는 것은 역시 일본법에 저촉되는 일입니다. 이처럼 가족과 떨어져서 수용소에 있어야 하는 것도 어쩔 수 없는 일인지도 모릅니다. 그러나 재판관님. 저는 법에 대해서는 잘 모르지만, 나쁜 마음으로 이 나라에 들어온 것은 절대 아닙니다. 일본에서 살고 있는 남편과 두 아이 곁에 제가 있어야 한다고 생각한 것입니다. 격렬한 마음으로 그렇게 생각하는 것입니다. 그래서 저는 아이들을 저와 같은 반조선인이 아닌, 제대로의 '조선인'으로 키우고 싶습니다. 제 나라가 아닌, 이 일본에서 당당한 '조선인'으로 기르고 싶다고 생각합니다.」

최을순(崔乙順)이 보내온 '상신서(上申書)'를 시미즈(淸水)는 훑어보았다. 필적은 분명치 않았다. 시미즈는 담당재판장에게 우송했다. 연말이 가까웠다. 토라노몬(虎ノ門)의 좁은 길에 있는 빌딩 사무실에서는 흐린 잿빛 하늘조차 보이지 않는다.

재판은 예정보다 지연될 것으로 시미즈는 생각했다. 최을순은 큐슈(九州) 한쪽 수용소에서 가족과 떨어져 새해를 맞이하게 된다. 혹은 국제정세 변화에 따라 입국관리국의 태도가 바뀔지도 모른다. 그러나 인권이란 국제정세 여하에 관계없이 지키지 않으면 안 되는 것이다. 어떤 특정 외국인에 대한 이와 같은 비도덕적인 억압은 직업상이 아니라도 시미즈에게는 용서할 수 없는 일이었다.

"일본인들이여, 우리들이여, 이래도 좋은 것인가"라고 말한 영화감독이 있었던 것을 시미즈는 상기했다. 태평양전쟁 중에 '황군의 병사'로서 싸우고 부상당한 채 일본정부로부터 방치되고 있는 재일조선인을 주제로 한 감독이었다. 시미즈의 뇌리에 세 차례 만난 적이 있는, 긴 얼굴에 가는 눈을 가진 최을순의 슬픈 듯하면서 창백한 얼굴이 아른거렸다. 그와 같은 얼굴을 이미 너무 많이 본 것처럼 시미즈는 생각했다."

목차

- 애꾸눈의 사람
- 불꽃
- 박쥐
- 군가
- 지붕 뒷방의 어떤 집
- 최을순의 상신서

ソウル讃歌(서울 찬가)

- 저자: 瀧澤秀樹
- 출판사: 田畑書店
- 자료유형: 단행본
- 출판연도: 1984년
- 총 페이지: 248쪽

저자는 근무하는 학교인 고난(甲南)대학 재외연구원 규정에 의거하여 연구원으로서 1982년도에 1년간, 한국의 서울대학교에서 재외연구원이라는 신분으로 머무를 기회를 갖게 되었다. 서울대학교에서의 저자의 신분은 경제연구소 객원연구원이라는 명칭이었는데, 거의 외적 구속이 없는 조건 하에서 말 그대로 자유로운 연구생활을 보낼 수 있었다.

한국을 방문한 것은 그때가 처음은 아니었고, 오히려 서울은 저자에게 있어서 이미 친숙한 곳으로 1년간의 서울체재는 여러 가지 의미에서 한국 인식을 새로운 것으로 만든 계기가 되었다. 저자가 '서울 유학기'를 쓰고 싶다는 마음은 체재 중에 문득 싹튼 것이지만, 그 후 알게 된 것, 보고 들은 것을 그때마다 메모하여 두었다. 이 책의 주요 내용도 당시의 메모를 바탕으로 하고 있다. '유학기'라고는 하지만, 내용은 저자가 본 서울이 중심으로 되어 있다.

서울은 '한강의 기적'이라고 하는 고도성장을 거쳐 지금은 신흥공업국으로서 빛나는 발전을 보이고 있는 한국 상(像)이 있다. 한편으로는 독재정권의 압정 하에서 괴로워하는 민중이 불굴의 투쟁을 이어가고 있는 한국 상이 있다. 각각 근거를 갖는 한국 상이므로 감성이나 실감 레벨에서 그것들의 일면성을 비판하는 것은 올바르지 않다. 본서는 '서울 사람들과의 만남의 기록'이지만 다소 '정(情)'의 세계에 기울어져 있다는 인상을 줄지도 모른다. 한국어의 '정'이 함의하는 것에 대해서도 본문에서 언급하고 있지만, '정'의 세계만으로 한국사회의 실상에 다가서려 하면 '생각'이 선행하거나 착각을 하게 될지도 모른다.

목 차

머리말
1장 서울찬가 서고
2장 왜 한국인가
3장 한국어와 나
4장 간첩들
5장 친일과 반일
6장 연가의 원류＝한국설을 반박하다
7장 명동, 무교동, 청량리
8장 신촌 블루스
9장 방앗간
10장 서울대학으로부터
종장 서울이여 안녕

鳳仙花(봉선화)

• 저자: 淸水洋充
• 출판사: 皆美社
• 자료유형: 단행본
• 출판연도: 1984년
• 총 페이지: 120쪽

오늘날 일본에는 스포츠가 매우 활발하지만 손기정 씨의 이름을 알고 있는 일본인이 얼마나 있을까? 아마도 베를린올림픽 시대를 살았던 세대와 일부 스포츠 애호가 정도가 아닐까? 하물며 전후 출생인 세대에는 친숙하지 않은 이름에 불과하다.

어렸을 무렵부터 올림픽을 동경하여 사회인이 되어서까지 높이뛰기 경기에 열중해온 저자에게 중학교 때 손기정 씨의 쾌거를 책으로 읽고서, 그에 대한 큰 관심을 가진 기억이 있다고 한다. 지난 여름, NHK교육TV방송이 방영한 어떤 스포츠 프로그램 중에 베를린에서의 손기정 씨의 활약이 소개되었다. 짧게 깎은 머리로 선두를 달리는, 기백에 넘치는 달리기를 보고 있는 동안에 저자는 20년 이상이나 전의 그 호기심을 되살렸다.

저자는 손기정 씨의 경력과 기록을 조사해 본 후 그의 반생을 적어두고 싶은 충동에 사로잡혔다. 소설 『봉선화』는 손기정 씨가 필사적으로 쟁취했던 불멸의 영광은 물론이거니와 평화의 소산인 스포츠마저도 침윤(浸潤)했던 지난날의 일본의 '폭도(暴徒)'를 이야기해 가는 것은 스포츠 나부랭이였던 인간의 책무처럼 생각하기 시작한 것이었다.

▌私の名前はファミ (나의 이름은 화미)

私 和美 第一詩集

私の名前はファミ

- 저자: 李和美
- 출판사: 「障碍者」の文化教室事務局
- 자료유형: 단행본
- 출판연도: 1984년
- 총 페이지: 106쪽

저자는 장애를 가진 재일한국인 여자아이이다. 어렸을 무렵부터 차별만 받아온 저자가 차별해 온 자신을 알게 되었다. 저자가 아직 어렸을 무렵, 어머니가 곧잘 교회에 데려갔다. 그곳에서는 신에 대해, 또 사랑에 대해, 인간은 어떻게 살아가야 하는지, 인종차별에 대한 것을 가르치고 있었다. 내용은 정말 훌륭하지만, 저자에게는 고통스러운 내용이었다. 그곳에도 역시 차별의 눈이 있었기 때문이다. 사랑에 대해, 인종차별에 대해 이야기하고 있는 사람들은 장애자 차별에 대해서는 아무 것도 생각하고 있지 않은 것이었다. 지금도 교회 사람들은 저자를 정신박약아라고 생각하고 있다.

언어장애가 있어서 질문에 금방 대답할 수 없으며, 언어를 자신에게 맞추어 간단히 하여 이야기하므로 사람들은 그렇게 생각할 것이다. 어렸을 때에는 그런 교회가 싫었다. 부모에게 반발하고 신에게도 반발하며 살아왔다. 신이 있다면 불공평한 신이다. '그런 신 따위 똥이나 처먹어'라고 늘 생각했던 것이다. 그런 저자가 자신을 되돌아보니 역시 자신도 장애자를 차별하고 있었던 것이다. 정신박약이라고 사람들이 말하는 것을 분통 터지게 생각한 자신, 나는 정신박약이 아니라고 말해온 자신은 분명히 차별자였던 것이다. 저자는 그것을 알게 된 이후 자신이 부끄럽고, 또 작은 인간이라고 생각하게 되었다.

목 차

- 돌아가는 길
- 첫사랑
- 꿈
- 휠체어
- 걷고 싶다
- 마음 등
- 이화미 씨의 시에서 배운다.
- 이지메 소년
- 기억하고 있습니까?
- 걷자
- 달리고 싶다
- 바람
- 아픈 기억 속의 언어

▌ ソウルの練習問題 (서울의 연습문제)

- 저자: 關川夏央
- 출판사: 情報センタ出版局
- 자료유형: 단행본
- 출판연도: 1984년
- 총 페이지: 264쪽

이 책은 저자가 한국의 서울에 대한 성실한 여행안내서를 쓰고자 하는 의도에서 간행되었다. 일본에서 여태까지의 한국에 대한 책은 대체로 세 방향으로 나누어져 있다. 하나는 한국에서 일본인이 얼마나 과도하게 겸허히, 바꿔 말하면 얼마나 비굴해질 수 있는가 하는 방향, 또 하나는 얼마나 거만해질 수 있는가 하는 방향이다. 나머지 하나는 한국의 정치경제적 내막을 알고, 미간 주름과 한쪽 뺨의 조소를 동시에 띄우고 싶어하는 방향이다.

서울에서는 실제로 앞의 두 스타일 중 어느 쪽인가를 고수하는 여행자 무리를 많이 만날 수 있다. 그 양극단으로의 왕복운동을 물 마시는 새처럼 되풀이하는 자는 있어도 중간점, 즉 보통 상태에 정지하고서 감탄과 경멸 이

외의 말을 입에 담는 여행자는 극히 드물다. 또 심각함과 냉소를 꼰, 일견 복잡하지만 실은 상당히 바닥이 얕은 표정은 서울에서가 아니라 일본 도회지의 술집 등에서 많이 볼 수 있다.

비굴한 여행자는 시종일관 사죄하며, 거만한 여행자는 방약무인으로 계속 잘난 체한다. 심각·냉소파는 근거 없다는 점으로 고뇌하고, 지식 없이 냉소를 이어간다. 한국이라는 장소는 일본인의 정신적 경직을 권유하는 것 같은 무언가를 갖고 있는 듯하지만 그 어느것이든 전혀 생산적이지 않다.

어떻게 하면 여행지에서 싸게 살 수 있을까하는 것과 같은 안내를 쓸 생각은 전혀 없다. 가난뱅이는 때로는 벗어나기 어렵고 숙명적이지만, 자랑할 만한 일도 그 상태로 머물 만한 일도 아니라고 생각하기 때문이다. 싸게 사는 기술 따위는 그야말로 자신의 재치로 수치스러워 하면서도 내밀하게 개발하는 일일 것이다. 여행안내라고 적었지만 그것은 겸손이다. 그와 같은 온화한 표정을 일그러뜨리는 일 없이 그것을 넘어서 하나의 성실한 이문화 접촉에 대한 르포르타주를 쓰고 싶었다고 하는 것이 저자의 진심이다. 그러나 한국에 관해서는 지금까지 거의 아무도 밟은 적이 없는 루트이므로 그리 쉬운 일이 아니었다.

목 차

제1부 서울 뒷거리 풍경
제2부 북한 37도 50분의 여름
제3부 건너야 하는 많은 강
제4부 서울이여 안녕
후기 탐험은 아직 끝나지 않았지만

▌海峽を越えたホームラン（해협을 건넌 홈런）

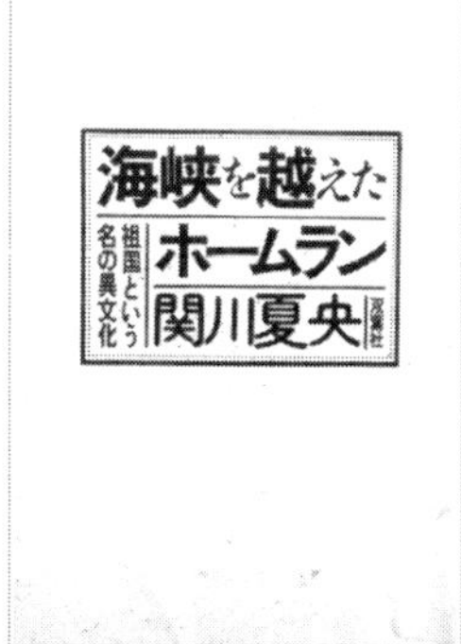

- 저자: 關川夏央
- 출판사: 双葉社
- 자료유형: 단행본
- 출판연도: 1984년
- 총 페이지: 306쪽

이 소설 『해협을 건넌 홈런』은 『주간만화 액션』에 4분의 3 정도가 83년 6월부터 84년 7월까지 3부로 나뉘어 연재되었고, 제3장은 일간지 「도쿄 타임스」에 연재된 것을 수정·가필한 것이다. 이 책의 주요 부분이 『만화 액션』과 그 편집자에 의해 지탱되어 왔다. 만화잡지에서 처음으로 이러한 형태의 르포르타주가 출현한 것은 한국에서는 물론, 만화 그 자체의 수준이 높은 프랑스에서도 있을 수 없는 일이라고 생각한다.

일본의 만화잡지에는 기묘한 폭의 넓이가 있다. 아니 일본 그 자체가 기묘하게 폭이 넓은 것일까? 이 나라 또한 이상한 매력으로 가득한 장소임에 틀림없다는 말일지도 모른다. 이 리포트는 연재 초부터의 담당자, 『주간만화 액션』 편집부의 스즈키 아키오(鈴木明夫) 씨의 도움이 컸다.

목 차

제1장 무거운 봄 1983년 봄부터 여름
제2장 높은 하늘, 건조한 바람 1983년 가을
제3장 『조국』으로의 숫 볼 1983년 겨울부터 84년 초봄
제4장 요동하는 대지 1984년 초여름
후기

■ ソウルからの手紙(서울에서 온 편지)

- 저자: 澤正彦
- 출판사: 草風館
- 자료유형: 단행본
- 출판연도: 1984년
- 총 페이지: 310쪽

이 책의 토대가 된 문장은 원래 저자가 서울에 체재하고 있던 기간, 생활을 지탱해 주었던 후원회 사람들에게 보냈던 편지 형식을 취한 통신이다. 정식으로는 '사와 마사히코(澤正彦) 씨 후원회 통신'이라고 부른다. 저자가 한국에 선교사로 파견될 때, 일본 측도 한국 측도 경제적 측면은 거의 고려하지 않고 심정면에서의 초조함 같은 것이 선행하여 먼저 한국으로 건너가 버렸다. 후원회는 차마 만들 수가 없어서 한 구좌 500엔을 모집하여 지원모임의 테두리를 넓혀주었다. 이에 참가한 사람은 도쿄를 중심으로 전국에 500명 정도였다. 단체로 30개 정도, 통신은 그와 같은 후원회 전원에게 감사 보고를 겸하여 후원회 기관지로서 발행된 것이다. 통신 기간은 1973년 3월부터 1979년 10월까지이며, 약 6년 반에 걸쳤다.

이 책에 수록되어 있는 제1기분, 제16신까지의 통신은 전체에서 약 절반 정도의 분량에 해당한다. 나머지 절반은 다음 기회로 넘기기로 했다. 저자가 한국에 체재했던 기간, 한국에서는 박정희 대통령의 소위 '유신체제' 시대였다. 저자 가족이 1979년 10월, 한국체재 연장이 인정되지 않은 채, 10월 2일부로 같은 달 10일까지 출국하라는 대통령의 출국명령을 받았다. 눈물을 삼키며 일본으로 돌아온 며칠 후에 대통령은 중앙정보부장 김재규에게 피살되고 유신체제는 결국 막을 내렸다.

이 기간은 한국에 있어서, 그리고 한일의 역사에 있어서도 하나의 장을 이루는 시대였다. 이 시대의 한국교회 성장 상황은 사람들이 주시해야 할 만한 것이었다. 일본에서도 김대중 사건이나 한국의 민주화운동 등을 통하여 비로소 한국이라는 나라를 실감한 시대였다고 할 수 있을 것이다.

저자는 이러한 시대 서울에 체재하며, 한국사람들과 함께 지낼 수 있었던 것을 다행으로 생각한다. 저자의 한국에서의 구체적인 활동의 장은 서울의 교외, 도봉산이나 백운대의 암산 조망이 아름다운 수유리에 있었다. 한국 신학대학에서 한 학기에 두 강좌를 신학생들에게 가르친 일과 대학 근처에 있는 송암교회에서 협력목사로서의 일한 기억이 책에 실려 있다.

목 차

제1신 한국에 파견되어서
제2신 일한의 깊은 도랑
제3신 평화를 만드는 사람들
제4신 애국심과 신앙
제5신 함께 살다
제6신 거짓말과 축복
제7신 틀린 노래
제8신 까까머리가 되어
제9신 사랑의 실천
제10신 쫓겨나는 날까지 머무르며
제11신 선교사가 되고 싶다
제12신 모순된 마음
제13신 하나님의 훈련
제14신 먼저 하나님의 나라와 하나님의 의를
제15신 죄를 미워하고 죄를 짊어지다
제16신 인간성을 위한 투쟁
후기

▌鳳仙花のうた(봉선화의 노래)

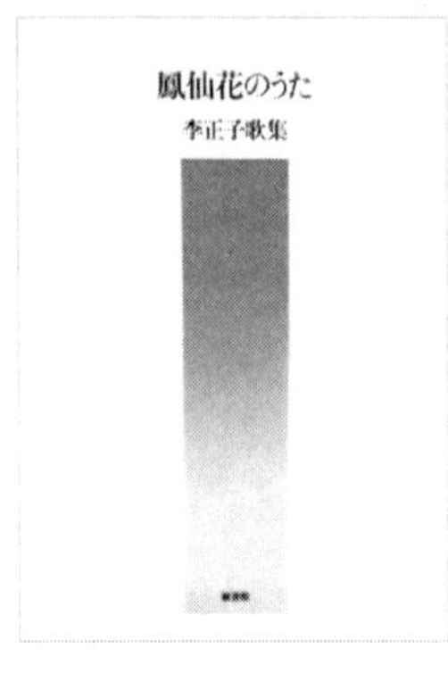

- 저자: 李正子
- 출판사: 雁書館
- 자료유형: 단행본
- 출판연도: 1984년
- 총 페이지: 190쪽

저자가 이정자(李正子) 씨에 대해 알게 된 것은 '아사히 가단(朝日歌壇)'의 한 투고자로서였다. "첫 저고리 모습에 아직 보지 못한 조국을 알고 싶은 노래 읊조린다."리는 단가 1수(首)를 '아사히 가단'이 아직 도쿄판과 오사카 판으로 나뉘어져 있을 무렵 보내진 이후, 그것이 저자의 선정이었으니 아주 오래 전의 일이다. 그 후 그녀는 작품을 계속 썼다. 재일한국인 소녀일 것이라고 알고 있었다. 나이 어림과 청순 속에 안고 살아가지 않으면 안 되는 민족의 슬픔과 분노가 격하게 노래되고 있는 것을 처음부터 알았다. 그리고 그 슬픔과 분노는 일본인에게 향하고 있다는 것도 당연히 생각하지 않으면 안 되었다.

노래를 통하여 알고 있는 그녀는 언제인가 그러한 소녀일 뿐 아니라 한 사람의 여자로서 인생을 짊어진 작가가 되어 그 짊어진 인생에 고뇌를 담아 노래해야 하는 가인이리라 생각하게 되었다. 짊어진 인생이란 무엇인가? 말할 것도 없이 재일한국인이라는 사실이며, 그로 인한 이유 없는 차별에 대한 굴욕이며 분노이다. 혹은 빈곤일 것이다. 그래서 그녀의 노래는 당연히 그녀가 살아가는 일본이라는 이국땅과 함께 알 수도 없고 찾아갈 방법도 없는 조국 한국, 내지 조선반도 자체에 대한 생각으로도 굴절을 담아 노래하지 않으면 안 되었을 것이다. 거기에서는 한민족을 나누는 남북의 유혈의 대립과 증오가 현재도 여전히 끊임없이 이어지고, 한국인 한 사람 한 사람의 망향의 감정 앞에 우뚝 솟은 정치적 현실이 있었다. "다만 나는 뉴스 뒤에 눈물짓는다. 정치도 세계도 생각 밖이라서." 이와 같은 단가 1수를 그녀는 역시 '아사히 가단'에 투고해 오고 있었다.

한때 사할린 해역 상공에서 대한항공기가 격추되어 승객인 사망자들의 슬픔 외에 정치적 응수가 오갔다. 노래하는 생각 속에 조국에 대한 감정이 겹치지 않았을 리가 없다. 그리고 그러한 일을 항상 거듭하며 노래해야 하는 가인으로서 그녀는 오늘도 자신의 단가를 만들고 있다.

목차

서 곤도 요시미

아리랑 노래 / 조센징 / 봉선화 / 타향살이 / 엄마의 손바닥 / 국적 / 피 / 아리랑 노래 / 8월 / 쓸쓸한 우리들 / 틈새

엄마아빠의 겨울 / 국적 / 우산 / 일본인뿐 / 장마 / 쟁기 / 겁쟁이 / 가로 / 안개꽃 / 사랑해 / 편지 / 거품꽃 등등

詩集猫談義 (시집 묘담의)

- 저자: 崔華國
- 출판사: 花神社
- 자료유형: 단행본
- 출판연도: 1984년
- 총 페이지: 126쪽

이 시집은 일본어로 쓴 제1시집, 『당나귀의 콧노래』(시학사) 이후 4년 동안에

『시학(詩學)』 외에 동인지 「사해(四海)」, 「바람(風)」, 「사이모(西毛)문학」, 「아즈마노 쿠니(東國)」 등에 투고했던 작품을 정리한 것이다.

이 시집의 저자가 4반세기가 넘는 세월을, 다카사키(高崎)에서 다방 '아스나로'를 경영하는 동안, 미(美)를 사랑하는 많은 인사들을 만날 수 있었던 것은 더없는 행복이었다. 예술을 사랑하는 마음에 격(隔)은 없다.

한국에 "서당 개 삼 년이면 풍월을 읊는다."라는 속담이 있다. 유생이 공부하는 서당의 개도 3년이 지나면 풍월을 읊는다는 풍자이다. 저자는 한 마리의 뛰어난 서당 개였는지 아닌지, 졸작이 풍월에 상당하는지 아닌지, 불안이 앞선다고 고백한다.

저자의 한국어 시집 『윤회(輪廻)의 강』을 서울에서 간행한 것이 1978년, 이제 나이를 먹은 저자는 항상 화려한 호기로 언제까지나 사랑의 언어를 엮고 싶다고 한다.

목차

- 포플러 송(頌)
- 묘담의(猫談義)
- 상사성(相似性)
- 수소(愁訴)
- 속담
- 바캉스
- 동인선재(同人善哉)
- 곡(哭) 김소운(金素雲)
- 이조 2제(題)
- 만추(晩秋)의 여행
- 항공우편
- 십자군
- 호호(好好)
- 후기
- 곤충기
- 인도인 고
- 춤
- 야반(夜半)의 손님
- 고교야구를 10배 즐겁게 보는 방법
- 실리콘 손가락
- 귀심(歸心)
- 우성(偶成) 두 편
- 남루환향(襤褸還鄉)
- 미국 견문기
- 텅 빈 도시
- 장미와 시간
- 세월

興亡のうた(흥망의 노래)

- 저자: 細谷美火
- 출판사: 近代文藝社
- 자료유형: 단행본
- 출판연도: 1984년
- 총 페이지: 165쪽
- ISBN: 4-89607-607-9

이 소설의 저자가 성장기를 보낸 조선의 마을은 그동안 어떻게 변했을까? 그것은 매우 흥미로운 일이다. 철쭉꽃이 산을 부드럽게 장식하고 아카시아 꽃이 달콤한 체취를 골목길에 뿌리던 봄. 포플러 가로수가 태양에 하얗게 빛났던 여름. 그것이 노랗게 물들어 지면을 덮던 가을. 찬바람이 불며 지면이 키 높이만큼이나 깊이 얼어붙던 겨울. 순환하는 사계절은 39년이 지난 지금도 저자 안에 그대로 살아 있다. 「흥망의 노래」는 정말 오랜 기간, 저자 안에서 제자리 걸음하고 있었다.

그날, 모든 관계를 갑자기 끊고 등을 돌렸던 서로의 일을 문자화하는 것은 마음이 무겁고 결단을 내릴 수 없었다. 그러나 글을 쓸 때, 성장기를 보낸 그 나라가 얼굴을 내미는 것은 부정할 수 없다. 그리고 글을 쓸 때, 패전의 혼란 속에서 경찰관은 어떻게 했는지, 사람들이 그다지 쓰지 않는 이 깊은 전쟁 피해의 흔적을 써야 한다고 깨달았기 때문에 저자는 쓸 수 있는 한 빽빽하게 글로 썼다.

그래도 38도선 이남은 이북처럼 약탈, 강간, 사살, 군인이나 경찰관을 추적 체포하여 시베리아로 보내는 식으로 피해가 전체에 미치는 참사는 없었지만, 독립으로 들끓는 혼란은 격심하여 어제의 벗은 순식간에 적의로 가득 차고, 살기조차 느껴져 일본인에게는 공포라는 말 이외에는 적당한 말이 없는 상태였다. 그리고 비 같은 투석, 습격, 린치, 박살은 이곳저곳에서 보였다. 그래도 개인적으로 신의가 두텁고 오랜 기간의 친구를 속이는 일은 없었다. 정권이 그들의 손에 넘어간 후의 잔류 생활은 그들의 잠재된 상냥한 배려 없이는 살아나갈 수 없었다.

1945년 8월 15일. 경찰관은 독립으로 들끓는 조선인들 속에 있으면서 도(道) 내의 일본인들 전원이 귀국할 때까지 목숨을 걸고 경찰권을 고수하고, 점령군의 진주 후에는 목숨을 위협받으면서 공포의 잔류생활을 보내지 않을 수 없었다. 한편 그들은 일본인을 대신하여 정권을 잡았다고는 하지만 자주적으로는 불안했다.

목 차

- 흥망의 노래
- 마지막 여관
- 설중화

▌望郷—ハルモ二のお話-(망향—할머니의 이야기)

- 저자: 高甲淳
- 출판사: とんふあの會
- 자료유형: 단행본
- 출판연도: 1985년
- 총 페이지: 79쪽

이 책은 고갑순(高甲淳) 씨가 돌아가시기 직전 단숨에 써낸 작품(아마도 절필이라고 생각된다)의 일부를 바탕으로 편집한 것이다. 정말로 인간은 자신의 죽음을 예감할 수 있는 것일까? 고 어머니(「동화」회에서는 이렇게 부르고 있었다)를 보고 있으면 그런 일도 있을 것이라는 기분이 든다. 꺼지려 하는 양초의 불꽃이 한 순간 광채를 더하다가 이윽고 꺼져 버리는 것처럼 어머니는 이 유작에 모든 정열을 기울였다.

작중에 어머니를 통한 이야기의 내용은 확실히 뒤에 남아 있는 이들에게 향하고 있다. 그리고 그것은 재일이라는 상황 속에서의 괴로움, 헐떡이면서 도 결코 굴복하지 않는, 대범하고 늠름한 인간애로 가득한 작품이 되고 있다.

다만 유감스러운 것은 이 작품이 돌아가실 때까지 충분한 추고를 할 수 없어서 고인이 좀 더 손을 보고 싶지는 않았을까 하고 생각되는 부분이 몇 군데 보이는 것이다. 그러나 가능한 한 원문에 충실하게 오탈자의 정정과 명칭의 통일 등 최소한의 수정에 그쳤다. 이것이 오히려 어머니의 솔직한 마음을 바로 전달할 수 있다고 판단했기 때문이다.

목차

- 고사리 캐기
- 샘물
- 말 도둑
- 동굴 속에서
- 슬픈 귀향
- 얻은 불씨
- 일본으로
- 시집가기
- 젊은 여자
- 병아리
- 결심
- 달걀
- 쌀
- 작품목록
- 약력
- 추도문

▌私の人間地図 (나의 인간지도)

- 저자: 金泰生
- 출판사: 靑弓社
- 자료유형: 단행본
- 출판연도: 1985년
- 총 페이지: 203쪽

나의 『인간지도』는 김태생의 소설로 내용을 구체적으로 살펴보면 다음과 같다.

""그렇게 위험한 일을 하면서, 일부러 뭐 하러 일본에 왔어요, 고향에서 살면 좋았을 텐데" 나는 그때 그렇게 되물었다. 무사히 도착했으니 다행이었지, 배가 가라앉았으면 당신도 자식도 없지 않은가 하며.

어머니는 기억을 더듬듯이 잠깐 먼 눈빛이 되었다. 아이 같은 나의 어리석은 질문이 불만이었을 것이다. 양지가 그늘지듯이 표정이 흐려지며 목구멍을 울려서 뭔가를 삼켰다. "글쎄…, 어떻게든 해서 살고 싶었던 게지. 아무리 농부라 해도 흙을 핥으면서 목숨을 이어갈 수는 없잖니? 그 작은 땅이라도 모두 다른 사람 것이고. 넓은 토지는 몽땅 일본인들이 거둬들였고. 인간은 어차피 한 번은 죽는 것이다, 그런 마음이라면, 하고 결심해서였지."

어머니의 이향담에는 항상 돛배 이야기가 나온다. 어머니는 손으로 젓는 배에 몸을 맡기고 현해탄을 건넜다고 한다. 현해탄은 항해가 어려운 곳으로 간주되어 왔다. 고대인들에게는 현해탄을 넘는 것이 목숨을 건 사업이기까지 했다. 아무리 시대가 바뀌어도 바다는 변함이 없고, 장비도 충분하지 않은 돛배의 항해는 분명히 편도 티켓 같은 위험을 안고 있었을 것이다.

소년인 나는 어머니들이 더듬어 왔던 1개월 남짓의 항해에 적지 않은 의

문을 품었던 것이다. 현해탄의 거친 바다라는 관념에 사로잡혀 있던 나는 어머니의 이향담이 대부분 무언가의 착각에 의한 꿈 이야기가 아닐까 하며 머리를 갸웃하기도 했다. 그러나 그것은 결코 꿈같은 것이 아니었다는 것은 시간이 지남에 따라 명료해졌다.

소년기에 일본 사회의 저변에서 문자를 배우는 세계로부터 완전히 소외된 처지에 놓여있던 나는 소학교에 '지리'라는 과목이 있고, '지리교과서'에 있는 사실도 모르는 시기가 있었다. 조선과 일본의 지리상의 관계는 물론이고, 그 상대적 거리나 교통관계에 이르러서는 전혀 아는 바가 없었다.

소년기의 초반에 오사카에서 살았던 나는 고향 사람 입에서 종종 '쓰시마'라는 생소한 말을 들었다. 그 말을 입에 올릴 때, 그들의 음성에는 일종의 친근감을 수반한, 그리운 듯한 울림이 담겨 있었다."

목차

• 서장 이향담
• 생활 가운데
• 잡거가족
• 희망-무엇인가 되고 싶다
• 여름 날
• 묘표
• 동료들
• 이별-문규

刻(새김)

• 저자: 李良枝
• 출판사: 講談社
• 자료유형: 단행본
• 출판연도: 1985년
• 총 페이지: 198쪽
• ISBN: 4-06-201706-7

이양지의 소설 「각(刻)」(1984)은 시간과 공간으로 표상되는 근대적 규율 기제가 어떻게 자아의 내면과 신체를 조정하고 억압하면서 분열시켜 나가는지, 재일조선인의 모국체험 서사가 근대화된 조국의 풍경과 어떻게 충돌하면서 해체되고 변모하는지에 대해 세밀히 묘사하고 있다.

소설의 구체적인 내용을 살펴보면 "이제 화장이 끝났다. 거울을 얼굴에서 좀 멀리하여 나는 화장을 하고 화장이 된 나를 가만히 바라보았다. 파운데이션은 피부 위에 촉촉이 윤을 내며 잘 퍼져 있다. 입술은 빨갛게 빛나고, 삼색 새도로 농염하게 칠한 양쪽 눈꺼풀은 자신을 응시하는 자신의 시선을 억제하는 것처럼 이따금 무거운 듯이 깜빡거린다.

나는 잠자코 있다. 담배를 집어 불을 붙였다. 연기는 입술 틈새에서 흘러나오며 화장을 하여 화장이 된 나를 향해 뿜어져 나온다. 그러고 있는 동안에도 째각째각 소리를 내며 초침은 계속 움직이고 있었다. 그 소리 이외에는 아무런 소리도 들리지 않는다. 창가 쪽을 보았다. 자명종시계는 선반 위에 놓여 있었다.

'1시 53분'. 시각을 그렇게 읽고 무심코 준비를 했다. 그러나 이미 나의 눈은 초침 끝에서 벗어날 수 없게 되었다. 21초, 22초, 23초… 초침은 4와 5 사이를 지나 7, 8, 그리고 12, 1…고개를 젓는다. 초침 끝이 뿌옇다. 급하게 담배를 끄고 또 거울 속을 들여다본다.

화장 케이스는 문갑 끝에 놓여있었다. 그 뚜껑 안쪽이 거울로 되어 있었다. 일본이라면 경대 앞에서 화장을 한다. 그러나 서울의 이 방은 좁아서 문갑 양끝을 공부할 때와 화장할 때로 나누어 사용하고 있었다. 5첩 남짓한 이 방에서도 앉는 위치에 따라 벽의 폭이나 천장 높이가 달라 보인다. 더군다나 공부하는 자신과 마주하듯 앉아서 화장을 하는 일은 나를 묘하게 자극하고 있었다.

지금도 화장 케이스 맞은편에는 노트가 거꾸로 펼쳐져 있다. 그 위의 한 일사전도 펼쳐진 채로 메모지가 끼워져 있고, 한쪽 페이지에 몇 개인가 빨간 줄이 그어져 있는 것이 보인다. 노트 옆에 있는 것은 교과서이다.

'통일신라, 의, 정치, 와, 사회, …전제왕권의, 성립……' 고딕체를 더듬어 가는 동안에 화장을 시작하기 전까지 국사 공부를 하고 있었던 것을 생각해 냈다.

ソウル原体験(서울 원체험)

• 저자: 黑田勝弘
• 출판사: 亞紀書房
• 자료유형: 단행본
• 출판연도: 1985년
• 총 페이지: 248쪽

저자는 1970년대 후반부터 80년대 전반에 걸쳐 약 5년 반 정도 한국에 머무른 경험이 있다. 한국체류 중, 저자는 1년에 몇 차례인가 서울에서 오사카에 있는 당시 70세를 넘긴 노모에게 안부인사 차 국제전화를 했다. 그때마다 노모가 으레 하던 말이 "한국은 심한 짓을 하는 무서운 곳이 아니냐. 빨리 돌아와라…"였다.

저자가 1978년 봄, 서울에 어학 유학으로 나설 때, 단지의 '우물가 회의(한국에서의 빨래터 수다)'에서 아내가 근처의 부인들로부터 들은 감상이 "에엣, 남편께서 한국 같은 곳에 유학을 가나요."였다고 한다. 이전에 TV 프로에 연상게임이라는 것이 있었는데, 이 연상게임 식으로 한국을 이미지하려 하는 경우, 힌트 단어는 '데모, 스파이, 사형, 연행, 선언, 구원, 규탄, 집회, 재판, 독재…'와 같은 것들이었다. 70년대는 적어도 그랬다.

　80년대에는 이에 '조용필'이나 한국 프로야구의 '후쿠시(福士), 니우라(新浦)' 혹은 '올림픽', '김치' 등이 더해지며, 일본에서의 한국 이미지는 상당히 부풀려졌다.

　전술한 '심하다', '무섭다', '에엣…'은 70년대부터 80년대에 걸친, 말하자면 '김대중 증후군'이라고 할 수 있을지도 모른다. 도쿄에서 발생한 김대중 씨 납치사건(73년)을 계기로 한국에 관한 정치 정보가 매일같이 흘러들어 많은 사람들이 그러한 정치 정보만으로 한국을 생각하게 되었다. 물론 한국에 대한 이미지는 전통적인 차별이나 편견도 작용하고 있고, 오히려 매스컴을 통한 김대중 사건 보도로 차별이나 편견은 증폭되었다고 할 수 있을지도 모른다.

　한국 이미지로서 또 하나는 '기생'을 잊어서는 안 된다. 단적으로 말해서 지난 날 우리 일본인들의 한국 이미지는 '김대중' 플러스 '기생'이었다고 해도 무방할 것이다. 저널리스트로서 김대중 보도의 소용돌이 속에 있으면서 '이건 아무래도 이상하다', '일의대수(一衣帶水)의 이웃에 대한 이미지가 너무 빈약하지 않은가', '이웃에 보통사람들은 없는가'하고 느끼기 시작한 것이 이 책의 바탕이 된 서울 어학유학-한국생활체험의 계기이다.

목 차

1. 한국에서 생활하다
2. 한국어는 즐겁다
3. 변모하는 한국
4. 파도를 넘어
종장 서울의 청춘-시네마 79~84

青い点描(푸른 점묘)

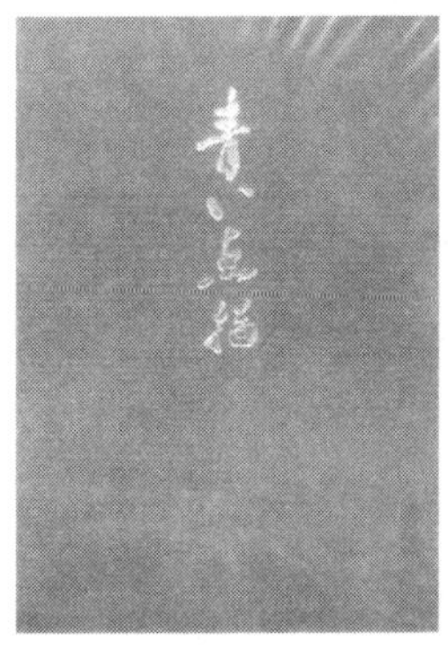

- 저자: 金平允
- 출판사: 作家社
- 자료유형: 단행본
- 출판연도: 1985년
- 총 페이지: 193쪽

김평윤은 일본국립신학경제대학을 졸업하고, 한국일보 부사장 및 한국일보 동경지사장을 역임했다. 일본 작가 동인으로서 1989년 귀국하며 1990년 『서귀포문학』과 1991년 『문학예술』지에 단편 「평화와 건반」을 발표하면서 등단하였고, 창작집에 『푸른 점묘』가 있다.

푸른 점묘의 소설 일부를 발췌하면 "노인은 백발을 두세 차례 쓸어 넘긴 후 만평(万平)의 시선을 알아차렸다.

"아, 그 창은 말이지, 그건 오오이시(大石) 씨가 갖고 온 창이야. 여기까지는 이것저것 들고 창까지 갖고 왔지만, 무기를 들고 오래 걷는 것은 눈에 띈다고 생각하셨겠지. 창을 여기에 두고 가셨어. 그 창이야. 오오이시 씨는 이 방에서 잠시 머무셨어. 구와나(桑名)도 욧카이치(四日市)도 이세(伊勢)도 가까우니까 여기에서 휴양 형식으로 상황을 보셨었지. 그 고생이 보람이 있었던 게야. 학생도 열심히 하게."

노인이 나간 후에 새삼 방을 둘러보았다. 소원 성취를 위해 우연히 머물렀던 여관의, 여러 가지 말이 있었던 그 방이 오오이시(大石內藏助)의 '전설의 방'이라고는 생각 못했다. 이것도 인연일 것이다.

오오이시는 이 산속에서 밤낮으로 미녀들이 시중들고 힘든 추태를 보이면서 무엇을 흘겨보며 무엇을 탄식하였을까. 지난밤의 추태와는 비교도 되지 않는다.

　사진사가 놀란 표정으로 방으로 들어왔다. 그의 설명으로는, 이곳 주인은 절대 이 방을 다른 사람이 사용하게 하지 않는다고 한다. 그는 만평에게 이곳 친척이냐고도 물었다. 만평은 사진 요금을 지불하고 여관을 나섰다.

　눈은 그쳤다. 어제 온 역과는 반대쪽으로 걸어갔다. 대여섯 채의 집이 언덕길 위로 보였기 때문이다. 언덕길 끝에 찻집이 있었다. 언덕길을 넘어서는 곳에 공중목욕탕이 있었다. 처마 밑 눈이 깨끗하게 쓸어져 있는 찻집을 들여다보았다. 노파가 만두를 불면서 방한복을 집어 들고 있었다. 재빨리 만두를 부탁했다. 노파는 얼마든지 먹어도 좋다고 했다. 수증기 속에서 꺼낸 잡곡 만두를 먹었다. 노파가 차를 타 주었다. 벚꽃이 떠 있어 소금 간에서 꽃향기가 났다. 마치 잡곡밥에 벚꽃 스프를 마시고 있는 것 같았다. 미소가 떠올라 왔다.”

목 차

제1화 바닥 마름질　　　　　　제2화 소나기구름
제3화 따돌림　　　　　　　　제4화 미숙자
제5화 벚꽃차

ソウルは快晴 (서울은 쾌청)

- 저자: 堀内純子
- 출판사: けやき書房
- 자료유형: 단행본
- 출판연도: 1985년
- 총 페이지: 188쪽
- ISBN: 4-87452-073-1

이 여행기는 저자가 2박 3일로 서울을 방문했을 때 여러 가지 사건을 기록한 것이다. 저자의 눈에서 불꽃이 튀어나올 정도로 강렬했던 한국 서울의 인상을 그대로 보존해 두고 싶어서 귀국하자마자 구두를 벗어던지고 짐도 던져버리며 쓰기 시작했다. 단지 2박 3일, 실제로는 50시간의 여행이 한 권의 책이 되리라고 그때는 생각해보지 못했다. '처음에는 이렇게 짧은 여행이 한 권의 책으로 만들어져도 괜찮은 것일까? 최소한 1주일이라든가 10일 정도가 필요한 것이 아닐까?'라며 망설이기도 했다고 한다.

목 차

제1장 서울은 맑음
　　　여행의 시작 / 안녕, 남산 / 코리아 하우스 / 황혼에서 밤으로 / 지금은 서울에 있습니다 / 달·별 그리고 아침 해
제2장 노송나무와 회화나무와 첫 실수 / 경복궁 / 모교 방문 / 대사관저 / 언젠가 본 언덕
제3장 우리 집으로 가는 길
제4장 끊어진 연

▌オモニの壺(어머니의 항아리)

- 저자: 成允植
- 출판사: 彩流社
- 자료유형: 단행본
- 출판연도: 1985년
- 총 페이지: 197쪽
- ISBN: 0093-917-2900

조국이 남북으로 분단된 지 오래이지만, 그것은 재일동포의 일상생활에도

다양한 형태로 그늘을 드리우고 있다. 그것은 조선인이라면 그 누구나가 용이하게 떠올릴 수 있는 사항이지만, 이 작품집은 몇 개의 양상을 저자 나름의 시야로 비춰본 것이다.

저자가 사실의 무게를 어느 정도로 리얼하게 묘사했는지 불안감을 느끼지만, 그래도 이것만은 말하지 않으면 안 된다는 절실함은 있었다. 사실 저자는 이 작품에 담겨져 있는 것과 같은 어려운 과제와 마주하고 싶지 않았다고 한다. 그야말로 결 좋은 융단에 누워서 읽는 사랑이야기를 쓰고 싶었다는 것이다. 다만 재일조선인에게도 그날이 오기를 기다릴 뿐이다.

목차

- 어머니의 항아리
- 저 하늘에 별이
- 후기
- 강은 흐른다
- 작가의 등불

▌ウリハッキョのつむじ風(우리 학교의 회오리바람)

- 저자: 元靜美
- 출판사: ほるぷ出版
- 자료유형: 단행본
- 출판연도: 1985년
- 총 페이지: 238쪽

이 책은 『우리 학교의 회오리바람』이라는 제목으로 어떤 조선민족학교의 2학기의 교실 풍경을 중심으로 그리고 있다. 내용을 살펴보면 "저자가 이 작품을 마음먹고 시작했을 무렵은 어깨 위에 살짝 닿을 정도의 머리카락이 지금은 허리 위까지 출렁거린다. 그리고 이제 곧 짧아질 운명에 있다. 그런 머리카락이 소중해져서 살짝 손을 대어보니, 몇 번이고 침울해지거나 해이해지는 자신을 질책하기 위해서 이 작품이 햇빛을 볼 때까지는 가령 1mm라도 절대 자르지 않겠다고 큰 결심을 한 날이 마치 어제 일과 같다.

그리하여 일본에서 태어나 일본에서 자라고 있는 조선 아이들의 모습을 통해서 일본 아이들과의 우정의 만남을 둘로 분단된 조국의, 그 어느 쪽에도 치우치지 않는 마음으로 썼던 나날들이 그리운 추억이 되어 새록새록 되살아나고 있다.

어느 봄바람이 부는 날에 저자는 개운치 않은 기분을 진정시키고 달래기 위해 '고다이라(小平)'를 찾았다. "아, 아"하며 나는 가로수 길을 걸으며 한숨을 내쉬었다. 그때, 바람소리에 섞여서 아는 목소리가 들려왔다.

"아줌마, 걱정마세요. 스기야마(杉山) 소학교의 우리들이 있으니까." 올해의 봄은 늦게 찾아왔다. 계속되는 비 중간의 맑은 틈에 겨우 봄다운 바람이 불었던 어느 날, 나는 세이부신주쿠 선(西武新宿線)의 고다이라(小平) 역에 내렸다.

선로를 따라 어디까지나 계속되고 있는 가로수 길을 걷는 나의 뒤에서 강한 바람이 횡 하니 달려갔다. 그때 허리까지 닿은 긴 머리카락이 공기 속을 찰랑찰랑 헤엄쳐대고 있었다. 나의 개운치 않은 기분과는 반대로 귀 옆을 천진난만하게 장난치고 있는 머리카락이 "이제 헤어질 때가 왔네"하며 속삭이고 있는 듯했다."

목 차

- 이상한 예감
- 창기의 세계
- 어머니는 일본인
- 전교생 이순미
- 세 개의 점에서 한 개의 선
- 재수 없는 제삿날
- 우등생들이 돌아왔다
- 원숭이 군단의 행차
- 창기의 땡땡이
- 구름 위는 쾌청
- 영국 귀국 여자아이
- 아름다운 나의 조국
- 영순의 입원
- 단순, 단세포, 단전지

- 질 수는 없다
- 붉고 작은 회오리바람
- 할아버지의 눈물
- 후기

アボジ(아버지)

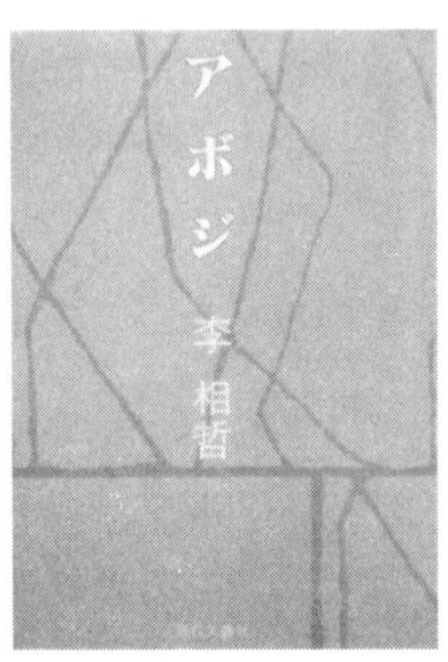

- 저자: 李相哲
- 출판사: 近代文藝社
- 자료유형: 단행본
- 출판연도: 1985년
- 총 페이지: 226쪽
- ISBN: 4-89607-623-0

여기에 수록된 소설 작품은 저자가 모두 10년 정도 전부터 시작하여 그 후 수년에 걸쳐 쓴 것들로 몇 차례 수정한 것도 있다. 이번에 책을 내면서 각각 수정 보완하여 다시 손질하였다.

저자 자신은 20대 후반부터 소설이라는 것에 손을 대어 그 후 20년 남짓 이렇다 할 목표도 없이 그저 기분 내키는 대로 자신의 마음속 풍경을 너무나 미숙하고 실로 난폭하게 써 왔다. 따라서 글을 쓰면서도 자신이 쓴 것이 활자화되는 일 따위는 일어나지 않을 것이라는 생각이 늘 머릿속에 있었다.

아무래도 자신이 쓰고 있는 것에 믿음이 가지 않았기 때문이다. '나는 도대체 무엇을 쓰고자 하는 것일까? 무엇이 나에게 있어서 가장 문제인가?'라는 의문이 늘 달라붙어 있었다. 아마도 생각만 많고 그것의 과잉에 휩쓸려서 정해두어야 할 초점을 상실했을 것이다.

저자는 겨우 최근에 와서 긴 터널 끝에 희미한 불빛이 보이는 것 같은 기분이 들었다. 확실하게 이것이라고까지는 말할 수 없지만, 자신이 쓰고 싶은 것, 쓰지 않으면 안 되는 것이 조금씩 명확해지는 것 같았다.

그러한 시기에 뜻하지 않게 근대문예사로부터 소설 출판 권유가 있었고 저자 자신의 유치한 작품을 세상에 묻는 일에 대한 불안이 없어졌다고 말하면 거짓말이 되겠지만, 이제 와서 새삼 그런 것을 마음에 두어봤자 어쩔 것인가? 어쨌든 결점은 결점으로서 누구의 것도 아닌, 불완전하나마 자신의 것을 설령 소수라도 좋으니 생각 있는 사람들이 읽어주었으면 하는 희망에서 저자는 출판을 결심하게 된 것이다.

목 차

- 아버지
- 귀국
- 이기문의 긴 겨울의 나날
- 정치가
- 살아 있는 자의 수기
- 후기

禁じられた土地(금지된 토지)

- 저자: 李恢成
- 출판사: 講談社
- 자료유형: 단행본
- 출판연도: 1986년
- 총 페이지: 364쪽
- ISBN: 0093-128713-2253

이 소설은 이회성이 군상에서 1976년 7월~11월호에 게재한 소설을 수정 가필하여 한 권의 책으로 정리하여 출판한 것이다.

소설의 내용 일부를 발췌하면 "남한산 상공에 비행기는 다가가고 있었다. 이제 곧 서울이다. 눈 밑에 영동국도가 창자처럼 뻗어있었다. 비행기 기체는 서울 거리에 인사를 고하는 것처럼 크게 선회 태세를 취했다. 적토가 선명하여 눈이 부실 정도이다. 멀리에서 한강이 유유히 구부러지며, 청계천의 가는 흐름이 알랑거리고 있다. 반짝반짝 빛나는 빌딩의 빛과 너절해서 눈에 띄지 않는 판자촌. 비행기는 양 날개를 삐걱거리며 옅은 구름을 찢으면서 고도를 낮춰 갔다.

떠오르는 지표에는 박력이 느껴진다. 모든 인간의 생명의 호흡이 다가온다. 지표는 승객에게 불안과 안도감을 자아낸다. 승객의 심리를 비행기는 남성적으로 포옹한다. 망설임 없이 대기를 빠져나가 지상을 긁으며 접근해 간다. 뒤쪽 좌석에서 시끄럽게 떠드는 소리가 들리고 있었다. 기압 탓인지 고막이 좀 이상해졌다. 곧바로 재일교포인 듯한 여자들의 목소리가 울려 왔다.

조남식(趙南植)은 성서로 눈을 돌렸다. 몇 분이 지나 퉁 하는 무거운 질감이 발바닥에 울려오고, 곧 기내 음향이 바뀌었다. 읽던 성서를 덮고, 남식은 허리의 안전벨트를 풀었다. 몸을 굽혀 발밑의 보스턴백을 열고 성서를 넣었다. 지퍼를 잠글 때, 어머니가 챙겨주신 순모 재킷이 끼어버렸다. 바늘 코가 풀리지 않도록 주의하며 떼어냈다. 어쩐지 물고기 입천장에서 낚시 바늘을 떼어내고 있는 기분이 들었다.

그러고서 창을 보았다. 투명한 광선이 눈을 사로잡았다. 활주로를 따라 난 잔디가 서리를 맞고 시들어, 군데군데 벗겨져 있다. 참호가 점점이 보였다. 자줏빛을 띤 견고해 보이는 작은 요새가 빛을 희미하게 반사하고 있고, 총좌(銃座)가 예각으로 하늘을 겨냥하고 있었다. 몸을 사린 뱀이 목을 쳐들고 있는 것처럼 비친다. 위장색 군복에 몸을 방비한 병사가 그 참호 속에서 꿈틀거리고 있다.

이러한 공항 광경을 남식이 처음 본 것은 4년 전의 일이다. 1967년의 초봄이었다. 어제 일 같은 기분이 든다. 일본에서 대학을 졸업하고 난 후, 생각한 바가 있어서 서울대학교 석사과정에 입학하기로 했다. 그것이 조국과의 첫 대면이었다."

▌金鶴泳作品集成 (김학영 작품집성)

- 저자: 金鶴泳
- 출판사: 作品社
- 자료유형: 단행본
- 출판연도: 1986년
- 총 페이지: 478쪽
- ISBN: 4-87893-119-1

이 책에는 김학영의 재일조선인 작가로서의 뛰어난 자질이 잘 드러나 있는데, 예를 들면 「알코올 램프」의 다음과 같은 인상 깊은 장면을 들 수 있다.

"주인공인 준길은 부친에게 부탁하여 자신만의 화학실험실을 만들어 봤는데, 그곳에서의 시간은 준길에게 있어서 어두운 집의 현실을 잊을 수 있는 유일하고 충실한 시간이 된다. 그는 그곳에서 '한 순간 동안에 연소하여 사라져가는 유성을 생각나게 만드는 산소 중의 흰 빛의 충실'을 처음으로 발견하고 '어떤 새로운 미지의 세계의 문으로 기어들어가는 것 같은 일종의 격앙된 기분'에 휩싸였다.

그러나 주인공의 이 한 순간의 충실도, 아버지와 장남과의 심각한 대립 전에 오래 가지 않는다. 그는 이 집은 이런 실험을 할 수 있는 것 같은 곳이 아니라는 기분으로 격앙되어 실험실 기구를 연이어 부숴간다. 그리고 알코올 램프의 순서가 되어 그것을 손에 들어올렸을 때, 준길은 문득 보름 정도 전의 어느 밤을 생각해냈다. 어두운 헛간 안에서 타고 있는 알코올 램프의 불을, 흡사 그것이 집 안에서 빛나는 유일한 빛인 것처럼, 혹은 자신 속에서 빛나는 유일한 등불인 것처럼 누나와 함께 응시했던 것을 생각해냈다.

"그 따위"하며 준길은 속으로 중얼거렸다. "그 따위 것, 이 집에는 없는 거야. 그런 빛 같은 것은, 이 집에는 아무것도 없는 거라고." 그리고 준길은 오히려 분노에 휩싸인 것처럼 램프에 들어있는 알코올도 그대로, 한층 강한 힘으로 그것을 유리 두는 곳 안으로 내동댕이쳤다.

어두운 헛간 안에서 타는 '알코올 램프의 불'은 무겁게 닫힌 주인공의 삶의 어둠 속으로 순간 들어간 '미지의 세계'로의 예감을 수반한 희미한 바람인 듯 나타났다.

그러자 이 불은 그의 기도의 힘의 일체를 모으는 둘도 없는 희구 대상이 되었다. 그러나 그럼에도 불구하고 그에게 주어진 삶의 조건은 이 주인공에 있어서의 실낱같은 희망의 빛을 몇 번이나 몇 번이나 닫아버렸다. '재일'의 자식은 이러한 희망의 죽음을 반복하여 체험해야 했다."

목차

- 얼어버린 입
- 착미
- 돌의 길
- 착
- 흙의 슬픔
- 마음은 수국의 꽃
- 연보 박정자편
- 유착층
- 알코올램프
- 겨울의 빛
- 공백의 사람
- 한 마리 양
- 해설 고뇌의 원질
- 자료

斷章-姜舜 詩集 (단장-강순 시집)

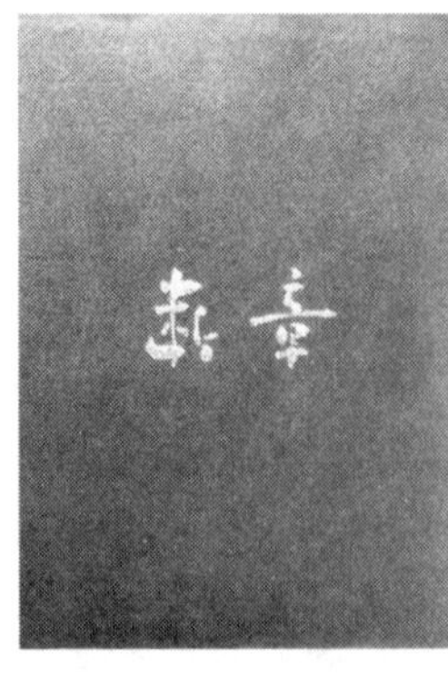

- 저자: 姜舜
- 출판사: 書肆カリオン
- 자료유형: 단행본
- 출판연도: 1986년
- 총 페이지: 182쪽

여기에 수록된 것은 저자 강순이 1984년에 출판한 자국어 시집『강바람(江風)』의 제3부에 해당하는 부분에서의 발췌, 그리고 처음부터 일본어로 써서 일본 잡지 등에 발표했던 것들을 추가한 시편(詩篇)이다.

『강바람』의 주요 테마는 그 시집의 제1부와 제2부에 있으며, 극히 내성(內省)적이고 심상적인 부분에 속하는 것으로 일관된 테마에 근거한 수록이라고는 말하기는 어렵다. 솔직히 말하자면 여기저기에 떨어진 이삭줍기 같은 것으로 매우 성의 없고, 산만한 날림에서 벗어나기 힘든 것들이다.

가족에 관한 것, 친구에 관한 것, 개인사적인 것, 생활풍경적인 것, 죽음을 응시하는 단상, 일본사회의 풍평(風評) 등 단편적인 것들의 모음이기 때문에 저자는 굳이 제목을 '단장(斷章)'이라고 붙이고 있다.

그러나 이 작품들도 틀림없이 저자의 피가 흐르고 있는 분신이며, 존재성을 이야기하는 것인 이상, 그 경중을 저울로 잴 수는 없는 것이다. 저자처럼 고집스럽게 민족어를 고수하고자 하는 취지에서 보면 자작(自作)의 자역(自譯)은 부끄러운 생각에서 피할 수 없지만, 가교로서 충분한 역할을 담당한 것으로 생각된다.

목 차

- 상실
- 어린 시절
- 누룽지
- 딸이여
- 귀여움
- 인사
- 귀뚜라미 울음
- 수치를 모르고
- 화분
- 무용의 장물
- 수치 많은 날
- 도난당한 사발
- 틀니
- 어렴풋이
- 오솔길
- 기억의 구석구석
- 심상
- 한가
- 큰 가슴
- 유무
- 엉겅퀴
- 구름의 얼굴
- 작은 잡목
- 유랑자
- 두견새
- 홑이불
- 때로는 우리들
- 바가지의 혼잣말

- 바람소리
- 적막한 재회
- 큰일이다
- 세상
- 사신과의 이야기
- 빠찡코 구슬 등등

- 월명
- 초대하지 않은 손님
- 배려
- 역습
- 무연불

▌連作詩 風の朝鮮(연작시 바람의 조선)

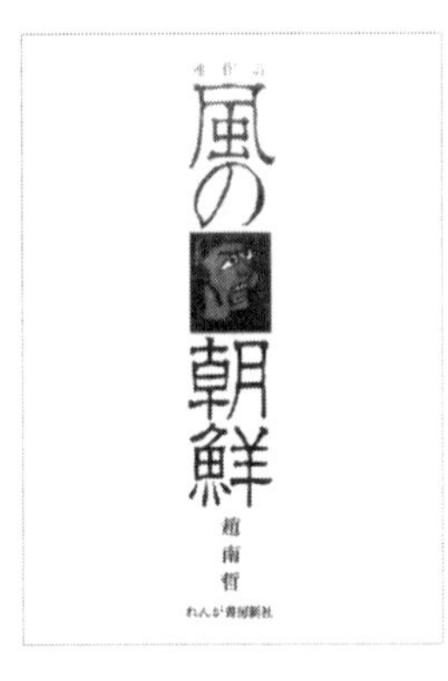

- 저자: 趙南哲
- 출판사: れんが書房新社
- 자료유형: 단행본
- 출판연도: 1986년
- 총 페이지: 142쪽

저자 조남철은 일본에서 태어난 재일 3세이다. 조선인이 일본에서 태어나 자란다는 것의 역사적 의미에는 어려운 점이 있다. 조선을 식민지로 지배했던 지난날의 종주국에서 태어나 차별과 멸시라는 환경에서 성장하는 재일 조선인 3세의 정신세계가 어떻게 형성되어 가는가 하는 것은 상상하기 어렵지 않다. 그러나 그와 같은 현실에 진지하게 대처하며 시를 쓴다는 관점에서 보면 역설적으로 말하자면 저자는 혜택 받은 환경이 아닐까 하는 생각도 한다. 고등학교 시절의 습작을 읽어보면 '역설적'으로 말하는 혜택 받은 환경이 그의 시적 자질을 개화시킨 것이 아닐까 하는 생각이 직감적으로 든다.

조남철은 소학교 때부터 고등학교까지는 일본 학교를 다니며, 고등학생 시절부터 이미 시를 쓰고 있었다. 대학은 일본의 조선대학교에서 공부하였다. 여기에 수록된 모든 시에 관통하고 있는 모티프는 명확하며 테마 또한 명확하다. 분단시대라고 부르는 해방 후의 40년을 포함하여 조선민족의 역사는 항상 외세와 싸우지 않으면 안 되었는데, 수난의 역사이며 투쟁의 역사라 해도 과언이 아니다.

조남철에게는 이 수난과 투쟁의 역사를 응시하는 분명한 안목이 있고, 그의 역사의식이 명확한 시적 모티프를 형성하고 있다. 그 모티프란 분단시대의 극복, 즉 조국통일을 달성한다는 민족적 비극에 뒷받침되고 있다. 작품을 읽어보면 어떤 시편이라도 조국과 민족과 재일동포, 그리고 그 직접적인 존재인 자신과 관계있는 것뿐이다.

일본 현대시의 전반적인 경향에서 보면 이 시집의 테마는 모두가 이질적인 것이라고 할 수 있을지도 모른다. 소위 '정치적인 테마'이기 때문이다. 그러나 시가 시로서 존재하는 가치 중 하나는 모티프의 명확함이다. 젊은 시인 조남철(趙南哲)의 시는 우선 그러한 의미에서 큰 가치를 획득하고 있다.

목 차

- 언덕
- 배
- 눈보라
- 산봉우리
- 거리
- 여름
- 흙
- 깃발
- 말
- 봄
- 어둠
- 새
- 감옥
- 삐라의 무리
- 태아
- 위
- 각서
- 고개
- 파도
- 겨울
- 마을
- 노래
- 나그네
- 나무
- 기관차
- 태양
- 바닷가
- 신경
- 리어카
- 남풍
- 피
- 고드름
- 초기시편
- 발

因の木と少女たちの40年(인연목과 소녀들의 40년)

- 저자: 菊地澄子
- 출판사: 汐文社
- 자료유형: 단행본
- 출판연도: 1986년
- 총 페이지: 149쪽
- ISBN: 4-8113-7024-4

1945년 8월, 원자폭탄은 세계에서 최초로 히로시마(廣島)와 나가사키(長崎)에 투하되었다. 일본이 세계를 상대로 전쟁을 하고 있던 때의 일이다. 단 한 발로 수십만 명의 사람들이 순식간에 수천 도의 불길에 휩싸이며 개와 고양이도, 소와 말도, 새와 벌레도, 풀과 나무도 모든 것이 죽고 말라버렸다. 거리는 폐허가 되었다. 그것은 지금까지의 파괴와는 비교할 수 없는, 인류 모두가 멸망해버릴 수 있다는 의미를 갖고 있었다.

원자폭탄의 방사능으로 줄지어 원폭증(原爆症)에 걸려 죽거나 몸의 구석구석에까지 침해당해 지금도 고통 받고 있는 피폭자가 많다. 그뿐 아니라 그 사람들의 아이들에게까지 영향이 나타나기 시작했다. 피폭자는 40년이 지난 지금도 하루라도 마음 편할 날이 없다. 그처럼 무서운 폭탄인데 세계의 몇 나라에서는 더욱 강력한 원자폭탄을 계속 만들면서 그만두려고 하지 않는다. 벌써 200회 이상이나 실험을 반복하고 있다.

이 책은 저자가 피폭 40년에 해당하는 해, 히로시마 · 나가사키에서 체험한 일을 알려 같은 잘못을 두 번 다시 되풀이하지 않기 위해서, 과거에서 배운 것이 전해지기를 바라며 문학집을 세상에 내놓게 되었다고 한다.

인간의 오랜 역사 속에서 전쟁은 끝없이 반복되며 그때마다 많은 사람들이 생명을 잃고, 문화유산과 자연이 파괴되어 왔다. 따라서 히로시마 · 나가

사키의 아픔을 다음 세대를 담당할 이들에게 전하는 일은 미래의 평화를 위한 책임 있는 일이다.

목 차
1장: 두 개의 이름 / 미나리 죽 / 안개에 둘러싸여 / 기로
2장: 기묘한 구름 / 진정한 것을 가르치고 / 아 히로시마 / 지옥
3장: 어린이의 종전 / 기숙사 없는 선생 / 검은 핸드백 / 손이 썩다
4장: 상처 / 허락하지마오 원폭을 / 에미짱 야이 / 재회

天に架ける橋(하늘에 놓는 다리)

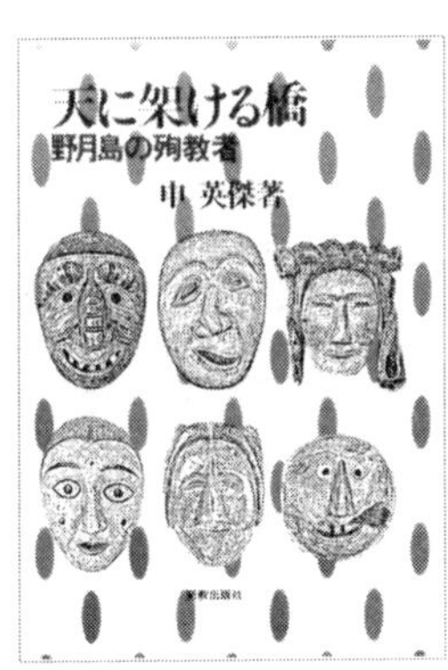

• 저자: 申英傑
• 출판사: 新教出版社
• 자료유형: 단행본
• 출판연도: 1986년
• 총 페이지: 359쪽
• ISBN: 1016-615641-6100

이 책은 청운의 꿈을 안고, 호기롭고 강직한 기풍을 지녔던 저자의 아버지 신형균(申亨均)이 한일합방 때에 항일운동에 가담한 탓에 일본관헌에게 쫓기는 신세가 되어 어쩔 수 없이 고향을 버리고 만주의 간도(間島)로 도망쳤다는 내용으로 시작된다.

그곳에서 1915년 5월, 저자는 차남으로 태어났다. 네 살 무렵, 러시아로 옮기고 2년 후에는 다시 북 사할린으로 갔다. 그 후 저자가 일곱 살 때 아버지는 홋카이도(北海道)의 유바리(夕張) 탄광의 인부 모집에 따라 와카베(若辺) 탄광에서 2년 정도 근무했다.

어느 날, 갱내에서 발생한 작은 폭발로 부상을 입어 오타루(小樽)로 이사했다. 저자는 고등소학교에서 우수한 성적을 받았기 때문에 우등생으로 졸업해야 했지만, '조선인'이라며 바보 취급을 당해 울컥한 나머지 싸움을 해서 품행 '乙(을)'이 되어 우등상을 받지 못했다. 이 일은 저자의 어린 마음에 깊은 상처를 주었다.

그리고 저자의 아버지는 가난해서였는지 형만 중학교에 보냈기 때문에 저자는 슬픔과 분함으로 계속 괴로워했는데, 그것이 실은 신에게 매달리는 작은 신앙을 갖는 계기가 되었다. 그 당시 한태유(韓泰裕) 목사가 오타루에 와서 한국인을 대상으로 하는 일요학교를 시작했는데, 1년도 채 되지 않아서 고베로 전임을 가버렸다. 마침 그때, 일본기독교회 오타루 시온교회에서 열린 토노무라 요시로(外村義郎) 목사의 전도 강연회에 갔던 것이 인연이 되어 곤도(近藤治義) 목사가 목회(牧會)를 하고 있던 오타루 시온교회에 출석하게 되었다.

몇 년이 지난 어느 날, 곤도(近藤) 목사가 "신 군, 당신을 일요학교의 선생님으로 모셨으면 하고 어떤 장로님에게 상의를 했더니 유감스럽게도 당신이 조선인이라며 극력 반대를 했습니다. 왜들 그렇게 이해심이 없는지 알 수가 없군요."라고 했다. 그 이야기를 들었을 때, "나는 마음에 깊은 상처를 받았던 일을 기억하고 있다. 1975년, 미국이민 도중 홋카이도에 들렀을 때, 30년 만에 만난 그 장로는 나를 환영해 주었지만, 옛날에 받았던 마음의 상처의 통증이 갑자기 되살아나는 것을 억누를 수가 없었다."라고 저자는 이야기하고 있다.

목 차

• 썰물과 밀물 사이
• 일본정신의 현주소
• 후기
• 어디에도 언제라도
• 빨갛게 물든 바닷물

▌襄陽上(양양 상)

- 저자: 日吉史郎
- 출판사: ＡＡ出版株式會社
- 자료유형: 단행본
- 출판연도: 1987년
- 총 페이지: 314쪽
- ISBN: 4-900406-23-6

이 책은 저자의 경험을 살려 원산의 고아들과 조선의 종전에 대한 자료들을 기록하고 있다. 소설은 한 장의 사진으로부터 시작하고 있다. "이것은 저자의 소년 시절, 어떤 의미에서는 가장 감수성이 예민한 성장기였던 시절의 친구들 이름이 적혀있다. 친구들 수는 63명. 조잡한 종이에, 그러나 달필인 글씨로 씨명과 본적, 그리고 이것이 특히 중요한 점인데, 아버지와 어머니의 고향 지명이 쓰여 있다.

위의 여백에 "원산고아원 명부·1946·5·26, 원산에서 탈출"이라는 메모가 있다. 지금으로부터 40년 전, 대륙에서 일본인의 귀국이 한창이던 무렵, 즉 1946년, 현재의 조선인민공화국의 동해안, 원산부 명치 정(明治町) 천리교회에 있던 일본인고아원의 명부이다. 사실 이 명부는 그 유명한 저서 『조선 종전기록』을 쓴 모리타 요시오(森田芳夫) 씨의 서재에서 우연히 입수한 것이다.

약간이라도 대륙이 종전 전후의 기록을 연구하려 했던 사람이라면 모르는 사람이 없는 이 유명한 저서를 쓴 모리타 요시오 씨 댁을 저자가 방문한 것은 아마도 1967년 5월이었다. 마침 모리타 요시오 씨가 저자의 소학교 시절(조선 함경북도 청진 부 공립소학교) 친구의 인척이라는 것도 있어서 사양 않고 들러서 하룻밤 동안 여러 가지 이야기를 들었다. 당시 사양을 모르는 젊었던 나는 약간의 맥주에 취한 것을 핑계로 권유 받는 대로 모리타 씨 댁에서 잤다.

다음 날은 기분 상쾌한 5월 아침이었다. 툇마루에서 마당을 내려다보고 있는 나에게 부인이 "부디 남편의 서재를 둘러봐 주세요."라며 권했다. 모리타 씨 서재 옆에 약 2칸 정도의 복도가 있고, 그 벽을 따라 있는 책장에는 하나하나 정성스레 꽂은 파일이 늘어서 있었다. 파일은 조선관계 자료였다. 대부분은 종전 후에 귀국한 자들이 갖고 온 기록으로, 그것들은 조선의 각 도시, 나진, 웅기, 청진, 성진, 함흥, 평양 등의 지명이 언급되며 관계 서류마다에 정연하게 정리되어 벽 한쪽 면을 빼곡하게 덮고 있었다.

"이것들이 우리 집의 유일한 재산이죠." 마침 아침 청소를 하고 계시던 아름다운 부인이 빗자루를 한 손에 들고 생글생글 웃었다. "남편은 역사가 전공이잖아요. 종전 때부터 지금까지 저도 상당히 돌아 다녔답니다. 귀국해 오시는 분들과 만나 이야기를 들으러 다녔죠.""

▌襄陽下(양양 하)

- 저자: 日吉史郎
- 출판사: ＡＡ出版株式會社
- 자료유형: 단행본
- 출판연도: 1987년
- 총 페이지: 324쪽
- ISBN: 4-900406-24-4

이 책은 조선의 종전과 동란을 테마로 한 소설이기는 하지만, 등장인물들 중 많은 사람들이 실명으로 등장하고 있다. 그중에는 역사상의 인물이며 실재 인물인 사람들도 있다. 그러나 이 소설을 구성하는 대부분의 주요 등장 인물들이 가명인 것은 어쩔 수 없다. 특히 저자의 입장에서 가장 뚜렷한 인상을 갖고 있는 고아원 친구들은 오히려 가명을 사용하고 있다.

소설의 일부 내용을 발췌하면 다음과 같다.

"만물이 약동하는 봄이 다가올 무렵 북조선의 청진은 뽀얀 안개에 싸인다. 때로는 5m도 보이지 않을 정도의 짙은 안개도 있어서, 등대의 고동이 '윙윙'하며 바다괴물 같은 소리를 낸다. 소학교에 다니는 아이들이 숨바꼭질을 하면서 꺅꺅 대며 안개와 장난치면서 웃고 떠들어가며 등교한다.

철이 든다고 할까, 아이들에게 있어서는 인생 최초의 뽀얗고 어두운 안개 속에서 처음으로 보이는 것은 어머니 모습이라고 한다. 이윽고 수염 난 아버지의 얼굴, 형, 누나의 얼굴, 그리고 점차 인생의 안개가 옅어지며 밝아진다. 이윽고 어린 친구가 보인다.

점점 안개가 걷히며 문득 정신이 드니 '절의 아이였다'는 것은 이 소설의 주인공 중 한 사람, 진평(進平)이 투덜대는 부분이지만, 마찬가지로 불현듯 주위를 돌아보니 '고아원에 있던' 아이들도 많았음에 틀림없다. 전쟁과 고아원이 갑자기 아침 안개 속에서 나타났다고 하는 것이 우리들의 소년시절이었다.

우리들이 유치원이나 소학교 선생 등, 어렸을 때의 선생님이나 친구들에 대해 각별한 감정을 갖는 것은 짙은 안개가 점차 걷히며 인생의 선명한 봄의 신록 속에 뚜렷하게 모습을 나타내는 사람들이기 때문임에 틀림없다."

목 차

9장 청산리　　　　　　　　　10장 은수
11장 고아원　　　　　　　　　12장 38도선
13장 은방울꽃　　　　　　　　14장 태양과 달
15장 양양　　　　　　　　　　16장 조부모
후기

▌恩讐の國(은수의 나라)

- 저자: リー・ソンヒ
- 출판사: サンケイ出版
- 자료유형: 단행본
- 출판연도: 1987년
- 총 페이지: 381쪽
- ISBN: 4-383-02574-9

이 소설은 주인공 건일이 전쟁 전의 일본에서 체험한 은수(恩讐)의 역사를 엮는 형식을 취하고 있다. 한일 양국의 은수의 역사는 일본의 패전을 경계로 과거의 유물이 되어버린 것이 아니었다. 그것은 지금도 여전히 한일관계의 저류에 가로놓여 있고, 무슨 일이 있을 때마다 뜨거운 마그마를 분출해 왔다. 그 점은 전후의 한일관계를 일별하는 것만으로도 건일에게는 명백한 것처럼 생각되었다.

1945년 8월 15일, 건일은 에바라(荏原) 경찰서의 유치장에서 천황의 항복 방송을 들었다. 9월 2일에는 도쿄 만에 정박한 전함 미조리 함상에서 항복 문서의 조인식이 거행되었다. 그러나 건일도, 같은 방에 있던 관동군 전 장교도 한마디로 석방되지 않았다. 국체호지를 유일한 최대 사명으로 하고 있던 일본정부는 패전 후에도 치안유지법을 비롯하여 각종 탄압 법규를 그대로 존속시켰으며, 특고경찰은 여전히 위세를 흔들고 있었다.

연합군 총사령부는 일을 진척시켜 결국 10월 4일, 정치범의 즉각 석방과 사상경찰기관의 폐지, 내무대신·경찰 수뇌부 및 전국 사상경찰관리의 파면, 자유를 탄압하는 일체의 법규 폐지 및 효력의 즉시 정지 등을 일본정부에 지령했다. 그 덕분으로 건일은 간신히 자유의 몸이 될 수 있었다. 그러나 역시 여전히 다수의 조선인 사상범 용의자들이 석방되지 않고 남았다. 그들은 뜻하지 않은 여죄를 추궁당하고, 암거래 등의 죄목으로 걸려서 감옥에 들어가게 되었다. 건일의 지인 박광열 조교수와 김영달도 그중에 있었다. 국체호지와 패전 처리의 사명을 담당하여 발족한 히가시쿠니(東久邇) 내각은 최대의 근거로 해왔던 치안유지법체제를 잃고 다음날 5일, 총사직하였다.

목 차

제1장 운명의 탑승   제2장 재회
제3장 인간의 마음   제4장 손생
제5장 애인   제6장 동심
제7장 사춘기   제8장 정감
제9장 석양(1)   제10장 석양(2)
에필로그

▋沈黙の風(침묵의 바람)

- 저자: 千田夏光
- 출판사: 汐文社
- 자료유형: 단행본
- 출판연도: 1987년
- 총 페이지: 237쪽

이 소설의 이야기는 고다이라 미키(小平美樹) 소녀에게 '사건', 아니 '사태'라는 의외의 계기로 시작되었다. 도쿄의 공립소학교에 이제 곧 '통신부(通信簿; 성적표)의 날', 그에 이어지는 여름방학이 다가오고 있는 1984년 7월 하순이 가까운 어느 무더운 날 오후였다. "미키 선생님, 부탁이 있는데 들어주실는

지요." 언제나처럼 수업에 매듭을 한 차례 짓고 난 시각으로 보아 2인분의 홍차 컵과 쿠키 접시를 쟁반에 담고 들어온 교코(響子)의 어머니가 책상 위에 그것들을 놓으면서 미키에게 한 말이다.

미키는 S여자대학 문학부 철학과 3학년에 적을 둔 여대생으로 21세. 스기나미구(杉並區)의 서쪽 변두리, 젠후쿠지(善福寺) 호반의 한적한 주택지에 있는 야나기모토(柳本) 집의 외동딸 교코의 가정교사로서 주 2회 다니기 시작한 지 1년 반이 된다. 교코는 소학교 4학년이다. 그래서 교코의 어머니는 딸 앞에서는 미키를 "미키 선생님"이라고 부르고 있었는데, 그 어머니의 말을 듣고 미키는 고개를 약간 오른쪽으로 갸웃했다.

말을 걸어온 상대의 '다음 말'을 기다릴 때의 그녀의 버릇이었는데, 밖은 해가 쨍쨍 내리쬐어 30도를 넘고 있는데도 방에는 기분 좋게 냉방이 틀어져 있다.

'교코는 가정교사 같은 것은 필요 없을 정도로 똑똑해서 며칠 후에 받아 올 성적표도 체육과 미술을 빼면 전부 '5'일 것이다. 그렇다면 '부탁'이라는 것은 수업과 관련된 게 아닐 거야. 뭐지?' 갸웃한 채로 미키는 생각했다.

"사실을 말하자면 분수를 모른다고 할까? 이 아이가 여름방학 숙제로 되어 있는 자유연구에서 '관동대지진'을 테마로 하겠다고 하는 거예요. 그런 건 소학교 4학년생에게는 무리이고 할 수 있을 리가 없다고 말했지만, 담임 선생님에게 "이 테마로 하겠습니다."라고 말해버렸다는군요. 선생님도 "그럼, 그 테마로 열심히 해봐."라고 하셨답니다."

어쨌든 그런 경위로, 할 수 있을 것 같지도 않은 테마를 스스로 떠안게 된 딸 교코를 위해, 자유연구 리포트 작성을 도와줄 수 있느냐 하는 말이었다. 소학생이라도 자유연구를 하게 된다면 그 나름의 조사 취재에서 고찰, 작문 작업이 불가결한데, 그 코치를 해달라는 것이다.

목차

• 헛소리   • 식칼

- 씨명미상
- 유언비어
- 쓰루타 스테츠쿠 변호사
- 사후처리

▌猪飼野物語(이카이노 이야기)

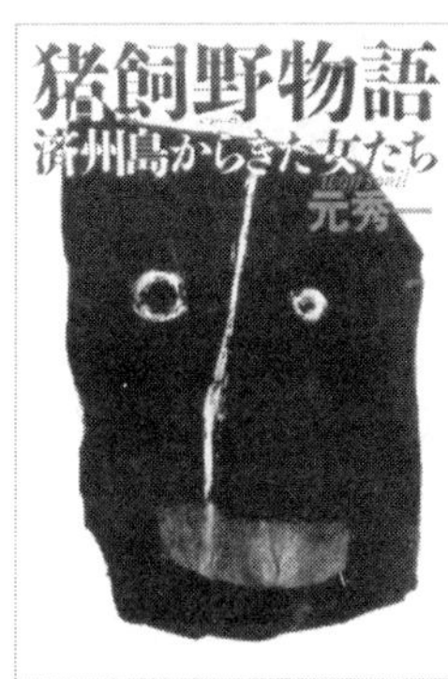

- 저자: 元秀一
- 출판사: 草風社
- 자료유형: 단행본
- 출판연도: 1987년
- 총 페이지: 242쪽

일본의 이카이노(猪飼野)라는 주소만으로 제주도에서 오는 우편물이 도착하는 마을에서 자란 나는 금세기의 전환점에 해당하는 1950년에 태어났다. 1950년이라고 하면 한국전쟁이 발발한 해이기도 하다. 그 2년 전인 1948년에는 제주도에서 소위 '4·3항쟁'이 있었다. 4·3항쟁과 한국전쟁이 없었다면, 나는 혹시 제주도의 어딘가에서 자랐을지도 모른다. 왜냐하면 제주도는 나의 양친의 고향이었으니까. 그러나 동족상잔이 양친을, 그리고 결국은 나를 이카이노로 몰았다.

원래 이카이노는 일본이 일제라고 불리던 시대에 「기미가요마루(君が代丸)」를 타고 표착한 제주도 사람이 고생하며 개척한 마을이라고 할 수 있다. 경위는 어떻든 간에 오랫동안 살다보면 「타향」이 「고향」으로 변하는 것도 또 하나의 진리이다.

내가 자아에 눈뜬 유년기의 의식에 조선 시장, 운하, 제사, 정치, 싸움, 이별, 통곡, 웃음이라는 이카이노의 풍경이 혼돈 속에 함께 되살아났다. 여름

날 저녁 시원한 때에 모이는 어머니와 동년배 여자들은 제주도 말로 이러니 저러니 이야기하며, 때로는 탄식하고 때로는 웃는 식으로 인생의 애환을 표출하였다. 또한 덫에 걸린 쥐를 통째로 구워서 이상한 냄새를 주위에 발산시키는 일로 근린에서 항의를 받아도 전혀 마음에 두지 않는 완고하며 기묘한 노파가 있었다.

황량한 큰 병원의 한 병실에서 돌아가신 결과, 나의 가족은 헤어져야 할 형편이 되었다. 나는 누나에게 이끌려 오사카의 귀문(鬼門)에 해당하는 습지 지대의 교외로 이사를 했다. 중학교 2학년 때였다. 즉흥적인 행정과 현실주의의 부동산업자가 서로 손을 잡고 개발한 신흥주택가에 살며 나는 비로소 이카이노(혹은 이카이노적인 것)를 상대화하여 볼 수 있었다. 그것은 마치 도미(渡美)한 일본인이 일본을 상대화하여 이해하는 것과 같은 것이었다고 할 수 있었다. 이카이노(혹은 이카이노적인 것)와 그렇지 않은 마을(즉 일본적인 것)과의 감각적인 낙차는 현기증이 날 정도였다. 확실히 나는 일본에서 이방인이었다. 이방인이란 변경에서 떠도는 여행객 같은 것이리라.

목 차

- 운하
- 희락원
- 물맞이
- 귀향
- 이군의 우울
- 뱀과 개구리
- 재생
- 후기

東京からきたナグネ(도쿄에서 온 나그네)

- 저자: 關川夏央
- 출판사: 筑摩書房
- 자료유형: 단행본
- 출판연도: 1987년
- 총 페이지: 257쪽
- ISBN: 4-480-85394-4

이 책은 1985년 초부터 1986년 말까지 거의 2년간을 걸쳐, 막연하기는 하지만 일단 미리 세운 전체적인 구성안에 따라 각 잡지에 발표해 온 원고들을 종합·정리한 것이다. 특히 이 책은 저자가 한국 및 한국인과 연구 교류하면서 쓴 두 권의 책『서울의 연습문제』,『해협을 건넌 홈런』, 그리고 발표하려고 버둥거렸던 작은 성과나 자료의 흔적들이다.

저자가 1979년 말에 비로소 한국을 여행하고, 이후 일정 기간을 두면서 그곳을 방문하고 있다는 사실은 우연의 소산이라고 해도 매우 행운이었다. 이 기간에 한국사회는 심층부에서 크게 명동(鳴動)하여, 전통적 계층적인 사회로부터 대중화 사회로의 방향으로 확실히 꿈틀거리기 시작했기 때문이다. 그것은 서울에 고층 빌딩이 생기고, 거대한 호텔이 세워졌다는 등의 외관상의 변모보다도 더욱 깊게, 본질과 관련된 변모이다.

한국은 저자 자신을 비춰내는 거울이다. 외국을 배우는 것은 일본을 아는 것이며, 외국인을 자세히 주시하는 것은 일본인인 자신을 자세히 아는 것으로 이어진다는 고전적인 표현에 저자는 강한 설득력을 느끼고 있다. 다른 가치 체계가 그곳에 엄연히 존재한다는 것을 인식하고 결코 자신의 잣대만으로 평가하지 말 것이며, 배움에 있어서는 진지함을 견지해야 한다는 표현도 흔하기는 하지만 여전히 저자에게 많은 것을 가르쳐주고 있다.

'나그네'란 조선어로 '여행자'를 말한다. 저자는 이 말에 정서적으로만 머물지 않는, 미래로 연결되는 의미를 어떻게 해서든 이 책을 통해 전달하려고 시도하고 있다.

목 차

- 해협을 건너기 전
- 서울의 김미숙
- 해협을 양안으로
- 거리의 바람, 바람의 혀
- 반도의 풍경
- 후기

▌詩集父の國母の國(시집 아버지의 나라, 어머니의 나라)

- 저자: 島博美
- 출판사: 素人社
- 자료유형: 단행본
- 출판연도: 1988년
- 총 페이지: 95쪽

이 시집은 그리움과 소원함과의 딜레마 사이에 존재하는 또 하나의 조국, 전력을 다해 사랑할 수 없는 어머니의 나라, 그곳에 서서, 서울의 하늘은 어디나 파랗다고 노래하는, 아버지 나라의 이름을 자랑하지 않는 한 사람의 시인의 고뇌가 담겨있다.

"요즈음 종종 한밤중에 눈을 뜬다. 나의 잠을 방해하는 녀석의 정체, 그것은 꿈이다. 꿈은 변함없이 황량한 현해탄의 경치이다. 어머니가 한밤중에 나가서 새벽이 가까워져 돌아온다. 그것이 무엇을 의미하는지, 어린 내게는 물어볼 방법도 없었다. 그런데 그때부터이다. 느닷없이 어머니는 한 마리의 학, 그 화신(化身)이 아닐까 하며 해마다 시기심을 키우게 된 것은, 동화 '학의 보은'을 읽을 때마다 가슴 졸였다. 그때 마음에 깊이 새겨진 한 맹서가 있다.

'하늘로 돌아갔다?' 학처럼 언젠가 나도 날고 싶다. 무슨 일이 있어도 나는 날아야 한다. 어머니를 대신하여, 그런 식으로 밤낮으로 하늘을 향한 새끼 학의 기원처럼 말이다. '언제까지 현해탄인가'하며 회심의 미소를 짓는 친구가 있다. 올림픽 이래 국제적이라며 가슴을 펴고 악수를 청해주는 성격 좋은 아버지 나라의 이웃들.

그렇지만 아무것도 바뀌지 않았던 꿈의 계속, 눈꺼풀 안쪽에 비춰지는 것은 현해탄의 겨울 파도, 파도의 넘실거림, 이어지는 파도소리뿐이다.

김치를 부정한다. 비빔밥도 식탁에서 제외한다(맛있다는 것은 인정하지만). 그와 같이 행동하면 나는 변신할 수 있다. 그리하면 자식은 날 수 있다. 그것이 마음에 무겁다. 그렇게 하는 것이 가슴 아프다. 요즈음 조선에 돌아가고 싶다고 푸념하지 않게 되었다. 조선의 언어를 구사할 수 없게 된 어머니, 아버지도 마찬가지이다. 이것은 어디까지나 나와 어머니와의 문제, 나와 어머니와의 학 이야기이다. 그러나 나는 아직 나의 자식에게 그 생명의 근원인 어머니, 그에게 있어서는 할머니에 해당하는 그 사람의 내력을 이야기하지 않았다. 그 나라의 역사도 말하지 못하고 있다. 그러나 무한한 따뜻함에 마음의 응어리가 풀어져 간다. 언젠가 나도 그런 푸른 서울 하늘을 어머니를 대신하여 불러보고 싶다."

목 차

- 노래
- 어린이 노래
- 겨울준비
- 꽃의 운명
- 어떤 회한
- 부탁
- 섬의 여우(1, 2, 3)
- 기무치
- 꽃의 유래
- 어귀
- 창문 너머
- 시민권

- 해명
- 불 부는 대나무
- 비파나무 이야기
- 램프 닦는 섬
- 운동회
- 수확
- 홍역
- 숨통

- 경계선
- 수꽃
- 소리 없는 대화
- 86 · 9아시아대회
- 전통
- 갓난아기
- 겨울 일몰
- 후기

ふだん着のソウル案内(평소 모습의 서울 안내)

- 저자: 戸田郁子
- 출판사: 晶文社
- 자료유형: 단행본
- 출판연도: 1988년
- 총 페이지: 221쪽

이 책은 저자가 처음 한국을 방문하고서 8년, 그리고 유학을 시작하고서 4년이 지난 시점에서 한국에서의 생활경험의 단상을 보여주고 있다.

먼저 저자가 유학 중에 만든 두 번째의 여권도 지금은 한국에의 출입국 스탬프로 꽉 차 입국 때마다 심사관 아저씨의 "스파이냐, 돈 벌러 왔냐."라는 의심을 풀어주지 않으면 안 되었다. 4년 전에는 백화점의 무뚝뚝한 언니가 무서워서 쭈뼛쭈뼛하던 저자가 어느새인가 멀리 돌아가는 택시기사에게 큰 소리로 불평을 하거나, 일본에서 온 친구를 안내하고 있으면 주위의 한국인으로부터 "일본어 잘 하네."라고 칭찬을 받기도 하고, 때로는 일본 아저씨를 상대로 돈벌이하는 한국인 아가씨로 오해 받아 차가운 시선을 느끼기도 하였다.

"생각하면 그동안, 한국의 정세도 상당히 달라졌다. 대통령 선거가 끝난 지금, 내가 보아 온 한국은 커다란 전환기를 맞았다는 것을 막연하게 느끼고 있다. 그와 동시에 일본에서의 한국 이미지도 상당히 바뀌어서 불과 수년 전, 이단시되면서 이웃 나라로 여행을 떠났던 내게 지금은 "선견지명이 있었다."라고 찬사를 하기도 한다."

저자가 만난 많은 한국인들은 일본에서의 화려한 한국 붐의 선전과는 아무런 관계도 없는 듯한 사람들이 대부분이었다.

"김치 담그는 법이나 빨래판을 사용하는 세탁 요령을 가르쳐 준 친구의 어머니, 감기에 걸릴 때마다 걱정해 주었던 약국 아줌마, 좋은 노래를 많이 소개해 준 레코드 가게 언니, 천하국가를 논하다가 술을 함께 마시던 토론을 좋아하는 학생들 등등. 그러한 평상복의 한국인 한 사람 한 사람을 통하여 나는 이 나라를 느껴 왔다. 그리고 그들도 또한 평상복의 한 일본인을 통하여 일본이라는 나라를 응시했을 것이다."

목 차

1. 어학당의 이상한 외국인들
   설날은 디스코에서
   졸업식은 촬영대회 등
2. 고려대학 학생이 되다
   캠퍼스는 최루가스의 맛
   코리안패션에 한마디 등
3. 난무하는 유언비어
   보았다. 가봤다. 한국의 원자력발전소
   이상형은 남자다운 사람 등

ゴジラが見た北朝鮮(고질라가 본 북조선)

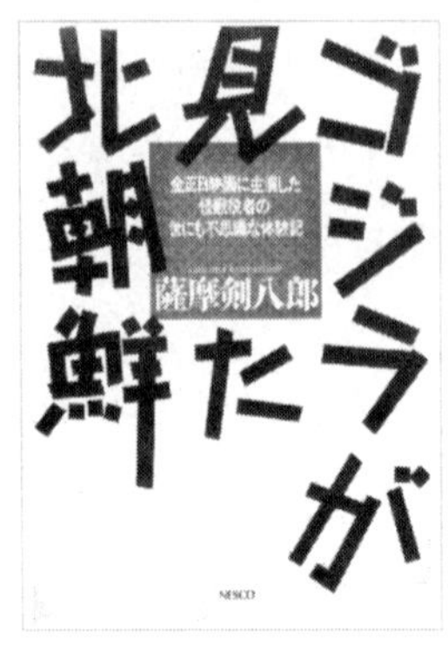

- 저자: 薩摩劍八郎
- 출판사: ネスコ
- 자료유형: 단행본
- 출판연도: 1988년
- 총 페이지: 233쪽
- ISBN: 4-89036-747-0

이 책의 저자, 사쓰마 켄파치로(薩摩劍八郎)는 말한다. 미국에 갔다 왔다고 말해도 놀랄 사람은 아무도 없다. 한국에 갔다 왔다는 것도 자주 듣는 이야기이다. 그럼 북조선에 갔다 왔다고 말하면 어떨까? "엥? 왜? 뭐 하러?"라는 질문이 돌아올 것임에 틀림없다. 그 정도로 일본과 북조선의 사이는 닫혀져 있다. 그리고 항상 정치 냄새가 감돈다.

그러나 그런 일 등, 개의치 않고 머나먼 북조선에까지 가서 괴수영화에 출연한 남자가 있었다. 그것도 보통 역이 아니라 봉제인형 탈을 쓰고 괴수를 연기하고 온 것이다. 우주이든, 해저이든 어디에나 출현하여, 도쿄타워든 국회의사당이든 무엇이나 부숴버리는 괴수, 그것을 가능하게 한 것은 특수촬영(SFX)이다. 그러나 스크린 세계만이 아니라 현실에서의 국가의 벽을 매우 간단하게 빠져나가버린 것이다. 이상하고 재미있는 것을 보여주는 것이 특수촬영 스태프이지만, 그들은 그 자체가 참으로 이상하고 재미있지 않은가!

그리고 숙소가 된 곳은 김정일 서기의 별장이다. 영화감독은 한국, 북조선, 그리고 미국을 무대로 "납치다! 망명이다!"하며 세간의 주목을 모은 신상옥 씨이다. 아무래도 정치의 블랙홀로 일본의 영화인들이 빠져 들어 가버린 듯한 것이다. 그러나 물론 그들이 보고 온 것은 정치 세계만이 아니다.

북조선의 영화촬영소에서 수 개월 간이나 북조선 스태프들과 일을 했다. 북조선 사람들의 있는 그대로의 모습이 그곳에는 넘쳐난다. 그것은 문화교류단 등의 공식 방문으로는 결코 볼 수가 없는 것이다. 정치의 벽이나 역사적·민족적인 언쟁에 방해 받아 알 수가 없었던 북조선 사람들의 모습이 처음으로 밝혀지게 된 것이다.

괴수의 봉제인형 탈이라고 하면 고질라나 울트라맨의 세례를 받고 성장한 세대는 일종의 그리움과 흥미를 느낀다. 지금도 이벤트 등에서 안에 사람이 들어간 봉제인형 탈에 아이들이 몰리는 광경을 볼 때가 있다. 그렇다면 봉제 인형탈 속이라는 것은 연령을 불문하고 매력으로 가득한 불가사의한 세계일지도 모른다.”

목차

머리말
제1장 북조선에 와버렸다
제3장 본 방송 요이 스타트
제5장 안녕 북조선

프롤로그
제2장 김정일 서기의 별장이다
제4장 호텔로 옮기다
에필로그

虛構の映像 (허구의 영상)

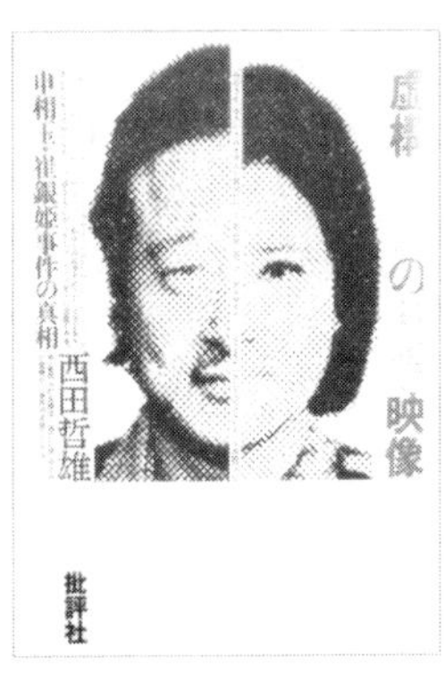

- 저자: 西田哲雄
- 출판사: 批評社
- 자료유형: 단행본
- 출판연도: 1988년
- 총 페이지: 230쪽

저자는 뜻밖의 기회로 1977년 말 도일(來日) 중인 한국의 영화감독 신상옥 씨를 알게 되었다. 그가 박 정권의 압박과 자신의 부주의로 궁지에 몰려 한국에서의 망명을 획책하고 있던 무렵이다. 다음해 1월, 전 부인이며 여배우인 최은희 씨가 홍콩에서 행방불명이 되고, 그의 신변도 갑자기 어수선해졌다. 그는 내연의 처 오수미 씨와 아이들을 외국으로 탈출시키려고 서울에 있는 친형과 조카에게 의뢰 편지를 썼지만, 그 편지를 전해줄 만한 신뢰 가는 인간이 없었기 때문에 저자에게 그것을 간청했다.

이미 KCIA(한국중앙정보부)의 주시를 받던 신 감독이었기 때문에 저자는 그 의뢰에 일말의 불안감을 느꼈지만, 한 사람의 인간으로서 그의 곤경을 두고 보기 힘들어 맡게 된 편지와 물품을 갖고 몇 차례 방한했다. 그런데 같은 해 7월, 이번에는 용무로 홍콩에 갔던 그가 행방을 감추고, 이후 약 5년간, 갑자기 소식을 끊어버린 것이다.

"그동안 우리들에게 전해진 소문은 KCIA의 납치·암살설, 북조선으로의 망명설 등 다양했다. 그러나 83년 11월, 돌연이 그로부터 연락이 왔고, 그가 최은희와 함께 북조선의 원조를 받아 영화제작에 전념하고 있다는 사실이 밝혀졌다.

이 낭보를 우리들이 기뻐했던 것은 말할 것도 없지만, 다음 해 84년 4월, KCIA의 후신인 한국국가안전기획부(KNSP·약칭 안기부)는 돌연히 '최은희·신상옥 납북사건 발표문'이라는 것을 공표하고, 두 사람이 '북조선에 납치되었다'라고 주장할 뿐 아니라 나를 일방적으로 '북의 공작원'이라고 단정지었다."

이에 대해 신·최 두 사람은 기자회견이나 인터뷰 등을 통해 안기부의 발표를 전면적으로 부정했을 뿐만 아니라 "우리들은 '북'이 부여해 준 캔버스에 우리들의 그림을 그렸다. 그러나 자유로운 작가라는 사실에는 변함이 없다."(『요미우리(讀賣)신문』 84년 4월 11일 부)라고 천명했다.

목 차

머리말
제2장 박 정권의 압박을 피해서
제4장 속임 당한 망명극
제6장 도망드라마의 허와 실
관련연표

제1장 수수께끼 실종사건
제3장 허구와 진실 사이에
제5장 배신과 허망의 미로
관련자료
결론

▌詩集 ピーターとG (시집 피터와 G)

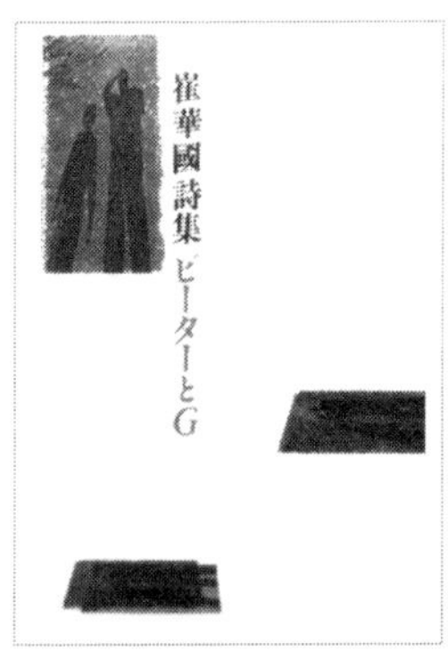

- 저자: 崔華國
- 출판사: 花神社
- 자료유형: 단행본
- 출판연도: 1988년
- 총 페이지: 126쪽

"지난 10년간, 저자에게 주어진 작은 평온이 서투르지만 4권째를 엮게 해주었다. 동경과 불안 속에서 결국 탈고(脫稿)하여 이윽고 교정쇄가 도착하였다. 교정쇄를 받아들 때마다 가벼운 실망감, 이 어렴풋한 괴로움과 만나기 위해 서툰 도예가가 흙을 반죽하는 것처럼 지치지 않고 언어를 반죽하는 작업을 관둘 수 없는 것일까? 언제쯤이나 교정쇄를 빙그레 미소 지으며 손에 들 날이 올까? 영원히 오지 않는 편이 행복한 것일까?"

목 차

- 가는 봄을
- 계도(系圖)
- 하회기(河回記)

- 강
- 귀향
- 몸빼와 까치

- 소
- 여행·메모랜덤
- 이토스기(糸杉; 노송나무과의 상록교목. 서구에서는 슬픔의 상징으로 묘지에 심음)
- 안개와 고성(古城)
- 피터와 G
- 혼돈
- 바다의 야연(夜宴)
- 소일거리
- 억새
- 시인이여 말을
- 몽침(夢枕)
- 40년
- 후기
- 비밀(秘蜜)
- 호마의 전생(轉生)
- 구름도
- 맥추(麥秋)
- 도미
- 몽상
- 사라진 마을이름
- 출창(出窓)
- 실버 패스
- 불안
- 회고

ゆずの花の祭壇(유자꽃의 제단)

- 저자: 韓丘庸
- 출판사: 素人社
- 자료유형: 단행본
- 출판연도: 1989년
- 총 페이지: 226쪽

이 책『유자꽃의 제단』은 저자가 1981년 3월 2일부터 9월 28일까지 조선시보에 옴니버스 형식으로 연재했던 10편의 소설이야기를 수정·가필한 것이다.

소설 내용의 한 구절을 살펴보면 "항구를 에워싸고 있는 창고 주위에는 일대에 국화 군생이 흰 꽃잎을 펼치며 여름의 바닷바람을 맞으면서 언제까지나 같은 방향으로 하늘하늘 흔들리고 있었다. 그리고 그 사이를 부전나비가 서두르듯 어지럽게 날고 있다.

제4부두에 조선민주주의인민공화국의 여객선 삼지연(三池淵)호가 정박해 있었다. 오각성(五角星) 깃발을 가진 교토 거주의 재일조선인이나, 조선학교의 아이들, 마이즈루(舞鶴)의 많은 일본시민들이 환영을 위해 이 잔교(棧橋)에 모였다. "마이즈루는 우리들 조선인에게 있어서 냉혹한 항구입니다." 손 선생은 어린 아이들에게 조용히 이야기하고 나서 또 배의 마스트를 올려다보았다. 사람들의 와자지껄한 소리가 커지며, 취주 악단이 환영 음악을 한층 크게 울렸다.

조선이 일본의 식민지 통치로부터 해방된 지 올해로 44년이 되지만, 아직도 일본과 국교가 없는 공화국의 배가 마이즈루 항에 입항했다는 점만으로도 재일조선인의 가슴은 감격과 기쁨으로 얼마나 떨렸는가? 현재 일본 사회는 서서히 그리고 착실하게 우경화해 감과 동시에 재일조선인의 민족적인 제 권리를 지키는 투쟁도 점점 격심해지고 있다. '민족의 풍화'라는 말이 들려온 지 오래인 가운데 이미 새로운 세대교체를 어쩔 수 없이 하게 되었다. 재일조선인 아이덴티티의 하나의 근거를 어디에서 추구할 것인가는, 우리들의 민족교육이 그 최소한도의 방파제라는 점을 생각해 볼 때 '민족'을 '교육'하는 일의 중요함을 통감한다.

우리들이 목표로 하는 재일조선인의 아동문학이 어디까지 일본인과도 공유할 수 있는지, 또 역으로 일본의 아동문학이 재일조선인과도 어디까지 공유할 수 있는지, 그리고 그것이 또 민족교육과의 표리일체 속에서 보다 설득력 있는 것이 될지 어떨지 모색하는 중이다."

목차

제1화 나기사이였던 소녀
제2화 비오는 가운데 무연총
제3화 저녁노을 구름
제4화 해당화 꽃 피어
제5화 릴리리 고개에서 놀자
제6화 유자꽃 제단
제7화 해바라기 히사미짱
제8화 언젠가는 고향에 돌아간다
은행나무 노래
과거를 묻는 것의 의미
후기

그ㄴ(由熙)(유희)

- 저자: 李良枝
- 출판사: 講談社
- 자료유형: 단행본
- 출판연도: 1989년
- 총 페이지: 233쪽
- ISBN: 4-06-204303-3

이 소설은 재일조선인 작가 이양지의 「유희」『군상』1988년 11월호, 「내의」 『군상』1986년 5월호, 「청색 바람」『군상』1986년 12월호를 수정·가필한 것이다.

소설의 구체적인 내용을 살펴보면 "유희(由熙)의 전화를 끊었을 때부터 나는 침착함을 잃었다. 책상 위에는 처리해야 할 전표와 서류가 쌓여있었다. 그러나 전혀 일을 할 수 없게 되어버렸다. 그러는 동안에 손목시계가 4시를 가리켰다. 올려다보니 회사 시계도 같은 시각을 가리키고 있었다. 잠시 후 남아있던 일을 시작하여 6시 조금 전에 그 날의 업무를 끝내고 곧바로 퇴근 준비를 했다. 6시 정각에 회사를 나섰다. 빈 택시를 불러 세워 탔다. 택시가 집 방향을 향하여 달리기 시작하자, 생각난 것처럼 또 침착함을 잃었다. 전화에서의 유희의 목소리가 흡사 지금 이야기하고 있는 것 같은 선명함으로 다가왔다. 택시가 신호등 앞에서 급브레이크를 밟을 때마다 감빡이는 눈꺼풀 안쪽에 유희가 나타났다가 택시가 달리기 시작하는 것과 동시에 멀어져 갔다. 택시를 타고 집으로 돌아가는 일 따위는 좀처럼 없는 일이었다. 1분 이라도 빨리 돌아가고 싶었다. 멈추는 신호등 수도 많게 느껴졌다.

회사를 나올 때, 사장님과 동료들에게 인사를 하고 나왔는지, 나는 그런 것들을 생각하기 시작했다. 바로 전의 일이 잘 생각나지 않는다. 시간으로 보자면 몇 분 전 택시에 타기까지의 자신의 행동이 분명치 않았다. 추웠다. 바람도 강했다. 서울은 봄날이 짧고, 아침저녁으로는 아직 겨울처럼 한낮과의 온도 차가 심하다. 브레이크 소리가 앞에서도 뒤에서도 들려오고, 몸이 흔들릴 때마다 백을 껴안고 몸을 움츠렸다.

집 앞에서 택시를 내렸다. 온 길의 모퉁이 쪽으로 돌아가는 택시를 내려선 그 장소에 내내 서있으면서 응시했다. 짧은 시간에 경사지고 내리막인 언덕길 왼쪽 모퉁이 저편으로 택시가 사라져갔다. 집 앞 길에 사람 자취는 없고, 길모퉁이에서도 사람이나 차가 나타날 기색은 없었다. 방금 사라진 택시의 굉음도 이미 들리지 않게 되었다. 기억 속의 유희 목소리가 나의 등을 꿰뚫었다. 목소리 그 자체에 배어있는 시선의 움직임도 나타났다.”

목차

- 유희
- 청색의 바람
- 내의

ねこのマタキチいい天氣 (고양이의 마타키치 좋은 날씨)

- 저자: 日本兒童文學者協會編
- 출판사: 國土社
- 자료유형: 단행본
- 출판연도: 1989년
- 총 페이지: 159쪽
- ISBN: 4-337-08105-4

사사키(佐々木) 작가는 「떠돌이 흥행극단」, 「달밤에 사라지다」 등 훌륭한 작품을 썼다. 고양이들은 매일 어떤 것을 생각하고 느끼면서 살고 있을까? 고양이 두 마리의 아침부터 밤까지를 묘사한 이 작품은 마치 숨겨진 비디오카메라로 촬영한 것처럼 선명한 그들의 하루이다. 고양이들은 다른 지역 흰고양이를 골탕 먹이고 개 등을 긁고서 도망가기도 한다. 얼룩고양이인 가요, 새 새끼고양이와 만나는 마타키치와 아놀드, 그 두 마리의 개성과 행동을 실로 꼭 맞는 언어로 생생하게 표현한 소설 작품이다.

창작동화집 『꿈은 여러 가지』 전 12권의 시리즈는 주로 소학교 2, 3학년 아이들을 대상으로 편찬된, 시리즈 이름처럼 아이들의 건강하고 다채로운 꿈을 육성하는 동화집이다. 이 시리즈의 특색은 각 권에서의 작품 대부분을 동인잡지에 근거한 신인의 의욕적이며 신선한 작품으로 메운 것이다. 동인잡지는 항상 다음 시대의 작가가 자라는 중요한 장이다. 그래서 일본 아동문학자협회는 전국의 수많은 아동문학 동인지에 발표된, 소학교 2, 3학년을 대상으로 한 창작단편 중 우수한 단편을 동인지 사람들로부터 공모하여 이 시리즈를 만들었다. 이러한 기획은 지금까지 없었던 것이다.

전국적으로 약 7백 편 가까운 응모작품 중에서 편집위원회는 시간을 들여 약 90편의 작품을 골라 이 시리즈에 수록하였다. 그 외에 현대의 아동문학을 대표하는 베테랑 작가들의 흥미 있는 작품을 골라 각 권을 장식하였다. 전 권을 통하여 아이들이 즐겁게 읽을 수 있는 작품 수록에 힘썼지만, 즐거울 뿐만 아니라 진실미가 있는 이야기, 아름다운 시심을 키우는 동화 등, 버라이어티의 풍부함도 염두에 두었다.

목차

- 장난꾸러기와 누구
- 쇼짱이 있던 여름
- 고양이의 마타키치 좋은 날씨
- 키지무나가 나타났다 등

] 弱き時にこそ (약할 때일수록)

- 저자: 澤正彦·金纓
- 출판사: 日本基督教団出版局
- 자료유형: 단행본
- 출판연도: 1989년
- 총 페이지: 256쪽
- ISBN: 4-8184-0045-9

이 책의 본문에 나타난 바와 같이 "저자는 사와의 재발을 알고 나서 그에게 자신이 지금 하고 있는 일이나 내게 부탁하고 싶은 것 등을 메모로 남겨놓으라고 말했다. 그것은 지난 3년간 우리들이 서로 엇갈린 생활을 하고 있었으므로 그가 무엇을 어떻게 하고 있었는지 저자는 잘 알 수 없었기 때문이었다. 4월 1일의 고별식과 2일의 설교가 끝나고 3일에 한국의 어머니를 배웅하고 나리타(成田) 공항에서 돌아오는 길에 저자는 비로소 사와의 메모와 일기를 읽었다. 그리고 이 일기를 어떤 형태로든 친구들이나 지인들도 읽어주기를 바랐으므로 책으로 만들 결심을 하였다. 사와(澤)가 하늘로 불려가고서 벌써 반 년이 되려 한다. '벌써'라고 말했지만, 가끔 아주 오래 전의 일처럼 생각된다. 너무 많은 일들이 있었고, 일에 쫓기며 지낸 반 년이었다.

아무리 생각해도 사와가 왜 그렇게 빨리 죽었는지 아직 납득할 수 없다. 그렇게 건강에 신경을 쓰고 건강 그 자체처럼 보였던 그가 죽어 원래 몸이 튼튼하지 못했던 내가 이렇게 건강하게 활동한다는 것은 얄궂은 일이다. 그리고 타이밍이라고 해야 할까? 왜 새 교회에 부임하기 직전에 죽었는지, 아무런 직함도 없이 천국으로 간 것은 참으로 그답다고 생각하지만, 나는 역시 이해하기 힘든 일이 많이 있다. 인간이 아무리 생각해도 알 수 없는 것은 이해할 수 없으므로 나는 더 생각하는 것을 그만 둔 건지도 모른다.

이 책을 출판하게 된 것은 '무궁화통신'을 읽어주신 많은 분들로부터 대단한 반향을 얻은 까닭이다. 그러나 막상 써보니 그다지 다른 사람이 읽어줄 만한 것이 아니었는데하며 쑥스러운 생각이 없는 것도 아니다. 그러나 한 사람의 신앙인의 마지막 증명으로서 기록으로 남겨두는 것도 의미가 있을 것이라고 생각한다."

목차

- 기독교에 빚을 지고
- 시련과 함께 피할 길도
- 오늘 하루를 주님께 의지하고
- 후기
- 죽음에 대하여 이야기하다
- 자기 자신을 구원하지 않은 하나님
- 기독교 만세

詩集樹の部落(시집 나무의 부락)

- 저자: 趙南哲
- 출판사: れんが書房新社
- 자료유형: 단행본
- 출판연도: 1989년
- 총 페이지: 106쪽

작은 조선인 부락에서 태어난 저자는 13세까지 그곳에서 자랐다. 부락은 돼지를 기르고, 탁주를 만들며 살았다. 가난한 부락은 우리들을 지키는 성벽이었다. 재일조선인이 살아가는 데에 힘든 이국땅에서 그래도 조선인답게, 인간답게 사는, 빠듯한 자유의 공간이 그곳에는 있었다.

해협을 건넌 조선인들이 낙오자가 모이는 곳처럼 모여온 부락. 아무 것도 없는 속에서 서로 도우며, 서로 격려하고 때로는 다투면서 모두의 몸을 지키고 공존했던 부락이었다. 그러나 '동화'나 '귀화'를 강요하는 큰 파도에 휩쓸리면서 부락은 붕괴하고, 겨우 남은 것들도 예전의 부락은 아니게 되었다.

부락 대신에 동포를 잇는 시도가 여러 가지 형태로 행해졌다. 그것은 민족교육이기도 했고, 조직이기도 했으며, 권리를 지키는 투쟁이나 문화운동이기도 했다. 재일조선인들의 부모는 서투르나마 민족의 정신을 자신들의 삶의 방식으로 가르쳐 주었다. 여러 가지 우회로나 함정은 있었을 터이지만 넘어져도 그냥은 일어나지 않는다는 살아가는 존엄을 놓지 않는 끈질김은 확실하게 전해진 것은 아닐까? 저자는 그 부모들의 삶의 방식을 묘사하고 싶어, 그리고 새로운 재일조선인들의 '부락'을 창조하고 작은 싹을 커다란 나무로 키울 수 있다면 하는 희망에서 이 시들을 썼다.

목차

- 비
- 상처
- 로지
- 돼지
- 침
- 우물
- 경사
- 실대
- 방석
- 사쿠라
- 연륜
- 엄마
- 손가락
- 봉
- 매미
- 하트
- 엄마 나무
- 후기
- 해안
- 광장
- 개
- 기와
- 벽지
- 우유
- 노파
- 철교
- 숯불
- 김아지매
- 섬
- 정치
- 과거
- 잎
- 싹
- 종
- 호랑이

兒童文學と朝鮮(아동문학과 조선)

- 저자: 仲村修·韓丘庸·しかたしん
- 출판사: 神戸學生靑年センター出版部
- 자료유형: 단행본
- 출판연도: 1989년
- 총 페이지: 216쪽

재단법인 고베(神戸)학생청년센터는 1972년의 설립 이래, 주로 '만남의 장'의 제공, 세미나 기획·운영을 수행해 왔다. 세미나는 조선사 세미나, 식품공해 세미나, 기독교 세미나라는 세 가지를 중심으로 진행해 왔다. 그리고 고베학생청년센터 출판부를 만들어 지금까지 카지무라 히데키(梶村秀樹) 씨의 『해방 후의 재일조선인운동』 이래, 세미나 기록을 중심으로 하여 9권의 책을 출판했다.

이 『아동문학과 조선』은 작년 10월부터 12월에 걸쳐 열린 제30기 조선사 세미나의 기록에 자료를 덧붙인 것이다. 최근 겨우 조선의 아동문학도 소개되기 시작하여 재일조선인 및 일본인의 '조선'을 테마로 한 아동문학작품이 세상에 나오게 되었다.

그러나 조선(인)에 대한 편견이 아직 뿌리 깊은 일본사회에서 그것을 극복하기 위한 하나의 수단으로서도 조선문제에 아동문학부터 접근하는 것도 필요할 것으로 생각한다.

목 차

제1부 세미나 「아동문학과 조선」
    제1장 아동문학과 조선

　　　제2장 재일조선아동문학을 이야기하다
　　　제3장 동화작가가 본 조선
　제2부 「아동문학과 조선」 자료
　　　조선을 다룬 아동문학작품 리스트
　　　재일조선인 문학 속의 아동문학

▌悲劇の朝鮮(비극의 조선)

- 저자: アーソン・グレブスト著·高演義·河在龍譯
- 출판사: 白帝社
- 자료유형: 단행본
- 출판연도: 1989년
- 총 페이지: 295쪽
- ISBN: 4-89174-117-1

역사 교과서는 많은 것을 말해주지만, 역사 자체는 그곳에서 모든 것을 말해주지는 못한다. 역사라는 샘물을 길어 올리는 역사가의 손에서 곧바로 방울져 떨어지는 수많은 물방울들, 소위 '역사의 주름'은 도대체 어떻게 후세에 전해지는가? 프랑스어의 histoire에는 역사라는 뜻과 이야기라는 뜻이 포함되어 있는데, 바로 이 말이 갖는 양의성이 역사에 부수되는 이야기성의 중요성을 잘 나타내 주고 있다.

예를 들면 어떤 역사적 사실의 기술에서 역사가가 "이 사건에 의해 100명이 사망했다"라고 쓴다고 하자. 그러면 거기에서는 이 무명의 100명 각각이 어떤 사람들이었고, 그때 그 혹은 그녀가 무엇을 생각하고 있었는지, 가족이나 연인이 있었는지, 그때까지 행복했었는지 불행했었는지, 기술(記述)은 그들 한 사람 한 사람의 기쁨도 슬픔도, 아무것도 전해주지 않는다. 과거의 일이든 현재의 일이든 교과서나 신문을 읽어서 우리들이 품는 답답함은 바로 이러한 점에 있을 것이다.

이 역사 기술의 빈틈을 메워 주는 것으로 문학작품이나 기행문·탐방기 등이 있다. 역사에 나타나는 그 시대, 그 장소에서 사람들은 어떻게 살고, 싸우고, 죽었는가에 대해 그것들은 생생하게 이야기해 준다. 조선 근대를 비춰 낸 르포르타주인 이 책도 바로 그와 같이 역사적 서술을 보충하고도 남음이 있는 역할을 하고 있다고 할 수 있다.

근대 조선 민중의 순박함, 강력함, 만만찮음, 느긋하고 큰 도량, 또는 외세의 침략과 조선시대 말 지배계급의 실정에서 오는 빈곤과 비참—이러한 것들을 저자는, 어떤 때는 경외 비슷한 경악으로, 또 어느때에는 서구인다운 아이러니로 가득한 야유로써 표현하고 있다. 그리고 거기에 일관하여 흐르고 있는 것은 저널리스트로서의 철저한 호기심, 아이 같을 정도로 섬세한 관찰정신이다.

물론 외국의 일시적 여행자에 의한 관찰로, 세부에 걸치면 당치도 않은 착각이나 오해가 있고, 어디까지나 일개 외국인의 여행기로서의 한계성을 벗어나지는 못한다. 그럼에도 불구하고 90년 가까운 옛 조선사람들의 생활 풍속을 아는 데에 본서가 갖는 자료적 의미는 결코 작지 않을 것이다.

목차

역자 머리말
1. 조선에의 길
2. 최초의 밤의 소동
3. 공주에서 만난 보부상들
4. 서울 사람 서울 이야기
5. 일본경찰의 감시망에 걸리다
6. 걸어 다니는 백과사전 조선의 이야기꾼 광대
7. 조선여성의 가정 안과 밖
8. 황제폐하를 만나 뵙게 되어 영광입니다
9. 보안회와 일진회의 독립문집회
10. 조선과 일본, 그리고 증오의 2천년
11. 다양한 형벌-조선의 감옥
12. 한이 많은 것, 비참한 이야기
13, 조선의 현관 강화도를 방문하여
14. 아름다운 인연, 그리운 조선
후기

] ソウルと平壤(서울과 평양)

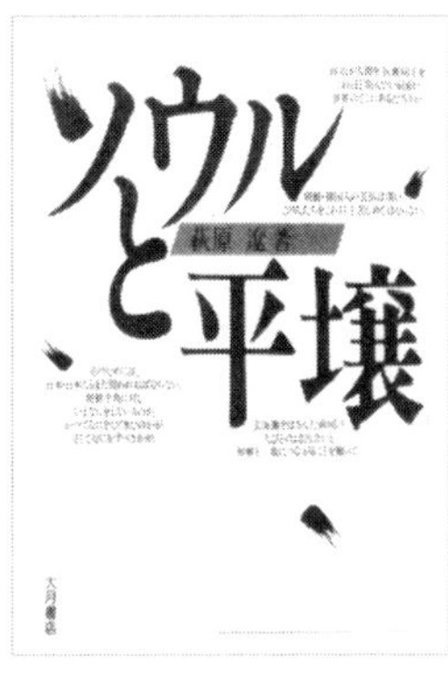

- 저자: 萩原遼
- 출판사: 大月書店
- 자료유형: 단행본
- 출판연도: 1989년
- 총 페이지: 174쪽
- ISBN: 4-272-21054-8

저자는 1988년 9월의 서울올림픽 취재로 채 1개월이 못되는 기간 동안 한국을 방문했다. 하얀 돛배가 아닌 제트기로. 그러나 정말 만나고 싶은 사람들은 단 한 사람도 만나지 못했다. 아니 만나지 않았던 것이다. 보이지 않는 정치의 벽은 엄연히 막아서 있었다.

약 25일 간의 극히 한정된 범위이지만, 그시간 동안의 인상기이다. 지난 날 1972~73년에『적기(赤旗)』특파원으로서 조선민주주의인민공화국의 평양에 1년간 상주한 탓에 남북 쌍방을 볼 수 있었다. 이러한 저자의 체험을 통해 이 책은 북에서의 저자의 체험이나 남북 비교도 솔직하게 적었다. 한국에 자유와 민주주의가 회복되면 친한 친구를 만나러 가는 것을 나는 늘 마음속에 그리고 있었다. 편지나 책을 통해서 밖에 모르는 사람들과. 그러나 30년 남짓 한 번도 실현되지 않았다.

보이지 않는 정치의 벽은 있다고 해도 한국은 아직 거리를 걸을 수 있는 자유가 있었다. 레스토랑에 들어가 그곳에서 자유로이 이야기할 수도 있었다. 북에서는 그것마저 없었다. 삼십 몇년 전에 나를 조선문제에 끌어들인 장본인이며 1960년에 북으로 귀국한 조선인 친구조차 눈앞에 있는데도 못 만나고 말았다.

정치가 인간을, 민족끼리를 이 정도로 가로막고 있는 나라가 세계 어디에 있을까?

종래에는 남의 반공독재정권과 미국이 가로막고 있다고 말해져 왔고, 나도 그렇게 주장해 왔다. 그러나 이것은 실수였다. 북측의 김일성정권도 또한 가로막고 있는 것이다. 그 사실을 내가 체재했던 1년간의 체험을 바탕으로 이번에 처음으로 밝혔다. 거대한 허위로 둘러싸인 나라였다.

현대사회주의가 세계적인 규모로 검토시기에 들어간 것은 매일 일어나는 심각한 사례가 이야기하고 있다. 자유와 민주주의의 압살, 관료주의, 비능률, 경제부진, 물자부족, 인민의 의욕부진 등등.

이번 여름에 소련, 폴란드, 체코슬로바키아 등 사회주의 3개국을 달음박질치며 돌아보고 그러한 현실을 엿볼 수 있었다. 나라는 달라도 공통 현상을 보이고 있다. 조선민주주의인민공화국도 예외는 아니다. 오히려 현존하는 사회주의국가의 나쁜 면을 모두 증폭하여 지니고 있다.

목 차

• 머리말
• 북쪽에서
• 연표
• 남쪽에서
• 일본, 조선, 그리고 나

▌族譜の果て (족보의 끝)

• 저자: 梁石日
• 출판사: 立風書房
• 자료유형: 단행본
• 출판연도: 1989년
• 총 페이지: 343쪽
• ISBN: 4-651-68007-0

저자에게 있어서 조선이란 거대한 환영이어서 우리들의 내면인 조선으로 내모는 회귀란 이와 같은 환영의 산물과 다름이 없다. 이 전근대적 자아를 탄핵해 가는 길을 우리들이 피해서 지나갈 수는 없을 것이다. 그것은 우리들이 이 일본에서 살아가고 있다는 의미가 단순히 죽을 때까지 살아갈 수밖에 없다는 자명한 이치를 훨씬 넘어서 조선을 오늘날 황폐하게 만들고 있는 정치적 데모니시를 탄핵해 가는 길이기도 하다.

일체의 환영을 배제하고 우리들의 사는 모습을 폭로하는 것, 관념의 세계로 비약하는 것이 아니라 어디까지나 자신의 입각점을 응시함에 따라 삶의 근원을 벗어나가는 것이 필요하다. 그리고 저자는 이 작품 안에서 오해를 무릅쓰고 어떠한 인간에게서도 일상과 비일상이라는 내부 갈등에 따른 의식의 붕괴현상을 표현하고자 했다.

일본의 근대화와 전근대적인 조선의 부산물인 재일조선인은 전후 새로운 세계전략에 따른 조국분단에 의해 한층 의식의 분극화가 진행되고 있다. 재일조선인이란 이 의식의 다중성을 가진 채 살고 있는 존재이며, 일본적 상황의 가장 심각한 모순의 최첨단부에 위치하고 있다고 할 수 있다. 따라서 이 가장 심각한 모순을 철저하게 살아가는 것, 그에 의해서만 자신을 해방시킬 수 있는 존재인 것이다.

犬の鑑札(개의 감찰)

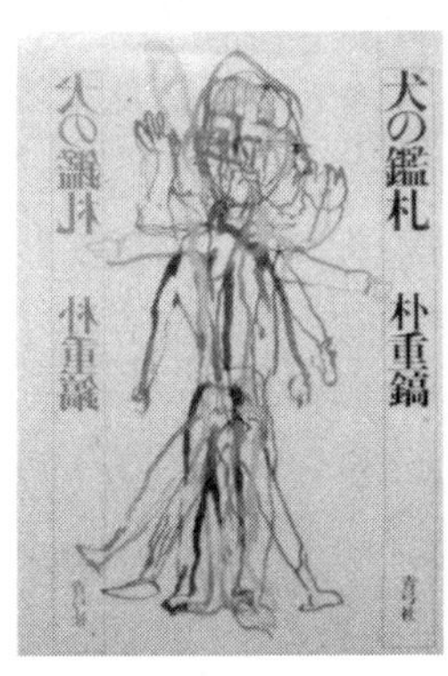

• 저자: 朴重鎬
• 출판사: 靑弓社
• 자료유형: 단행본
• 출판연도: 1989년
• 총 페이지: 203쪽
• ISBN: 0093-890199-4065

이 소설은 다음과 같이 시작되고 있다. "발밑에서 병아리가 부리로 마당의 흙을 쪼고 있었다. 가끔 고개를 돌려 영일(英一)을 올려다보지만, 그가 옆에 있는 것에 크게 신경쓰지 않고 다시 아까의 동작으로 되돌아간다. 극히 불안한 다리에서 갈라졌는지 가는 발가락이 시들고 갈라졌다. 지금이라도 사뿐히 공중으로 날아오를 것 같은 담황색 깃털에서 접히는 줄이 확실해진 새하얀 날개가 나있다. 찔끔거리는 부리의 동작과 비교하면 앞으로 진전하는 것은 신중한데, 그 이동 방법에는 싹트기 시작한 자신감이 엿보인다.

영일은 뒷짐 진 손에 숨겼던 돌을 이마 앞으로 치켜들고 병아리 머리 쪽을 향하도록 했다. 돌은 학생모 정도로 컸다. 겨냥을 하고 양손을 뗐다. 예상과는 달리 툭 하며 둔탁한 소리가 났을 뿐이었다. 영일은 돌멩이를 응시했다. 아무런 움직임도 기척도 없다. 돌멩이를 뒤집어보았다. 병아리는 찌그러져 죽어있었다. 꿈쩍도 하지 않는다.

눈에는 회백색의 얇은 막이 덮여있다. 찌부러진 배의 솜털에 희미하게 스며있는 빨간 것은 피가 틀림없다. 두 다리는 좀 전까지의 탄력을 잃고 대빗자루의 솔기 같았다.

영일은 한 손으로 병아리를 잡아들었다. 아직 따뜻했다. 그는 뒷마당으로 갔다. 마당이 끊긴 곳에서 얼룩조릿대가 빽빽이 자란 골짜기로 되어있다. 그는 급경사를 향해 죽은 병아리를 있는 힘껏 던졌다(보라고. 다음에 또 말하면 더 험한 꼴을 보여줄 테니까).

손바닥에 아직 그 체온이 남아있는 것을 느끼면서 영일은 보이지 않는 상대에게 협박을 했다. 마음속에 솟구치고 있던 광기에 가까운 흥분이 점차 가라앉아 갔다."

목차

• 밀고
• 개의 감찰

• 이별
• 벗, 먼 곳에서 오다

제4장

1990년대

チングー·韓國の友人（친구·한국의 벗）

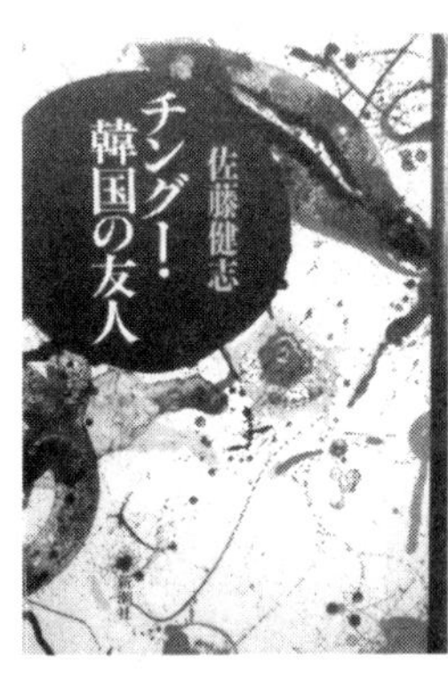

- 저자: 佐藤健志
- 출판사: 新潮社
- 자료유형: 단행본
- 출판연도: 1990년
- 총 페이지: 209쪽
- ISBN: 4-10-376701-4

이 소설은 주인공이 한국을 방문하면서 시작되고 있다. 서울을 중심으로 한 조선총독부, 경복궁, 서울역, 이순신 장군상 등 일본과 관련된 건물과 등장 인물들을 중심으로 세밀히 묘사하고 있다.

"한국을 다시 방문할 수 있게 된 것은 채치준(蔡治俊)이 죽고 나서 3년 후, 1989년 5월의 일이었다. 우선 호텔에 짐을 맡기고 그대로 세종로로 향했다. 호텔에서 10분 정도 걸어가면 세종로에 도착할 수 있다. 세종로는 서울의 중심부를 관통하는 도로이다. 길의 북쪽으로 가면 지난날 조선총독부였던 건물을 그대로 이용한 국립박물관과, 조선왕조시대의 가장 커다란 궁전이었던 경복궁이 있고, 남서쪽으로 그대로 걸어가면(도중에서 길 이름이 태평로로 바뀌지만) 남대문을 거쳐 옛날의 도쿄역과 똑같이 만들어진 서울역에 다다른다. 나는 국립박물관에 갈 생각이었다. 세종로로 향하는 도중, 꽃집에서 꽃다발을 샀다.

내가 3년 전에 한국을 떠나고 나서 그다지 사용할 기회가 없었기 때문에 나의 한국어는 매우 서툴러져 있었다. 어찌어찌 말하고 싶은 것을 상대에게 전할 수는 있지만, 여기저기에서 막혀버렸다. 그러나 한국어를 전혀 못하는 일본인 관광객에게 익숙해서인지 젊은 여자 점원은 놀란 모양이었다. "조금뿐인 걸"하고 나는 말했다. 실제로 그런 것이었지만, 그녀는 서비스라고 하면서 꽃을 하나 여분으로 덧붙여주었다.

길을 따라 서울시 청사 앞에서 오른쪽으로 돌아 태평로로 나섰다. 신문사와 호텔 빌딩이 도로 양쪽에 늘어서 있다. 일본과 비교하면 건조한 한국 바람이 나의 뺨을 어루만졌다. 태평로 북쪽으로 걸어가면 그대로 세종로에 이른다. 경계가 되는 것은 도로 한 가운데에 세워진 한국의 영웅 이순신의 동상이었다. "울고 또 울며, 그저 신속한 죽음만을 기다린다." 이순신 일기 중의 말이 불현듯 생각났다. 나라를 구한 용장으로서는 너무 어둡고 허무했던 것이 인상적인 말이었다.

자살하기 전, 채치준도 그런 생각이었을까. 나는 그런 것을 생각했다. 지난 밤, 심미숙(沈美淑)은……."

▌澪木 (영목)

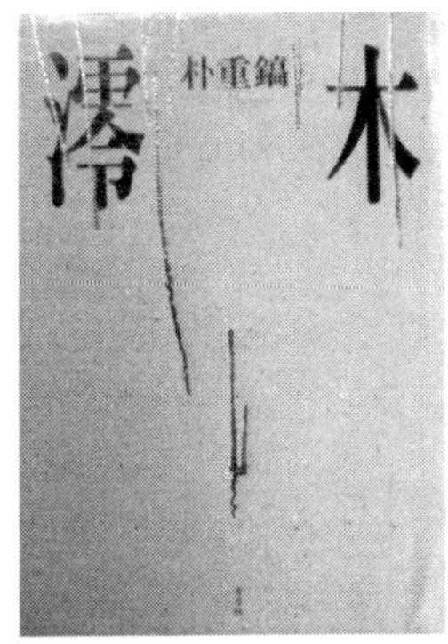

- 저자: 朴重鎬
- 출판사: 靑弓社
- 자료유형: 단행본
- 출판연도: 1990년
- 총 페이지: 226쪽

이 소설은 주인공 명회를 통해 재일조선인들의 일본에서의 삶의 생활상을 그리고 있다. 재일조선인 식당을 운영하는 어머니와 딸, 그리고 가족 간의 세밀한 심리묘사를 통해 그들의 삶을 간접적으로 전달해 주고 있다. "눈을 뜬 순간, 업무나 잡다한 일에 쫓기고 있을 때에는 의식의 표면을 찌르지 못하고 있던 일종의 막연한 불안이 머릿속 가득히 퍼졌다. 명회(明姬)는 코 위를 덮은 이불에서 나와 천장을 응시했다. 천장에 매달린 조명등에 비춰서 파문이 어렴풋하게 여명 속에 보인다. 목을 돌려 창을 보았지만, 커튼 저쪽에서는 암흑이 자리하고 있고 새벽의 기적은 전혀 없다.

옆으로 누워 있는 남편의 몸의 움직임이나 숨소리로 보아 확실한 기상에 서서히 가까워지고 있는 듯하다. 남편은 어릴 때부터의 습관이겠지만, 눈을 뜨면 이불을 확 밀어제치고 일어난다. 뭔가에 쫓기는 것 같아서 도저히 이불 속에 몸을 눕히고 있을 수 없다고 한다.

명회는 혈압이 낮은 탓인지 남편과는 반대로 깨지 못하고 아련한 의식 속에서 30분 정도 침상에서 기력이 돌아오는 것을 가만히 기다리고 싶어하는 것이다. 잠에서 깬 직후에는 몸 전체가 이불에 파고들어버려 도저히 금방은 일어날 수가 없다.

옆의 작은 이불에서 만 1년 3개월이 되는 큰딸이 상반신을 내밀고 양손은 만세 모양을 하고서 입을 있는 대로 벌리고 잠에 푹 빠져 있다. 명희는 나른한 몸을 끌고 아이를 원래 자리로 끌어당겼다. 한밤중에 문득 눈을 뜨고서 겁 없이 살갗을 있는 대로 드러내며 다다미 위에서 뒹굴고 있는 아이를 보고 다음날 감기라도 걸리면 어떡하나 걱정했지만, 이상하게도 지금까지 춥게 잔다고 해서 몸 상태가 나빠진 적이 없다.

끈질긴 막(膜)이 머릿속에서 옅어져 감에 따라 1주일 전에 본 어머니 복부의 이상한 혹이 뇌리에 되살아난다.

매일 일에 지쳐 집에 돌아오고 또 육아나 기타 잡다한 일에 쫓기다보니 어머니의 이상 상태에 대해 차분히 생각해 볼 수도 없다. 그 때문인지 아닌지는 모르겠지만, 이불 속에서 이 짧은 시간에 '반드시'라고 해도 좋을 만큼 알 수 없는 불안이 엄습해 온다.

양친은 ○○ 지하철역에서 걸어서 15분 정도 걸리는 변두리에서 조선식당을 운영하고 있다. 가게는 영세한 제본집이 밀집한 귀퉁이에 있었다. 그날, 학교에서의 일이 예상 외로 빨리 끝나 명희는 오랜만에 그 가게에 가보기로 했다."

▌幻の大國手(환상의 대국수)

- 저자: 金重明
- 출판사: 新幹社
- 자료유형: 단행본
- 출판연도: 1990년
- 총 페이지: 378쪽

이 소설은 재일조선인의 강제징용과 징병, 그리고 그들의 생활사 가운데 장기를 통한 인간관계 등을 묘사하고 있다. 소설의 배경무대는 태평양전쟁이 막바지에 이른 가운데 일본군은 계속해서 모든 전선에서 패배를 거듭 중이었다. 1944년 1월 '대륙타통작전'이 개시되고 있었다. 이 작전은 화북에서 화남을 관통하는 장대한 저선이 형성되고 남방으로의 육상보급로의 확보와 중국내부의 미국기지를 공략함으로써 B29에 의한 일본공습을 방지할 목적을 가진 것이었다. 웅대한 구상이었지만 일본군의 현상을 무시한 작전으로 100만 일본군은 중국군에게 마음대로 농락당하고 있었다.

태평양에서 일본군의 패배는 계속되었다. 1944년 6월 마리아나 해전에서 일본연합함대는 공모 3척을 잃었고 다음달 7월에는 사이판의 일본군은 옥쇄 당했다. 1만명 이상의 민간인이 희생된 무모한 작전이었다. 많은 조선인이 징용으로, 혹은 종군위안부로 사이판에 끌려와 무참한 죽음을 맞이했다. 사이판 함락에 의해 B29 일본공습은 시간문제였다. 누가 보아도 패세는 확실했다. 그러나 일본군과 일본천황은 전쟁을 그만두려고 하지 않았다. 일본의 국체유지를 위해 많은 피를 요구하고 있었다.

목 차

제1장 학생 명인	제2장 연행
제3장 명인	제4장 탄광
제5장 수학과(科) 교수	제6장 아이누 사람들
제7장 홋카이도(北海道)	제8장 진검사(眞劍師)
제9장 서울	제10장 사랑
제11장 구금	제12장 전문 기사(棋士)
제13장 대국수(大國手)	제14장 승부
제15장 장기신법(將棋新法)	종장

在日朝鮮人日本語文學論(재일조선인 일본어문학론)

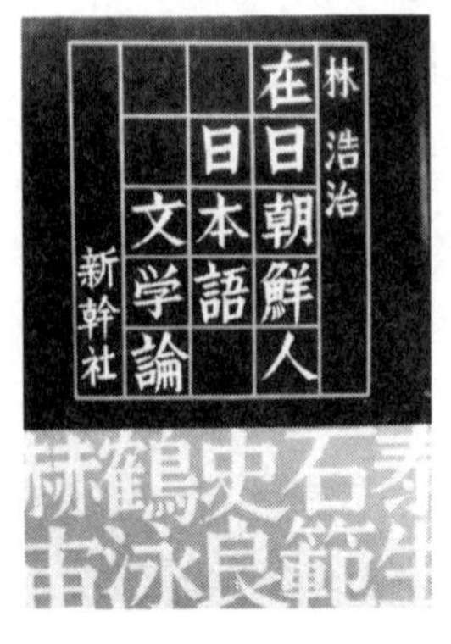

- 저자: 林浩治
- 출판사: 新幹社
- 자료유형: 단행본
- 출판연도: 1991년
- 총 페이지: 265쪽

김태생론이 중심이 된 이 책은『재일조선인 일본어문학론』이라는 커다란 타이틀에 어울리지 않게 종합적이지 못하고 한쪽으로 치우쳐 있다. 이 점에 관해서 저자는 제2평론집, 제3평론집에서 보충해 나갈 것이라 한다. 김태생론에서 60년대에 작품 발표가 없는 것처럼 적혀 있는 부분이 몇 군데 있는데, 이 10년 동안에 두 편의 소설 외에 다른 이름으로 수필과 정치관련 기사를 쓰고 있었다. 다만 김태생 본래의 문학적 영위와 노선이 달라 요점으로 보자면 그렇게 틀린 표현을 하고 있는 것도 아니어서 특별히 정정하지 않고 여기에서는 보족하는 것에 그치고 있다.

재일조선인문학을 논한다는 것과, 조선문학을 논한다는 것은 매우 다르다. 그러나 학창시절에 오무라 마스오(大村益夫)의 교실에서 조선어를 배우기 시작한 이래, 또한 정경모(鄭敬謨)의 기숙사에서 배운 시기를 통하여 나의 관심은 양쪽에 같이 있었다. 그럼에도 불구하고 제1평론집이 재일문학론으로 된 것은 하나는 생업에 쫓겨 조선어 공부가 불안하게 된 점, 그리고 또 하나는 술자리를 같이 할 기회가 많았던 재일조선인 작가 김태생(金泰生)의 죽음이다.

김사량은 1944년, 절필하고 대동공업전문학교에서 근무했다. 시국이 속편 집필을 허락하지 않았을지도 모른다. 아무리 교묘하게 얼버무리며 쓰고,

직접적으로는 일본 비판을 하지 않아도 그의 작품에 담겨 있는 강한 향토애와 민족자립의 정신은 숨길 수가 없다. 김사량은 그 후, 한국전쟁 때에 북측 공화국군으로 종군 중에 죽었다고 전해진다. 마지막으로 확인해 두고 싶은 것은 김사량이 옛 조선의 부활을 바란 것이 아니라, 일본제국주의에 반대하며 근대적인 민족독립을 추구한 작가였다는 점이다. 또 하나는 식민지 지배 하의 민족이면서도 민족독립의 정신을 버리지 않은 채, 제국주의 언어(일본어)를 구사하여 창작을 계속한 김사량 같은 사람들이 있었다는 것이며, 결코 근대일본어문학은 만세일계가 아니었다는 점이다.

목 차

- 원리의 전환, 혹은 민족문학의 파탄-재일조선인문학론의 시도
- 김태생론-생과 사의 문학
- 고립된 언어와 죽음
- 후기

ナグネタリョン(나그네 타령)

- 저자: 李正子
- 출판사: 河出書房新社
- 자료유형: 단행본
- 출판연도: 1991년
- 총 페이지: 205쪽
- ISBN: 4-309-00685-X

이 단가집은 식민지하의 조선에서 태어나 자란, 일본인 소녀 미유키의 생활을 회상 형식으로 엮은 것으로, 저자가 지금은 고향이라고 생각하지 않을

수 없는 조선에 대한 망향의 심정과 함께 지울 수 없는 가해의식과의 갈등에서 이윽고 앞으로 나아가려 하는 이야기이다.

이 단가의 등장인물 미유키가 갈등에서 해방시키는 계기가 된 말 앞에서 저자는 몇 번인가 멈춰 서서 한숨을 내쉬었다. "태어났으면 그곳이 고향, 우리들은 고향의 형제". 나의 가슴을 이렇게도, 부드럽게 치면서 깊은 슬픔을 자아내는 말이 있었을까?

일본에서 태어나 자란 저자는 일본어로 모든 것을 생각하고, 표현하고 있다. 생활 주변에는 당연히 많은 일본인과의 관계가 있다. 일본의 자연이나 풍토에 몸은 저 구석까지 익숙하여 아무런 위화감도 갖지 않는다. 그러면서 저자는 어렸을 때부터 한국인이라는 사실에서 벗어나 살 수 없었다. 깊은 산 속 농촌에서 우리들 일가만이 농사를 짓지 않는 한국인이며, 소학교나 중학교에서는 단 한 명의 한국인 학생이라는 환경이었기 때문이다.

일본교실에서 '조선'이 말해질 때, 조선은 끊임없이 일본에 굴복 하고, 역사나 문화에서 빛나는 것을 갖지 못한 나라라고 배워왔다. '조선'은 그 아름다운 울림과는 반대로, 항상 불가해하고 마이너적인 각인 밖에 아니고, 결코 조국은 아니었던 것이다.

사람은 태어나는 곳을 고를 수는 없지만, 자신의 민족과의 만남은 누구라도 따뜻한 미래를 갖는 것이 아니면 안 된다. 그것을 왜곡하는 일본이 무언가가 잘못되어 있는 것이라고 생각하기 시작한 나에게는 '안'인 조국이 앞으로 나아가려 하고 있었던 것일까? 보이지 않는 일본의 무언가를 알고자 헤매기 시작한 무렵에 만난 단가(短歌)에 좀이 쑤시는 생각을 노래하는, 그것은 문학과는 거리가 있는 자위와 같은 것이었을지도 모른다.

목 차

제1장 되돌아보면 고향   제2장 인간의 증거
제3장 영원한 나그네

▌韓國 · サハリン鐵道紀行(한국 · 사할린 철도기행)

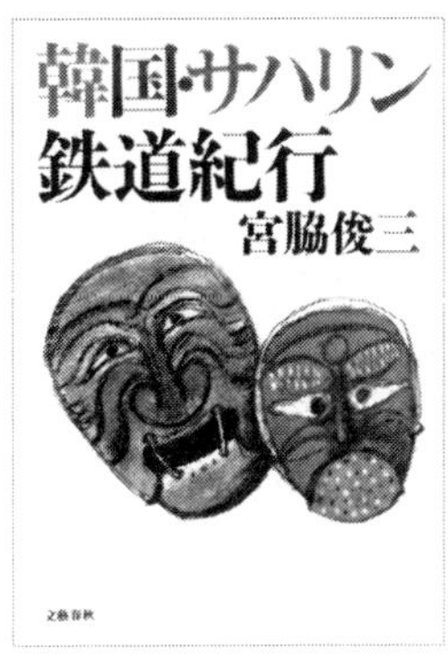

- 저자: 宮脇俊三
- 출판사: 文藝春秋
- 자료유형: 단행본
- 출판연도: 1991년
- 총 페이지: 181쪽
- ISBN: 4-16-345540-X

이 책의 저자는 1987년 10월, 한국을 여행했다. 『소설 현대』지에 연재 중인 「일본통사의 여행 · 고대 편」의 일환으로서 백제의 고도 부여나 신라 천년 의 수도인 경주를 방문하는 것이 목적이었다. 그 사적답사는 『고대사기행』 (1990년 간행 · 고단샤(講談社))에 수록되어 있다. 저자에게 있어서 첫 한국여행은 사적답사만으로는 끝나지 않는 넘치는 무언가가 있었다. 그래서 본서의 모 두에 쓴 것과 같은 경위로 연재를 두 차례 쉬고, 대신에 일반적인 여행기로 서 「한국 안녕하십니까?」와 「한국 안녕히 계십시오.」를 『소설 현대』지의 1988년 8월호와 9월호에 게재했다.

이 책은 위의 두 편을 합한 것이 본서의 전반을 차지하는 「한국철도기행」 이다. 기술량은 원고 약 120매로, 『고대사기행』에 수록된 사적기행의 3배 나 된다. 철도를 주로 이용했던 여행이라서 「철도기행」이라는 타이틀도 부 적당하지는 않다.

「사할린 철도기행」은 『별책 문예춘추』지의 1990년 가을호에 「가라후토 (樺太; 사할린) 철도기행」이라는 제목으로 게재된 문장을 대폭 가필(약 2배)한 것이다.

목 차

• 한국철도기행   • 사할린철도기행
• 후기

流域へ(유역으로)

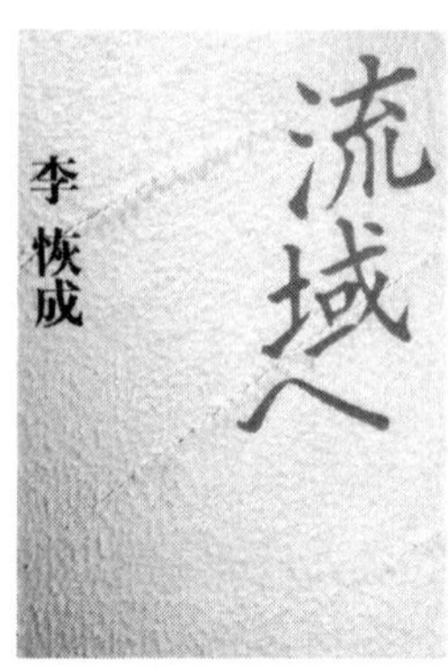

• 저자: 李恢成
• 출판사: 講談社
• 자료유형: 단행본
• 출판연도: 1992년
• 총 페이지: 444쪽
• ISBN: 4-06-205955-X

이 소설은 작가 이회성이 『군상(群像)』지에 발표했을 때(1992년 4월호)에는 「유역(流域)」이라고 되어 있었지만, 출판하면서 「유역으로」라는 제목으로 바꾸고, 또한 일부내용도 수정·가필하였다. 이 작품은 재일조선인작가 한 사람과 르포작가 한사람이 1989년 여름 카자흐 공화국 작가동맹의 초청으로 소련을 방문하여 한달간 머물다가 떠나기까지의 과정을 그린 소설로 구성되어 있다. 소설의 주요내용은 일제에 의해 사할린으로 보내졌다가 해방 무렵 사할린이 소련에 의해 점령되자 일본으로 돌아와 다시 미군정 당국의 명령에 따라 본국 송환을 기다리는 조선인 다섯 가족의 역경을 그리고 있다.

저자는 이 소설 작품을 쓰면서 다음의 책들을 참조하며 시사를 받았다고 한다.

『소련의 한인들』 고송무, 이론과 실천사.

『재소(在蘇) 조선인의 페레스트로이카』 현대어학원 역, 개풍사(凱風社).

『러시아령 극동의 조선인 1863~1937』 와다 하루키(和田春樹), 「사회과학

연구」 제41권.

『실크로드의 조선인』 김찬정, 정보센터사.

목차

- 제1장
- 제2장
- 제3장
- 제4장
- 제5장
- 후기

▋日韓のパラレリズム (일한의 패러릴리즘)

- 저자: 鄭大均
- 출판사: 三交社
- 자료유형: 단행본
- 출판연도: 1992년
- 총 페이지: 252쪽
- ISBN: 4-87919-537-5

이 책을 구성하고 있는 6편의 에세이는 저자가 1984년부터 1991년 사이에 쓴 것이다. 제4장을 제외하면 모두 일본이나 한국의 잡지에 발표 한 것들이 지만, 책으로 엮는 과정에서 상당한 가필과 수정을 하였다.

서장은 『산사라』 1992년 5월호에 「종군위안부 문제에서 보인 모럴 비판 의 함정」이라는 제목으로 게재되었던 것이다. 제1장은 『중앙공론』 1991년 2월호에 「한국의 '반일'이 바뀔 날은 언제인가」라는 제목으로 게재된 것에 『번역의 세계』 1987년 11월호에 「한국인에 의한 '일본론'」으로 게재된 것을 덧붙인 것이다.

제2장은 『제군!』 1990년 10월호에 같은 이름으로 발표한 에세이에 약간

의 수정을 더한 것인데, 전반 부분은 『번역의 세계』 1990년 8월호에 「"NO" 라고 할 수 있는 일본 "NO"라고 할 수 있는 한국」으로 제목을 붙여 발표되었다. 『제군!』의 에세이는 나중에 서울에서 발행되는 『JAPAN FORUM』 1990년 겨울호에 전재되었다.

제3장은 『중앙공론』 1988년 11월호에 「문화주의적 한국론을 배척한다」로 발표한 것이다. 제4장은 거의 동시기에 쓴 에세이이지만 미발표 글이다.

제5장은 『해외사정』(다쿠쇼쿠(拓殖)대학해외연구소 발행) 1985년 2월호에 발표한 「군정기 남조선의 일본문화」라는 논문을 원형으로 하고 있지만, 나중에 가필하여 『일본학지』(계명대학 일본문화연구소 발행) 제10집, 1990년에 「식민지 지배의 유산」으로 발표하고, 또 『제군!』 1991년 5월호에 발표한 「일본문화는 왜 터부시되는가?」의 일부가 덧붙여져 있다.

마지막 제6장은 가와무라 미나토(川村湊) 씨와의 공편 저 『한국이라는 거울』(도요(東洋)서원, 1986년)에 수록한 「일본어의 한국어화와 금기어화」를 수정한 것이다.

▌夜の子供(밤의 아이)

- 저자: 深澤夏衣
- 출판사: 講談社
- 자료유형: 단행본
- 출판연도: 1992년
- 총 페이지: 173쪽
- ISBN: 4-06-206083-3

이 소설은 『신일본문학』 1992년 봄호에 실린 작품이다. 이 소설 「밤의 아이들」로 작가는 제23회 신일본문학상 특별상을 수상했다. 등장인물 아키코와 우철 등 재일조선인들이 일본에서 조선어를 구사할 수 없는 답답함을 그리고 있다. "자신을 생각하는 언어, 재일을 생각하는 말, 민족을 생각하는 말, 그것이 어떤 것이든 말을 자신의 몸, 자신의 마음으로 실감하고 맛보고 싶다. 자유란 이러한 실감과 감동을 절실히 맛보는 것이 아닌가."

"아키코(明子)가 일하고 있는 잡지사 사무실은 6첩과 4첩 반의 1DK이다. 1DK의 4첩 반 마루방 창가에 작은 나무책상이 두 개 마주하여 놓여 있는데, 그 하나가 아키코의 책상이다. 스태프는 네 명이어서 나머지 둘은 화실(和室) 6첩 창을 따라 앉은뱅이책상이 옆으로 나란히 있고, 방 중앙에는 폭이 좁고 긴 테이블이 있다.

손님이 오면 그 긴 테이블을 사용하지만, 지금은 예닐곱 명의 남녀가 그곳에 앉아서 큰 소리로 논의에 열중해 있다. 저녁 여섯 시가 되자, 한 사람 두 사람 어디에선지 젊은이들이 사무실을 찾아왔다. 네 명의 스태프 중 아키코는 최소 연장자로 편집실무의 책임자이기도 했다. 우철이 가장 젊은 20세, 영일은 22세, 그리고 수환은 25세. 찾아오는 젊은이들은 그들과 이야기하기 위해, 혹은 사무실에 출입하는 누군가를 만나기 위해 문을 두드린다. 좁은 현관은 벗어던진 구두와 스니커즈가 산처럼 쌓여있다. 그들의 땀과 먼지투성이인 구두 냄새가 아키코의 코끝에까지 희미하게 스며든다.

그들의 수다를 등 뒤로 들으면서 아키코는 하루의 마지막 업무인 금전출납부를 기장하고 있었다. 가계부 정도의 현금 출납밖에 없는 단순작업이어야 하는데, 어째서인지 작은 손금고 안의 현금과 출납부의 장부상 결산이 맞지 않는 일이 있다. 잊고 적지 않은 것도 있지만, 그 외에 아무런 이유가 없는데도 몇 차례나 고쳐보았자 맞지 않는 일이 있었다. 정확히 맞을 때까지 몇 번이나 고치다보면 의외로 시간이 걸렸다.

"10엔 때문에 아까부터 그러는 겁니까? 10엔쯤, 괜찮지 않습니까?" 언젠가 우철이 기가 막힌다는 듯이 말했다. "그렇지만 내 돈이 아니니까 개운치가 않아서", "하야마(葉山) 씨는 꼼꼼하군요."라고 우철이 말하며 "그럼 하야마 씨를 구하기 위해 내가 10엔 기부할게요."

  그렇게 말하며 우철은 주머니에서 대충 움켜진 동전을 책상 위로 소리를 내며 꺼내놓고 10엔짜리 동전을 집어 들어 아키코의 눈앞에 탁 놓았다. 그 이후, 도저히 결산이 맞지 않을 때에는 30엔, 50엔 하며 아키코는 자신의 돈으로 채워 넣었다."

▌ハラボジのタンベトン（할아버지의 담배통）

- 저자: 高貞子·金石出
- 출판사: 杉崎ビル株式會社
- 자료유형: 단행본
- 출판연도: 1992년
- 총 페이지: 126쪽

이 책의 주인공은 재일조선인 2세이다. 아이들은 3세가 되는 것이지만, 날이 지남에 따라 점점 더 고향이 멀어져 가는 듯한 기분이 든다.

  이 책의 내용은 저자가 "아이들에게 조금이라도 고향의 바람이나 향기를 남길 수 없을까라는 생각에서 집필했다"라고 한다. 저자 자신이 일본에서 태어나 일본 문화에 흠뻑 젖어서 살아왔지만, 그래도 저자 자신의 피 속에 조선을 느끼는 일이 많다. 그것은 저자가 음식, 행사, 그리고 1세인 부모와 접할 때이다. 재일조선인들의 부모는 바로 재일조선인들의 고향이기도 하다. 그러나 그들도 일본에 온 지 이미 60~70년이 지나고 있다. 돌아가신 분들도 많다. 저자는 그들로부터 구비전승에 의한 고향 제주도의 이야기를 듣고 글로 남겨야겠다고 마음먹었다.

이 책의 내용은 저자가 이렇게 수집한 이야기를 가능한 한 기본을 중시하여 정리한 것들이다. 가까운 과거의 이야기도 있고, 먼 옛날이야기도 있지만, 그것들 모두가 부모의 고향의 '민화'인 것 같은 기분이 든다. 그리고 그 민화 속에 자기 자신의 뿌리를 찾고 있는 자신을 발견하게 된 것이다.

민화 수집에는 제주도 신평리의 고영백(高永柏) 씨, 의귀리의 김광인(金光仁) 씨(고인), 현상중(玄尙重) 씨(고인), 이연월(李蓮月) 씨의 협력을 받았다고 한다.

▌ハルモニのお話 Ⅱ-異國-(할머니의 이야기Ⅱ-이국-)

- 저자: 高甲淳
- 출판사: とんふぁ(童話)の會
- 자료유형: 단행본
- 출판연도: 1992년
- 총 페이지: 70쪽

이 책은 저자 고갑순(유작)이 동화회 활동을 하면서 모아놓은 자료들을 중심으로 정리한 것이며 『망향』에 이은 두 번째 책이다. 『망향』은 어머니가 특히 사이좋게 지냈던 동화회의 지인들과 삽화의 박 선생의 도움을 받은 것으로 저자에게 이번 『이국(異國)』의 출판은 "언젠가 반드시 책을 낸다."라고 했던 저자 어머니에 대한 생각과 어머니를 아는 다양한 분야의 분들이 보고 당신의 아이들이 성장하여 각자의 길을 걷기 시작했다는 것을 알리는 계기가 되기를 바라고 있다.

저자는 『이국』 원고를 읽으면서 어머니에 대한 기억을 떠올리고 있다. 장녀인 저자가 결혼하고 얼마 되지 않았을 무렵, 전화로 급히 도쿄 역까지 나오라고 해서 나갔던 적이 있다. 어머니는 냉동 귤과 잡지를 들고 있었고, "지금부터 가마쿠라(鎌倉)에 갈까"하며 이미 나의 승차권도 사놓고 있었다. 오랜만인데도 어머니는 항상 이런 식이다. 가마쿠라는 어머니가 좋아하는 장소 중 하나였다. 절에 피는 석산을 바라보면서 "이 꽃은 피안(彼岸)에는 반드시 피는 꽃이란다."라고 하면서 "그래, 이렇게 해서 목걸이를 만들었네."하며 나의 목에 걸어주었다. 저자와 어머니가 걸으면서 이야기하는 것은 항상 도교 문예동인들이나 동화회에 대해서였다. 이야기하다가도 문득 떠오르는 말을 수첩에 적으며 "모레가 마감이거든. 큰일이야"하며 언제나 바빠 보였다.

목차

- 누룽지(1, 2, 3)
- 되돌려주지 않은 그림
- 여동생
- 보호색(1, 2)
- 소
- 접대
- 조직
- 약력
- 책
- 솔방울
- 방공호
- 호박
- 구입
- 동료
- 작품목록
- 후기

ある日の海峡(어느 날의 해협)

- 저자: 鄭承博
- 출판사: 新幹社
- 자료유형: 단행본
- 출판연도: 1993년
- 총 페이지: 270쪽
- ISBN: 4-915924-42-4

이 시집은 정승박 저작시집 3권으로 그는 『벌거숭이 포로』라는 작품으로 아쿠타가와상 후보가 된 적이 있다. 일본 효고 현 아와지시마(淡路島)에 살면서 일관되게 일본인과 재일조선인의 민중적인 교류, 재일조선인의 민중사적인 작품을 그려왔다. 이러한 그의 사상의 일면을 나타내는 내용을 보면 "자신은 조선인이다. 그렇게 간단하게 일자리가 찾아질 리가 없다. 일본인이라 해도 이방인은 싫어하는 섬나라이다. 조선인인 자신에게 생활이 가능할 정도의 급료를 주는 직장이 있으리라고는 생각지도 못했다."

그의 대표작 『나이트』의 점장을 보면 "어느 날 혼자서 불쑥 들어간 작은 양주 바가 마음에 들어 그때부터 가끔 다니게 되었는데, 그것이 정승박(鄭承博) 씨가 경영하는 「나이트」였다. 지금으로부터 삼십몇 년 전의 옛날이야기로 당시 스모토(洲本)에는 이러한 바가 아직 드물었다. 호스티스라고 부르는 여성이 두 명 있어서(나중에는 더 늘었지만) 잘 들어주고 시중도 잘 드는 그녀들을 상대로 술을 마시는 일이 아직 20세이며 독신이었던 내게는 즐거웠다. 정승박 씨의 부인이 마담이었는데 이 사람의 손님 다루는 것 또한 능숙했다.

마스터인 정 씨는 30대, 현재의 정 씨에게서 그 모습을 상상하는 것은 조금 어려울지도 모르겠지만, 늠름하고 상당한 호남아였다. 나비넥타이를 매고 솜씨 좋게 셰이커를 흔들었다. 나는 정 씨를 마스터라고 불렀는데, 그 본명도 모르고 어떤 경력의 사람인지도 물론 몰랐다. 물장사를 계속 해 온 사람이겠지, 하는 정도로 나는 멋대로 생각하고 있었는데, 훨씬 뒤에 「벌거숭이 포로」나 「전등이 켜져 있다」 등을 읽고, 그 굉장한 체험에는 정말 경탄했다.

나의 기억에 잘못이 없다면 당시의 정 씨는 매우 과묵하고 접객 일은 모두 여성들에게 맡기는 식이었다. 그러나 결코 싹싹하지 않다는 것이 아니고, 온화하게 미소 짓는 얼굴을 가끔 손님들에게 보여주었다.

당시 나는 지역의 아마추어 극단에 소속된 연극청년이었는데, 그 극단의 10주년 기념공연을 마담이 바의 여성 둘을 데리고 보러 와주었던 적이 있었다.

그때의 대본, 카미야 료헤이(神谷量平) 작 「금지당한 사람」 4막을 지금 꺼내어 보고 있는데, "전원이 꺼져 암혹이 되기 직전, 두 사람은 서로 껴안는다. 실루엣의 두 사람, 그것도 하나하나 꺼져가는 창의 등불에 사라져 간다."라고 적혀있는 것에 따른 러브신의 한쪽이 내 역할이었기 때문에 그 후 「나이트」에 얼굴을 내밀 때마다 놀림을 당했다."

목 차

- 연기
- 화분의 식목
- 마음으로 읊은 조사
- 아침
- 바지락
- 친구
- 석양
- 작은 배 어부
- 동심
- 걸을 수 없다
- 어떤 암석지대
- 농무 등등
- 어느 날의 해협
- 그때와 같이
- 다만 울었다
- 암석 해변
- 봄의 잡다한 감상
- 기시 요죠 선생님께
- 토마토
- 역전
- 거리의 생선장수
- 석양
- 협곡

ソウル烈々 (서울 열렬)

- 저자: 黑田勝弘
- 출판사: 德間書店
- 자료유형: 단행본
- 출판연도: 1993년
- 총 페이지: 248쪽
- ISBN: 4-19-555240-0

한국이라는 나라와 사람들에 대한 홍미로움은 역시 우리 일본 및 일본인과 원근감이 있는 것으로 생각한다. 한국인들은 일본에 대해 흔히 '가깝고도 먼 나라'라며 불만을 이야기하지만, 서로 가까운 것인지, 먼 것인지 잘 모르는 것 같은 미묘한 원근감이 있다. 어떤 때는 전혀 경계가 없는 것처럼 매우 가까운 느낌이 드는가 하면, 어떤 때는 어찌 해 볼 수가 없을 정도로 엄청 멀다.

흔히 말하는 반일감정도 그렇다. 서울특파원으로서 한국인들의 '반일'을 종종 적어 일본으로 전하고 있으면서도 일상생활에서 개인적으로 '반일'과 직면한 경험은 거의 없다는 묘한 점이 있다. 한편 전번 한국의 어느 신문의 여론조사에 따르면 '가장 싫어하는 나라'와 '가장 모범으로 삼아야 할 나라'라는 질문에서는 둘 다 '일본'이 단연 톱이었다.

원근감은 이동감(異同感)이라고도 할 수 있다. 저자는 일본과 한국과의 트러블 원인의 대부분은 외교에 있어서도 비즈니스에 있어서도 남녀관계에 있어서도, 일본인과 한국인이 외견상 매우 비슷하다는 점에 있는 것이 아닐까 하는 가설을 내세우고 있다. 생활체험에서 말하자면 서로 '같다' 혹은 '비슷하다'라고 생각하는 오해가 크다는 것을 자주 통감함과 동시에, 그래도 역시 세계에서 가장 비슷한 사람들이라는 어쩔 수 없는 사실도 한편으로 엄연하다.

이 원근감 혹은 이동감은 한국에서 살고 있는 일본인을 자극한다. 그것은 나이트클럽의 미러 볼 아래의 여성의 표정처럼 순간순간 변화하여 상대를 당황하게 만든다. 가장 좋은 대응은 그 변화에 거리를 두고 즐기는 것이다. 그러나 즐거운 반면, 변화는 때로 일본인을 초조하게 만들고, 피곤하게 만든다.

입 전체를 사용해서 말하지 않으면 안 되는 한국어도 그렇지만, 일본인에게 있어서 한국 혹은 한국인은 온몸으로 대하지 않으면 납득해 주지 않는 부분이 있다. 따라서 서울 생활은 나이와 함께 피곤함도 늘지만 내게 있어서는 '그래도 서울은 흥미롭다'.

▌狂いたる磁石盤(고장난 나침반)

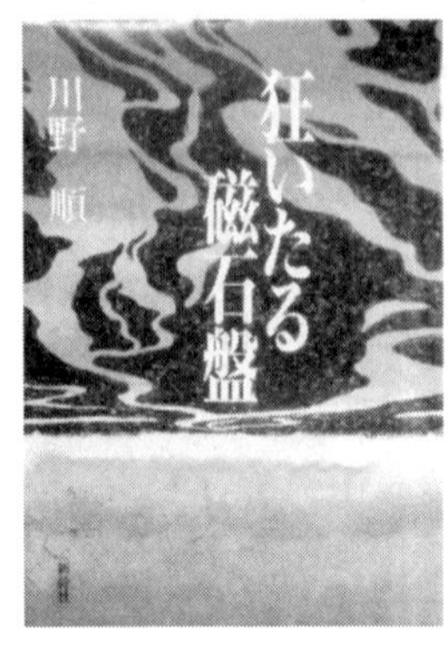

- 저자: 川野順
- 출판사: 新幹社
- 자료유형: 단행본
- 출판연도: 1993년
- 총 페이지: 392쪽
- ISBN: 4-915924-45-9

이 책은 본명을 상실한 가인(歌人), 가와노 준(川野順)의 작품집을 소개하고 있다. 가와노 준이 단가(短歌)와 연관을 맺은 것은 기쿠치 케이후엔(菊池惠楓園)으로 옮긴 1940년이었다. 저자가 가와노 준의 자료를 찾아낸 것은 다음 해 1941년 2월호 『아라라기』에서이다.

특히 그의 작품 「아소산(阿蘇山)에 검은 구름 낮게 드리워 멀리 가는 기차 소리 가깝구나.」가 발표된 3수 중 모두(冒頭) 1수이다. 단순히 흐린 날의 검은 구름이 낮게 드리워져 있는 아소산 기슭에 사는 사람이 구름과 산에 반사되어 멀리 가는 기차의 소리를 의외로 가깝게 듣고 있다고 할 뿐이라는 시의 제시였다. 병자도, 대한민국 경상북도 출생이라는 이향(異鄕)도 읊어지지 않는다. 생략의 미를 추구하는 단가는 종종 언어의 배후 사정을 읽지 못한다. "멀리 가는 기차소리 가깝구나."라며 서정(抒情)된 배후에 언어가 빽빽하게 차 있다.

그가 기쿠치 케이후엔에 오기까지의 사정은 『나의 반생기』로 알고 있다. 적어도 나병환자(감히 이 말을 사용한다)이며, 고국을 떠나 일본에서 전전하며 일해 온 조선인이라는 것을 알고 있다. 기차소리는 격리되어버린 일반사회의 소리이며, 그 소리는 경상북도까지 연결되는 소리였다. 결구(結句)에 단순화된 생각은 깊다. 26세가 되었다고는 하나, 언어는 이국어(異國語)이며,

일본인들도 이해하기 어려운 양식을 갖는 단가가 표현형식인 것이다.

이것을 그는 어디에서 습득했을까. 당시 케이후엔(惠楓園)에는 이토 다모쓰(伊藤保)가 입소해 있었다. 나병문학 등으로 안이하게 호칭할 수 있는 것은 아니지만, 호조 다미오(北條民雄)와 아카시 아마토(明石海人)는 격리된 환자들의 영혼을 일반 세상에 전했다. 이토 다모쓰는 그 계보를 잇는 한 사람이다. '불치의 업병(業病)인 까닭에 죽음을 짊어지고 문학에 건 나병 요양자'(『노송(老松) 산의 가인』 마쓰시타 류이치(松下龍一))의 마지막 한 사람이 이토 다모쓰였다고 해도 좋을 것이다. 이토 다모쓰가 원내(園內)문예지 「노송 그림자」를 발행했다.

목 차

<table>
<tr><td>• 나의 반생기</td><td>• 소용돌이 가운데</td></tr>
<tr><td>• 모국방문기</td><td>• 모국에 초대되어</td></tr>
<tr><td>• 계절의 노래</td><td>• 계절의 노래 이후</td></tr>
<tr><td>• 계절의 노래 보충</td><td>• 단문 · 서간</td></tr>
<tr><td>• 지팡이 소리</td><td>• 후기</td></tr>
</table>

▌裸の捕虜(벌거숭이 포로)

• 저자: 鄭承博
• 출판사: 新幹社
• 자료유형: 단행본
• 출판연도: 1993년
• 총 페이지: 526쪽
• ISBN: 4-915924-46-7

이 소설은 정승박 저작집 제1권 『벌거숭이의 포로』로 내용을 살펴보면 다음과 같다. "1932년 8월 20일 어느 날 저녁, 기세이(紀勢)선 다나베(田辺) 역에 한 초라한 소년이 내렸다. 소년이라고 해도 만 10세를 갓 넘긴 아이인데, 희끗희끗한 목 주위 옷은 때 투성이로 검게 그을린 얼굴에서는 눈알만이 뒤룩뒤룩 이상하게 빛나고 있었다.

이 소년은 개찰구를 나서자, 꾸깃꾸깃해진 봉투를 꺼내어 역무원에게 물었다. "이곳으로 가는 길을 가르쳐 주세요." 역무원은 봉투의 주소를 보면서 역 앞을 가리키고 "저쪽에 있는 자동차에 가서 물어 보렴."하며 봉투를 돌려주었다.

자동차로 다가간 소년은, 이번에는 차장인 듯한 사람에게 그것을 보였더니 "이 차에 타거라. 그 장소에서 내려줄 테니."하면서 차 문을 열어주었다. 승객은 소년을 포함하여 세 명밖에 없었지만, 바로 발차했다. 이 자동차는 다나베 발 구마노 혼구(熊野本宮) 행 정기편이었는데, 이 시기에는 아직 버스가 아니라 대여섯 명이 타는 소형승용차였다. 차는 이윽고 다나베 마을을 떠나 작은 고개에 다다랐다. 이때 뒤에 타고 있던 손님 중 하나가 "얘야, 어디까지 가니."하며 소년에게 말을 걸었다.

밀짚모자에 반바지, 마(麻) 상의에 콧수염을 길러 이 시대의 유행 스타일이기도 했지만, 시골 보스적인 관록은 충분하였다. 소년은 들었는지 못 들었는지 대답을 하지 않았기 때문에 차장이 그 말을 받아 "이 아이는 아유가와(鮎川)의 하세가와(長谷川) 댁에 가는 것 같은데요."하고 대답했다. "아아, 하세가와 씨 네, 나도 그 근처까지 가니까 데려가 줄까."하고 말하면서 밀짚모자를 벗어 무릎 위에 놓으며 수염을 만지고 있었다."

목 차

- 토미타 강
- 쫓기는 나날
- 지점
- 해설 도망자의 미학
- 정승박의 문학적 위치
- 산과 강
- 벌거숭이 포로
- 전등이 켜져 있다
- 마그마를 품은 사람

] ゴミ捨て場(쓰레기장)

- 저자: 鄭承博
- 출판사: 新幹社
- 자료유형: 단행본
- 출판연도: 1994년
- 총 페이지: 414쪽
- ISBN: 4-915924-55-6

이 소설은 정승박 저작집 제6권 『쓰레기장』이다. 김학현이 정승박(鄭承博)을 처음 만난 것은 1982년 가을이다. 오사카(大阪)의 대학에 보직을 얻고 나서 약 1년 후였다. '일본에 있으면서 조국을 노래'하는 이순자(李順子) 씨의 공연이 아와지시마(淡路島)에서 있었던 때이다.

이후 10년 남짓, 도쿄로 옮겨올 때까지 거의 매년처럼 섬으로 건너가서는 정승박을 성가시게 했다. 1년에 한 차례, 바다를 보지 않고서는 개운치가 않았고, 바다낚시를 좋아하는 저자에게 있어서 아와지시마는 가장 마음이 가라앉는 세계였다. 만나면 "우선은 맥주라도 한 잔 합시다."라고 한다. 일부러 차로 마중하러 와주고 함께 오노(大野) 언덕까지 올라간다. 야트막한 구릉지에 집을 짓고 살고 있으므로 아무래도 차가 필요하다.

언덕 위에서의 조망이 좋다. 정승박이 자랑하는 저택이다. 최근 들어 내려다보는 논밭의 녹지가 점점 줄어가고 있는 것이 쓸쓸하다. 집을 에워싸고 있는 나무 그늘에서 작은 새의 지저귐이 들려온다. 이 오노 언덕 가까이에 이미 저 세상에서 살 집을 확보해 둔 것도 자랑 중 하나이다. 만사를 꼼꼼히 해두는 성품이라는 것은 알고 있지만, 묘지까지 준비하고 있는지는 몰랐다. 묘비는 어떻게 되어 있을까? 언젠가 물어보고 싶다고 생각한다.

이 언덕 위의 집에 모여드는 사람들을 제외하고서는 정승박을 이야기할 수 없다. 50년 가까운 섬 생활은 자연스레 많은 사람들과의 우애 관계를 가져왔다. 정승박의 주위에 모이는 사람들은 모두가 마음 착한 사람들이다. 내가 찾아가면 반드시 여기저기에 전화를 건다. "놀러오지 않겠나. 가쿠겐 씨가 와 있거든. 빈손으로 오면 안 되네." 한다. 『문예 아와지(文芸淡路)』 동인들을 "불러 모으는" 것이다.

오카다(岡田) 씨, 가타구라(片倉) 씨, 기타하라(北原) 씨 등 섬의 높은 분들을 불러내서는 먹고 마시며 날이 밝는 것도 잊고 서로 대화할 때의 정승박의 모습은 저절로 미소를 떠올리게 만든다. 섬의 아름다운 사람들에게 둘러싸여 있어서 부럽다고 생각한다. 제 멋대로인 정승박을 따뜻하게 감싸주고 있는 것이다. 파티는 밤새도록 이어진다. 조선의 시골 농가에서 사랑방에 모여 막걸리를 서로 마시며 영감님의 수다를 듣고 있는 듯한 그런 식의 광경을 떠올린다.

목차

- 제1부 쓰레기장
- 제3부 마루키바시
- 아버지 정승박
- 제2부 낭떠러지
- 해설 이야기라는 원향
- 무위자연에 따스한 사람들에 둘러싸여

松葉賣り (솔잎팔이)

- 저자: 鄭承博
- 출판사: 新幹社
- 자료유형: 단행본
- 출판연도: 1994년
- 총 페이지: 486쪽
- ISBN: 4-915924-51-3

이 소설은 정승박 저작집 제2권이다. 소설의 내용을 인용하면 "바람 부는 날의 산은 북적거린다. 나무가 흔들리는 소리에 나뭇잎 떨어지는 소리로 시끄럽다. 귀를 막고 싶은 생각이 들면서 가파른 산길을 올라갔다. 중턱에 있는 바위는 언제나의 휴식처이다. 앉아서 지게(등에 지는 목제의 운반기구)에 기댄 채, 이곳에서 마을을 내려다보는 것이 왠지 즐겁다. 집집마다 지붕에 말리고 있는 고추도 부쩍 빨개졌다. 강가에 늘어선 포플러도 단풍이 들기 시작했다. 바로 얼마 전까지 논밭에 익었던 곡물도 완전히 베어져 있었다.

마을사람들도 느긋하게 걷고 있다. 가을 수확이 끝나 서두를 필요가 전혀 없는 것일 게다. 부럽다. 나는 솔잎장수이다. 여름에도 겨울에도 마찬가지로 마른 가지나 솔잎을 등에 지고 마을로 팔러 가는 것이 일이다. 특히 이 가을 동안이 바쁘다. 눈이 내리기 전에 겨울 동안에 팔 것들도 전부 모아서 많이 쌓아두지 않으면 안 되었다.

근처의 산등성이에서는 사슴 한 떼가 놀고 있다. 그중에는 올해 태어난 새끼사슴도 뛰어다니고 있었다. 사슴떼와 만난 날은 항상 운이 좋다. 오늘도 반드시 뭔가가 있을 것 같은 기분이 든다. 서둘러서 능선에 올랐다. 도착해보니 예상대로 지난 밤 바람으로 떨어진 것일 터인 소나무밭 아래는 노란 솔잎으로 묻혀있다. 정신없이 긁어모았다. 어느 샌가 시간이 지나는 것을 잊고 있었는데, 벌써 태양이 머리 위까지 와있다. 마을에서는 점심 준비도 시작된 듯하다. 이쪽저쪽의 집에서 부뚜막 연기가 오르고 있었다.

한숨 돌리자고 생각하면서 땀을 닦고 있었을 때이다. 갑자기 계속 되는 것처럼 총성이 몇 발이나 울려 퍼졌다. 그 소리가 사방의 산들에 메아리 쳐서 귀를 찢을 것 같다. 놀라면서 소나무 밭을 빠져나와 마을을 둘러보았다. 그뿐으로 총성은 그치고 조용해졌는데, 아무것도 보이지 않는다. 단지 마을 사람들이 우왕좌왕하며 도망쳐 숨고 있다. 너무나 순식간에 놀란 탓에 깜빡 잊었는데, 진정하고 생각해보니 아무래도 바보 같다. 이것은 틀림없이 수렵(狩獵)하러온 일본인의 총성임에 틀림없었다.

일부러 삼중이나 되는 좁은 길을 걸어서 무엇 때문에 이 산속으로 들어온 것일까. 솔잎을 팔러가는 도중의 마을 뒷산 근처에서는 확실히 사냥을 하는 일본인을 몇 차례인가 보았다."

목차

- 솔잎팔이 / 서당 / 적발 / 아버지와 나 / 하늘의 별 / 빼앗겨버린 언어 / 빠진 뿔
- 해설 생활어로서 일본어
- 햇살의 민들레
- 정 선생과 아와지 조선문화연구회

▌北朝鮮　秘密集會の夜(북조선 비밀집회의 밤)

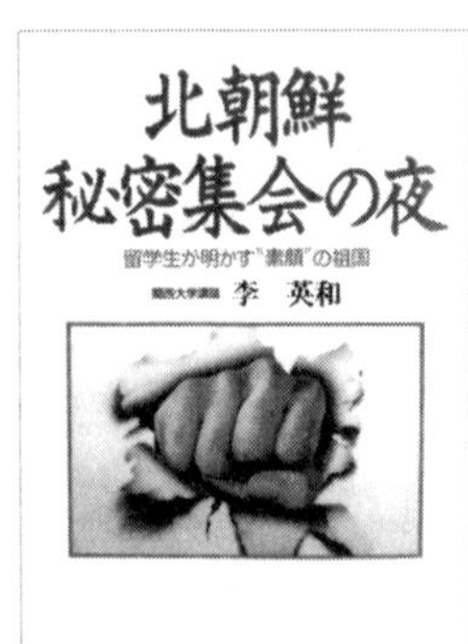

- 저자: 李英和
- 출판사: ザ・マサダ
- 자료유형: 단행본
- 출판연도: 1994년
- 총 페이지: 267쪽
- ISBN: 4-88397-020-5

저자는 1991년 12월, 조국 조선민주주의인민공화국(이하, 북조선이라고 한다)에서의 유학을 끝내고 태어나 자란 일본으로 돌아왔다. 대학의 연구자라는 입장에서 보면, 유학 성과는 거의 없었다고 할 것이다. 북조선 경제의 실태와 장래를 배우고자 수도 평양의 사회과학원에 유학했지만 극단적인 비밀주의 탓에 정확한 경제 데이터조차 얻지 못하고 돌아오게 되었다.

그러나 그 한편으로 북조선에 대해 실로 많은 것을 배운 유학이기도 했다. 자기 자신의 생활체험은 물론이거니와 역시 가장 공부가 된 것은 유학 중에 알게 된 북조선 사람들에게서 들은 이야기이다. 그뿐 아니라 평양 시

내에서 영린 비합법집회에 초대받는 전례 없는 체험을 하게 되었다.

주지하는 바와 같이 현재 북조선을 둘러싼 상황은 크게 변화하고 있다. 내적 면에서는 식량이나 에너지 부족이 전해지고 있고, 또 국제사회에서는 북조선에 대한 핵 사찰이나 경제제재가 문제시되고 있다. 북조선은 무엇을 생각하고, 어디로 향하고 있는가? 지금은 온 세계가 이 나라에 주목하고 있다고 해도 과언이 아닐 것이다. 관련 서적도 많이 출판되어 여러 가지 분석이 매스미디어를 통해 발표되고 있다.

그러나 그러한 움직임을 보고 내가 유감스럽게 생각하는 것은 "북조선 시민은 지금 무엇을 생각하고 있는가?"라는 시점이 너무나 적은 점이다. 내가 일본에 돌아와서 만난 사람들 중에는 "북조선 국민은 세뇌되어 있으니까 비판 능력이 없다. 그러므로 그들을 고려할 필요가 없다."라고 말하는 사람까지 있었다.

그러나 그렇지 않다. 그들도 우리들과 같은 인간이다. 현황에 대해 그들 나름의 불만이나 의견을 갖고 있다. 그뿐 아니라 그 불만을 행동으로 옮기는 사람도 적지 않다. 확실히 미국, 한국, 일본, 그리고 중국의 태도에 따라 북조선의 운명은 크게 바뀔 것이다. 그러나 결국은 그 나라에 사는 사람들이 자국의 운명을 정하는 것이 아닐까? 어떤 정치 체제이든 국민의 의지를 떠나서 계속 이어지는 일이 없다는 것을 역사는 가르쳐 준다.

목 차

제1장 북조선 유학 제1호   제2장 '새장 속의 새'의 평양생활
제3장 '지상의 낙원'은 엔 경제권   제4장 실상을 보여준 '무서운 조국'
제5장 공포와 기아의 공화국   제6장 비밀집회로의 초대장

▌わが心の安重根(우리 마음 속 안중근)

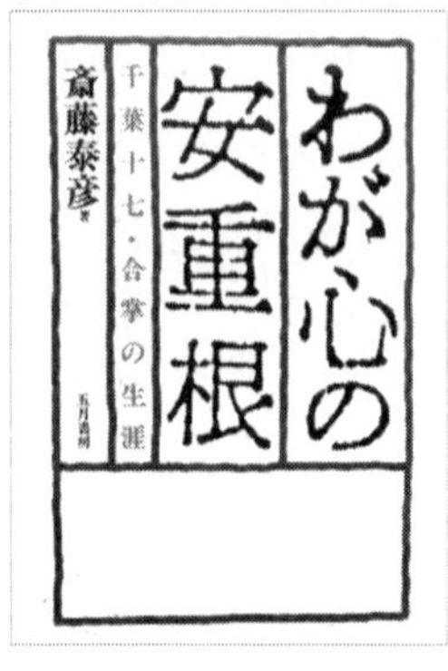

- 저자: 齊藤泰彦
- 출판사: 五月書房
- 자료유형: 단행본
- 출판연도: 1994년
- 총 페이지: 254쪽
- ISBN: 4-7727-0189-3

이 책의 주인공인 지바 도시치(千葉十七)도 메이지(明治)시대 원훈(元勳) 이토 히로부미(伊藤博文)를 살해한 한민족 지사 안중근과의 만남에 의해 처형 후의 안중근에게 평생 참회해 가며 살게 되었다. 그 마음의 도정에 관심을 갖고 10년, 지금 그 심오함을 가까운 과거의 역사에 비추면서 추구해 본 것인데, 지바의 상념에는 또 끝없는 것이 있었을 것이라고 생각된다. 어쨌든 간에 주인공의 만년은 고심의 나날이었다고 한다. 무엇 때문인지 거기에는 형언할 수 없는 여러 가지 심상(心象)도 있었겠지만, 그 하나로는 대한민족에 대한 일본의 '죄'에 대한 반성이 깊이 투영되어 있었다고 해도 결코 이상한 일이 아니다.

그것은 옥중의 안중근과 친밀하게 서로 이야기하는 동안, 안중근의 인격에 감복한 지바로 하여금 "안중근은 오래 살았으면 반드시 한국을 짊어질 인물이었는데."라고 말하게 하고, 한국사람들에게는 죄송했다고도 중얼거리면서 안중근의 유영(遺影)에 매일 합장하다가 죽은 모습이 계속 이야기되어 왔기 때문이다.

그 모습을 기리면서, 메이지 유신 후의 일본과 깊이 관련된 대(對) 조선교섭사의 배경 및 모든 문제에 대해서는 많은 학자들의 연구성과가 바탕이 되어주었다. 1994년 1월의 초판 이후, 한일사의 '비화'라고도 할 수 있는 '지바 도시치와 안중근과의 마음의 유대'를 체험하고자 하는 사람들이 전국 각지에서 지바가 잠든 곳을 찾아 다음과 같은 감상을 수없이 보내왔다.

"양국의 역사상, 커다란 굴곡에서 일어난 이토 사건으로 한민족독립운동의 의사로 등장한 안중근의 생애를 응시할 때, 비로소 마주서있는 한국의 현실이 부상한다. 이 점을 당시의 현장에서 마음 속 깊이 이해하고 사죄했던 자가 간수였던 지바 도시치 헌병이었다."

목 차

- 기도의 나날
- 맹렬히 타는 대륙
- 두 사람의 만남
- 유묵은 조국으로
- 성장과정
- 원훈 쓰러지다
- 비오는 날의 처형
- 후기

ソウル(시집 서울)

- 저자: 李龍海
- 출판사: 新幹社
- 자료유형: 단행본
- 출판연도: 1994년
- 총 페이지: 128쪽
- ISBN: 4-915924-53-X

목 차

Ⅰ 사전(私戰) / 뒤틀린 몇 개의 구멍 / 겨울의 선고 / 고독의 아니마 / 오월의 불사(不死) / 기울어진 의자 / 아프리카의 빛 / 엎드리면 안 된다 / 미야자키(宮崎)의 비

II 사일런트 워프 / 구획 지어진 다리 / 형제 / 안녕 피아노 / 가로(家路) / 돗토리(鳥取) /
 칼슘의 개 / 금 그물 / 꽃다발 / 19월이 12월을 / 여행
III 원숭이 왕 / 전화의 고민 / 밀항 / 밀어(密漁)의 밤 /
 서울 / 야조(夜鳥) / 돌아가는 여름 / 밤 없는 밤의 단풍

■ ハルモニは宇宙人？(할머니는 우주인?)

- 저자: 中村欽一
- 출판사: 岩崎書店
- 자료유형: 단행본
- 출판연도: 1994년
- 총 페이지: 141쪽
- ISBN: 4-265-06006-4

이 책『할머니는 우주인?』은 나고야(名古屋)를 거점으로 하여 활동하고 있는 극단 우린코의 의뢰를 받고 쓴 희곡「할머니는 우주인」을 원형으로 하여 생겨났다. 저자는 지난날 일본의 식민지였던 조선의 서울에서 태어나 패전한 해의 12월에 부친의 고향인 군마 현(群馬縣)으로 돌아왔다. 그러므로 당시의 교육에 의해 분별력이 생겼을 때에는 훌륭한 군국소년이었던 것이다.

그 후 성장해 감에 따라 일본이나 세계의 역사를 배움으로써 그 시대에 일본이 아시아 사람들에게 초래한 수많은 비극, 특히 저자의 고향인 조선의 사람들에 대한 비도덕적인 행위를 알게 된 이후, 싫고 좋고 없이 자신을 재검토하지 않으면 안 되었다. 왜냐하면 소년기를 조선에서 보냈다고는 하지만, 역시 저자는 일본인이었기 때문이다.

다행히도 저자의 그러한 생각을 극단 우린코가 공감하며 받아들여 주어, 실로 훌륭한 연극으로 완성시켜 주었다. 제목을 할머니로 한 것도 젊은 배

우들의 의욕과 정열에 저자도 한 번쯤 응하고 싶다고 바랐기 때문이다.

목 차

1. 언제나 같은 일상의 아침
2. 조선 성인의 등장
3. 할머니는 수수께끼 투성이
4. 따라간 데릴사위
5. 분쇄기 · 로봇의 승리
6. 껄껄 웃었어요.
7. 할머니가 위험하다
8. 또 탁 나타나다
9. 할머니는 우주인?
10. 잘 키우는 것이다

ぼくはぼうけんいちねんせい(나는 모험 일학년생)

- 저자: 金錦汝·金正愛
- 출판사: 朝鮮靑年社
- 자료유형: 단행본
- 출판연도: 1995년
- 총 페이지: 43쪽
- ISBN: 4-88522-020-3

이 책은 조선청년사에서 출판한, 재일조선인 소학교 아이들의 심리를 묘사한 책이다. 책의 내용을 훑어보면 다음과 같다.

""전차 북적거려? 힘들지?…", "아니, 모험 같아서 재미있어." 아들의 이와 같은 한마디로 나는 이 이야기를 생각해냈다. 아직 여섯 살의 어린 몸으로 버스와 전차를 갈아타며 통학하는 모습에 어머니로서는 약간 가슴이 아팠던 것이다. 그런 나의 걱정과는 달리 아들은 매일 아침 즐거이 집을 나선다. 아이라는 것이 어른들이 생각하는 것만큼 약한 게 아니구나하며 놀라고, 감탄하며, 기쁘고….

그리고 또 아들 이야기에서 그가 통학 길에서 스쳐 지나며 만나는 다양한 사람들에게 따뜻하게 지켜지고 있다는 것을 느끼고 상당히 고무되었다.

더운 날에 차가운 물을 서비스 해주는 우동집 아줌마, 가위바위보를 해서 이기면 사탕을 주는 슈퍼 아저씨, 그리고 가끔 큰 소리로 떠드는 아이들을 꾸짖어준 거리의 사람들…. 정말 아들의 통학 길은 여러 가지 사건, 새로운 체험으로 가득 차 있는 것 같다.

"나, 조선학교의 일 학년이어요." 학생 클럽에서도, 주변 사람들 앞에서도 가슴을 펴고 말하는 아들의 모습에 먼 통학 길은 쓸데없는 것이 아니라고 절실하게 생각되는 요즈음이다. 이런 재일조선인의 아이들이 있다는 것을 한 사람이라도 더 많이 알아준다면 다행이겠다."

▌コーカサスの金色の雲(코카서스의 금빛 구름)

- 저자: ブリスターフキン著·三浦みどり譯
- 출판사: 君像社
- 자료유형: 단행본
- 출판연도: 1995년
- 총 페이지: 348쪽

1980년에 쓰인 이 작품(원제『금빛 구름님, 하룻밤을 보냈다』)은 초고 사본이 돌려지며 읽히는 가운데 '강제이주'가 소재로 되어 있는 점이(주인공이 갇힌 수용시설에는 추방민족의 아이들이 있어서 러시아 독자가 보면 이름만으로 어떤 민족인지를 알 수 있다. 큰 강 쪽에 살고 있던 소녀가 러시아 풍 이름으로 그로소와라고 불러달라고 한 것도 추방당한 볼가·독일인이라는 것이 알려지지 않기를 바라서이다) 당국으로 새어나가 작자는 상당히 억압을 받게 되었다.

그 후 고르바초프 정권이 공개 정책으로 전환하게 되어 편집장이나 작가 동료들의 분주함도 있어서 1987년에 월간지 『깃발(旗)』에 2회에 걸쳐 게재되었다(그 단계에서는 50군데의 삭제가 있었다). 잡지에 실리기 전에 초고 사본은 체첸·잉구시에서도 읽혀져 순식간에 숨어 있던 독자층이 확산되었다. 잉구시 사람인 영화감독 슬람베크·마미로프도 하룻밤만이라는 약속으로 빌려 읽고, 쇼크로 잠을 못 잤다. 곧바로 영화화를 시도했지만 당시 그는 톨스토이의 소설을 영화화하고 있었다.

1995년 연초, 러시아군은 체첸을 제압하려 정월도 반납하고 격심한 공습과 지상전을 전개하여 쌍방에 막대한 사상자와 포로를 양산했다. "도시는 러시아군이 제압하고, 군사행동은 수습을 향하고 있다. 나치 독일에 대한 승리 50주년 기념식전은 체첸의 수도 그로즈니에서도 평온히 행해졌다."라고 러시아 TV 뉴스는 전하고 있다.

이것으로 또 체첸민족의 강제이주 사실을 다루는 것은 구소련 시대와 마찬가지로 터부가 되어 가는 것일까? 제2차 대전 말기, 1944년의 2월 23일에 스탈린은 체첸·잉구시 사람들을 독일군에 짐 지운 반소적인 민족이라며 강제적으로 카자흐스탄이나 키르기스스탄으로 이주시켜버렸다(이어서 코카서스 지방의 바이칼인, 칼무크인, 발트 해 연안의 라트비아, 리투아니아, 에스토니아 사람들도 극심한 추위의 시베리아나 대륙성 기후의 키르기스스탄, 카자흐스탄으로 추방당했다. 특히 체첸·잉구시는 소수민족이며, 반소적인 민족으로 비춰져 이를 쳐부숴도 세계는 아무런 항의도 하지 않을 것이라는 심산도 있었다.). 구소련의 백과사전에서는 강제이주에 대해 언급하지 않고 "1944년에 체첸·잉구시 자치공화국이 폐지되었다."라고 간단하게 기술되어 있다.

▌夢, 草深し(꿈, 풀 찾기)

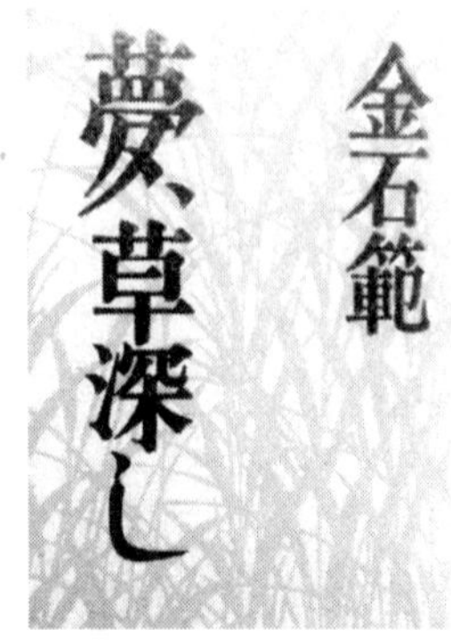

- 저자: 金石範
- 출판사: 講談社
- 자료유형: 단행본
- 출판연도: 1995년
- 총 페이지: 113쪽
- ISBN: 4-06-207596-2

이 소설의 「꿈, 풀 찾기」는 『군상』 1991년 4월호, 「빛의 동굴」은 『군상』 1994년 12월호에 실린 작품으로 작가 김석범이 수정·보완한 것이다.

작품의 내용을 소개하면, "심야의 차가운 바람이 휘몰아치고 있었다. 무서운 고함 소리를 내며 바람은 맨션 건물의 벽을 때리며, 자고 있는 내 베개쪽 창을 때린다. 하루 맑더니 또 비의 반복으로 날씨가 흐려지며 먼지바람이 점점 심해지는 꽃샘추위의 추운 날들이 며칠이나 계속되었다.

소등한 방의 창 밖에서 제주도 돌담의 틈새구멍에서 서로 싸우는, 악몽을 가져오는 듯한 음산하고 무서운 바람소리가 나고 있었다. 어두운 바람의 벽 저쪽에서 들개 같은 술주정꾼의 외치는 소리가 플랫폼의 발차 벨 소리와 얽혀 들려온다. 그것은 바람소리에 섞이면서 도움을 청하는 것처럼 머리맡에 들어왔다. 만세…, 만세…. 어두운 바람의 벽 저쪽의, 아직 석양이 밝은 역의 홈 일각에서 주정꾼이 외치는 소리가 난다.

계단 위 자동판매기의 그늘에 웅크리고 있던 한 남자가 거기에 몸을 지탱하며 천천히 일어섰다. 그리고 두세 걸음을 걷고서 왠지 모르게 입을 열어 너희들, 당신들, 세상의 바보들…! 천황폐하 만세! 비틀거리는 것치고는 힘찬 목소리였다. 바보들! 이 나빠. 남자는 우ー라든가 아ー라든가 버, 버ー하며 입에서 거품을 내며 그저 고함을 지르면서 자동판매기 옆 선명한 녹색

공중전화대에 매달리듯 하여 동전을 넣지 않고 푸시 폰을 눌렀다.

　남자는 나보다 젊은 초로의, 넥타이 매듭은 약간 풀려 있으면서 복장은 제대로 입은 신사이다. 입 주위에 약물이라도 마신 것처럼 거품이 묻어 있었는데, 그 멍한 표정, 멍하면서도 거기에 아직 살아있는 표정이 떠도는 것은 약에 취한 것이 아니다. 그래, 저것은 약물에 취한 것이 아니라 술에 만취한 것이다. 헛누르는 전화가 걸릴 리 만무했다.

　포기한 그는 비틀비틀 몸을 좌우로 흔들면서 플랫폼으로 떨어지는 일도 없이 계단을 에워싼 벽에 몸을 기대며 걸어서 이윽고 계단 밑으로 사라져갔다. 계단 아래쪽에서 고함이 들려온다. 이봐, 당신들 세상의 친애하는 벗이여…! 천황폐하 만세…! 김일성 주석 만세…! 어두운 바람의 벽의 저쪽은 석양이 비치는 역의 플랫폼이었다.”

목차

• 꿈, 풀 찾기　　　　　　　　　　• 빛의 동굴

▌カンナニ(간난이)

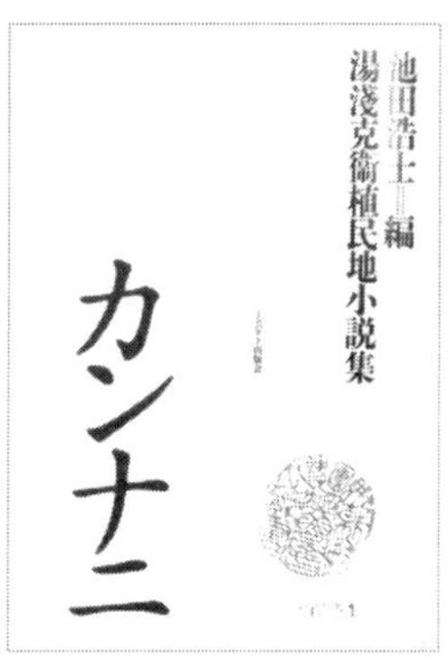

• 저자: 湯淺克衛
• 출판사: インパクト出版社
• 자료유형: 단행본
• 출판연도: 1995년
• 총 페이지: 662쪽
• ISBN: 4-7554-0040-6

이 소설을 쓴 전후의 유아사 가쓰에(湯淺克衛)는 한국과의 관계 수복에 그 나름의 공헌을 하고자 하는 한편, 브라질 이민에 대해서 큰 관심을 갖고 있었다. 특히 후자에 대한 관심은 일찍이 조선으로의 이민 제2세대로서 살았던 자신의 체험과 끊기 어려운 연결고리가 있었다. 그러나 이 두 테마와 관련된 일 속에서도 자신의 지난날의 조선에 대한 상념을 근저에서부터 되묻고자 한 흔적은 없다. 일본과 한국과의 관계가 이러한 그의 전후 발걸음을 오히려 시인하는 방향으로 수복되고, 일본의 민중 스스로가 극히 예외적인 일을 제외하면 유아사 가쓰에나 그와 마찬가지의 길을 걸은 문학자들에 대해서 망각하는 일은 있어도 되묻고자 하지는 않았기 때문이다. 이 망각과 불문은 물론 현실과의 어려운 대결 속에서 틀림없이 뛰어났던 문학적 자질과 성실함을 국가에 의해 수탈당하고 있었던 유아사 가쓰에에 있어서 전후에 다시금 이어받아야 했던 또 하나의 불운이며, 그로부터 수탈한 쪽에 있어서는 큰 행운이었다.

유아사 가쓰에의 소설집이 작가의 사후 13년이 지나 마침내 간행할 수 있게 된 것은 많은 이들의 조력 결과이다. 특히 작가의 자제, 유아사 가쓰히코(湯淺克彦) 씨는 유족으로서 여러 가지 본의 아니게 아픔을 수반하는 이 출판을 흔쾌히 승낙해 주었고 가족사진을 비롯한 귀중한 모든 자료를 제공해 주었다.

양예선(梁禮先) 씨는 연구성과인 연보 및 작품연표에 따라 본서를 충실한 것으로 만들어주었을 뿐 아니라 미간행 석사논문에 대한 언급을 편집자가 「해설」에서 다루는 것에 대해서도 양해해 주었다. 유아사 가쓰에에 대한 문학사상 최초의 전문연구자인 양예선 씨는 이 책의 간행이 실현하는 데에 불가결한 존재였다. 또한 프롤레타리아문학연구가 구리하라 유키오(栗原幸夫) 씨는 유아사 가쓰에의 『간난이』에 대해 주의를 계속 환기시켜 주었다.

목 차

- 간난이
- 원산의 여름
- 담배
- 격정의 기록
- 이민
- 성문의 거리

<table>
<tr><td>

• 대추나무
• 뿌리
• 하야마 모모코
• 푸른 저고리
• 창공 어디까지
• 어둠에서 빛으로
• 압록강 통신
• 깃발
• 외지 귀환자

</td><td>

• 심전개발
• 망향
• 선구이민
• 이른 봄
• 개나리
• 딸
• 고향에 대하여
• 인형
• 자료와 해설

</td></tr>
</table>

▌北朝鮮普通の人々 (북조선 보통사람들)

• 저자: チャン キホン
• 출판사: イーストプレス株式會社
• 자료유형: 단행본
• 출판연도: 1995년
• 총 페이지: 193쪽
• ISBN: 4-87257-039-1

이 책의 저자는 시베리아에서 헝가리를 거쳐 서울에 도착한 지 2년 가까이 된다. 자유세계의 경험은 미미한 것에 지나지 않는다. 실제로 지금도 적응할 수 없는 일이 많다. 처음 한국의 상황은 놀라움 그 자체였다. 이 책에서 쓴 북조선에서의 생활로 미루어 짐작하면 저자가 서울에 와서 어느 정도로 놀랐는지 알 수 있을 것이다. 저자는 거의 억압된 생활을 보내면서 "세계란 이런 것이구나"하며 살아온 자이다. 그런데 한국에 와보니 같은 하늘 아래에 있으면서 너무나 달랐다.

한국에 적응하고자 한다면 먼저 대학생활부터 시작하지 않으면 안 된다고 생각하여 저자는 현재 연세대학 노어노문학과에 다니고 있다. 그런데 이 대학생활에서부터 내가 북조선에서 다녔던 신의주 제2사범대학과는 너무 달랐다. 북조선의 대학생활은 노동과 김일성사상으로 대표된다고 할 수 있다. 그러나 한국의 대학생활은 지성과 낭만 그 자체라고 할 수 있을 것이다.

이 둘 사이의 거리는 너무나 동떨어져 있다. 아주 작은 공통점도 없다는 것에 저자는 매우 당혹스러웠다. 어째서 이름은 같은 대학인데도 북과 남에서 이렇게 다를까? 남쪽의 친구들은 내가 북에서 대학에 다니고, 또 시베리아 벌목장을 거쳐 남으로 왔기 때문에 호기심을 갖고 나에게 접근한다. 그들은 여러 가지를 질문한다. 한글을 제정한 세종대왕이 누구인지도 모르는 나에게 이곳의 친구들은 당혹스러운 표정으로 그래도 되는 것인지 되묻는다.

저자가 이곳에 와서 놀란 것은 대학생들이 데모를 자주 하며, 자신의 사상이나 의사 표현이 자유로운 점이었다. 무엇보다 술을 많이 마신다. 모이면 술이다. 남녀연애가 자유롭고, 자가용을 가진 학생이 많은 것에도 놀랐다. 모두 이기적인 점에도 놀랐다. 이곳의 대학생들은 집단으로 무언가를 한다는 것이 없다. 서클이라는 다양한 자유 모임이 있지만, 나라에서 시키는 집단적인 것, 또는 강제적인 것에는 전혀 호응하지 않는 점에도 놀랐다. 통일에 대한 뜨거운 열의는 갖고 있지만, 조용히 관찰해 보면 저쪽을 너무 모른다. 또 알려고도 하지 않는다. 어째서인지 그것은 나도 모르겠다. 적을 알고 나를 알아야 한다는 병법 등의 지식은 잘 알면서 말이다.

목 차

머리말   1장 빨간 별과 눈깔사탕
2장 지상천국에서 시드는 청춘   3장 북조선 성 사정
4장 밖에서 부는 심심한 바람

】川べりの家族(강변의 가족)

- 저자: 李優蘭
- 출판사: 山梨日日新聞社
- 자료유형: 단행본
- 출판연도: 1995년
- 총 페이지: 110쪽

작가 이우란은 이 소설 『강변의 가족』을 통해 '야마나시 문학상'을 수상했다.

이 소설의 주요내용을 살펴보면 "도쿄 시나가와(品川)의 보리사(菩提寺)에서 아버지의 33주기 법요(法要)가 행해졌다. 5월의 맑은 하늘 아래, 어머니와 일곱 동생 등 오랜만에 전원이 참석했다. 각자의 반려자와 아이들이 한자리에 모였기 때문에 독경을 기다리는 대합실에는 숙연함 중에서도 화목한 분위기가 감돌고 있다.

열어젖힌 큰 창으로는 싹트는 나무들의 신록과 제철 맞아 피어난 경내의 철쭉들이 보인다. 물을 뿌려 젖어있는 포석 위에는 나뭇잎을 뚫은 햇빛이 흔들리고, 투명한 눈 조각처럼 빛나고 있었다.

"…왜 그렇게 너희들을 때렸을까…" 절에 오고서 줄곧 우울해 있던 어머니가 툭하고 입을 열었다. 약간 '황홀'한 그늘이 떠오르기 시작한 어머니의 눈은 경내의 나무들을 뚫고서 아득히 먼 곳을 응시하는 듯이 가늘어져 간다.

"아버지, 화가 나셨겠지…", "무슨 말을 하는 거예요? 어머니, 다들 알죠. 우리들이 이렇게 남들처럼 결혼할 수 있었던 것도 모두 어머니 덕분이잖아요." 어머니의 어깨에 살짝 손을 얹으면서 위로하는 누님의 말도 들리지 않았는지 어머니는 한숨을 쉬면서 고개를 떨어뜨렸다. 예상치 못했던 어머니의 말 한마디로 지나간 먼 나날들이 조용히 되감겨 간다. 이윽고 우리들의 뇌리에 잊을 수 없는 하나의 광경이 되살아났다. 삼십몇 년의 세월이 지난 지금도 그날 만났던 사람들의 얼굴이나 거리의 냄새, 태양의 따뜻함을 나는 어제 일처럼 기억해 낼 수 있다.

1959년 12월. 그날은 바람도 없었고, 섣달이라고 생각되지 않을 정도로 따뜻한 날씨였다. 오전의 어촌은 김을 말리는 작업도 끝나 한산하였다. 포장 안 된 큰 길 양쪽에는 검은 종이를 붙인 장지를 늘어세운 것 같은 풍경으로 정연하게 김을 말리고 있었다."

▌血の錆(피의 녹)

- 저자: 宋在星
- 출판사: 東方出版
- 자료유형: 단행본
- 출판연도: 1996년
- 총 페이지: 168쪽

이 책은 송재성의 시집이다. 작가는 아직 철이 들지 않았던 어렸을 무렵, 어머니 등에 업혀서 현해탄을 건넌지 60년이 지났다. 이미 그 어머니도 아버지도 일본 땅에서 잠들었고, 저자도 벌써 손자를 가지는 나이가 되었지만, 이상하게도 지금까지 그때의 광경이 눈에 깊이 새겨져 그 이후, 마음속에 그 원풍경이 확대되어 가는 것을 응시하고 있다.

또 그것이 뿌리가 되어 저자의 정신형성에 적지 않은 일종의 이단자적인 움직임을 하고 있는 것은 아닐까 하며 때때로 생각해 보기도 한다. 저자의 삶의 방식의 심중 원리는 그 마음속 응어리와 '구애(拘礙)'이며, 그로부터 분출된 민족적인 '언어'이며, 민족의 아이덴티티라고 생각한다. 평생 동안 쭉 그것들이 근저에 무겁게 뿌리내려 있다고 자각해 왔다.

저자는 일본에서 교육을 받고, 일본에서 자랐지만, 조선민족에 대한 편견과 차별에 둘러싸인 일본의 3중의 역사 속에서 운명적으로 살아왔다고 생각한다. 생각하면 그 생활과정에서 외견적으로는 스마트하게 자기 자신의 주체성을 견지했다고 자부해 왔지만, 그것도 생각해 보면 재일1세가 걸어온 모습이 아니었나 하며 자신만만해 하면서도 어딘가 그것도 어리석고 건방진 것은 아니었을까, 여러 가지 반성을 해보기도 했다.

이제 이 땅이 저자의 고향이 될 것이라고 생각하는 일본 사회에서 경제활동을 통해 미력하나마 공헌해 왔다고 자부하지만, 왠지 나이를 먹어갈 때마다 '구애'의 피가 진해지는 것을 느낀다. 이번에 뜻하지 않게 자서전집『혈의 청』을 상재(上梓)하게 되었는데, 적어도 자기 확인을 위해서라고 생각하며 위압적으로 휘두른 것에 비해서는 유치한, 그리고 평범한 시가 되어버렸다. 저자는 본래 시 같은 것을 본격적으로 배운 적도 공부한 적도 없지만, 시는 즉 '나의 마음의 철(綴)'이라고 항상 생각하고 있다.

목 차

- 우리들 시는
- 검은 해협
- 소년 시절
- 현해
- 복수의 만가
- 하얀 백련
- 수도원
- 남쪽 끝에서
- 옐로 남작
- 보이지 않는 거울
- 이국의 남사당
- 고향의 시
- 어린 날의 여행
- 나의 청춘의 게바라
- 금순에의 편지
- 무궁화는 어머니의 꽃
- 북구의 천사
- 하얀 가시나무 꽃
- 성자 돈키호테
- 인생무대
- 코란의 노래
- 들개 등등

フルハウス(풀 하우스)

- 저자: 柳美里
- 출판사: 文藝春秋
- 자료유형: 단행본
- 출판연도: 1996년
- 총 페이지: 95쪽
- ISBN: 4-16-316310-7

이 작품은 유미리의 「풀 하우스」『문학계』 1995년 5월호, 「콩나물」『군상』 1995년 12월호에 실린 작품을 수정·가필한 것이다. 이 소설의 내용을 살펴보면, "문은 탄식하는 듯한 소리를 내며 열렸다. "자, 들어가거라." 비밀스러운 아버지의 미소가 집의 어둠에 떠올라 왔다. 아버지 등 뒤의 구두 상자 위에 약 80센티미터나 되는 한 쌍의 아이누 목조인형, 그 옆에 연어를 입에 문 곰이 보였다. 구두 상자와 벽의 틈새에는 새하얀 죽도가 걸려 있다.

나와 여동생은 현관에 발을 들여놓았다. 준공하고 나서 한 번도 덧문을 열지 않았는지 도료(塗料) 냄새가 꽉 차 있어서 숨이 막힐 것 같다. 냄새는 순식간에 입 안으로 침입하여 이와 혀에 흠뻑 달라붙어버렸다. 나는 심하게 기침을 하고, 동생은 주머니에서 꺼낸 손수건으로 코를 막았다.

아버지는 왜 현관에 우리들을 기다리게 하고 부엌문으로 들어간 것일까? 갓 신축한 집의 주인으로서 가족을 맞이하고 싶었던 것일까? 20 몇 년 전 요코하마(橫浜)의 니시쿠(西區)에 이사한 직후, 어머니가 부추겨서 산 100평의 토지에 "집을 짓겠다."는 것이 아버지의 입버릇이었다. 나와 동생은 어머니가 가족을 버리고 집을 나간 16년 전부터 그 계획을 줄기차게 들어왔다. 그리고 아버지가 연필로 그린 치졸한 설계도는 작년 봄 무렵부터 현실감을 띠게 되고, 그래도 정말 집을 짓지는 않을 것이라고 업신여기고 있던 우리들을 무시하며 결국 1개월 정도 전에 완성한 것이다. 촉촉한 동정 같은 감정이 불현듯 솟구치며 지진제(地鎭祭)에서 오직 혼자 고개를 숙이고 있던 아버지 모습이 떠올랐다.

문을 닫자, 아무것도 보이지 않는다. 어둠 때문이라기보다는 눈을 자극하는 도료 탓이다. 동생은 코를 막고 있던 손수건으로 눈을 닦았다. 나는 깜짝 놀란 것처럼 현관 깔개에 앉아 구두 뒤축을 엄지와 검지로 잡았다. 구두를 벗고 올라서려고 할 때, 동생과 나는 머리를 서로의 머리에 심하게 부딪쳤다. 복도 중간쯤에 서 있던 아버지는 좀처럼 들어오지 않는 우리들을 기다리다 지쳐 검은 바탕에 빨간 장미가 붙어있는 슬리퍼 두 켤레를 깔개 위에 나란히 놓았다. "불을 켜" 나는 기관지를 막히게 하는 도료 냄새에 참을 수가 없어 또 기침을 했다."

목 차

• 풀 하우스
• 콩나물

▌おはなしハルマンさま(이야기 '할망'님)

• 저자: 元靜美
• 출판사: 新幹社
• 자료유형: 단행본
• 출판연도: 1996년
• 총 페이지: 233쪽
• ISBN: 4-915924-73-4

이 책은 제주도의 옛날이야기를 소개하는 식으로 구성되어 있다. 내용은 다음과 같다.

"여러분,「제주도의 옛날이야기」여행을 저와 함께 떠나보지 않겠습니까? 제주도는 한국의 남쪽 바다에 떠있는 섬입니다. 지도상에서는 점으로 표현될 뿐인 작은 섬이지만, 한국(남조선)에서 가장 높은 산인 '한라산'이 섬의 한 가운데에 솟아있으면서 섬 전체를 내려다보고 있습니다. 또한 마을에는 옛날부터 전해져 오는 전설이 있어서 전설의 섬이라고도 불리고 있습니다. 그리고 삼다도(바람, 돌, 일하는 여자가 많다), 삼무도(집의 대문, 집의 자물쇠, 도둑이 없다)라고도 불립니다.

이처럼 작은 섬에 먼 옛날부터 많은 일본의 학자나 작가들이 방문하여 어른들 세계에서는 널리 소개되어 왔습니다. 제가 제주도를 방문한 날, 구름 하나 없는 푸른 하늘, 에메랄드그린의 맑은 바다, 약간 높은 산들(오름)의 무리가 맞이해주어 마음이 매우 따뜻해졌습니다. 한국의 이 아름다운 제주도를 어른들뿐 아니라 많은 아이들에게 전해주고 싶다는 강한 생각에 사로잡혔습니다. 그리하여 그날부터 한라산 하늘에서 불어오는 바람이 제주도의 옛날이야기의 페이지를 넘겨주었습니다. 자, 여러분. 저와 함께 남쪽 섬 바람을 맞으면서「이야기 할망님」이라는 여행의 페이지를 넘겨봅시다."

목차

- 거인 할머니
- 환상의 샘
- 돌하루방
- 도깨비길
- 이야기 할망님과 흰 뱀신님
- 고, 양, 부(삼성)
- 김녕의 큰 뱀
- 바위가 된 장군
- 산방산의 눈물

火山島Ⅳ(화산도4)

- 저자: 金石範
- 출판사: 文藝春秋
- 자료유형: 단행본
- 출판연도: 1996년
- 총 페이지: 558쪽
- ISBN: 4-16-363590-4

화산도는 재일조선인작가 김석범의 장편소설로 제주 4·3항쟁이 배경이 된 소설이다.

소설의 구체적인 내용을 보면, "카운터에서 클래식 음악이 흐르는 가운데 이방근은 전화를 받았다. 마담이 음량을 줄인다. 아까 아바이 순댓집으로 가기 전, 둘이서 남산을 산책하고 돌아올 때의 저녁에 이방근은 목구멍이 마르는 듯한 느낌과 함께 음악을 듣고 싶다고 생각했지만, 목이 마른 것은 아무래도 술 시간을 알리는 배꼽시계 같은 것의 소행이며, 그 술에 대한 갈증이 한편으로 클래식을 듣고 싶어 했던 것이 묘했다.

벌써 취하여 그 목의 갈증이 지금은 나아진 것 같았지만, 볼륨이 줄여진 바이올린 소리가 애처로운 느낌으로 울려 취기의 흐름에 침묵하면서 흘러갔다. 전화에는 여동생 유원이 나왔다.

"……술 마셨군요."

"그래."

"그것도 상당히 취한 것 같아. 바이올린 소리가 들리네. 오빠는 지금 어디야, 혼자예요?", "그래. 명동 근처인데. 혼자냐는 건 무슨 말이야." 이방근의 목소리가 날카로웠다.

"아니……" 유원은 일단 말을 끊었다. "오빠는 제멋대로, 술도 그렇고, 그리고 혼자 기분 나빠져서 화를 내니까……. 이제 돌아가지 그래요. 오 동무가 기다리고 있어요.", "뭐, 오 동무……. 남주(南柱) 일이야?", "오빠가 말한 대로 모레 일로 연락을 했는걸. 오빠, 오늘은 일찍 온다고 했잖아요."

"내가 그렇게 말했어? 늦지 않게 일찍 돌아오라고 한 건 너잖아. 불안하다고, 뭔지 알 수 없는 말을 했지. 뭐야, 불안하다고……. 오빠는 걱정했었어. 응, 들려? 지금은 왠지 오빠 쪽이 불안하다는 거야……."

유원은 아버지가 숙부와 통화를 한 후, 자신이 전화를 바꿨다고 했다."

목 차

- 제13장
- 제14장
- 제15장
- 제16장

▌地の影(땅 그림자)

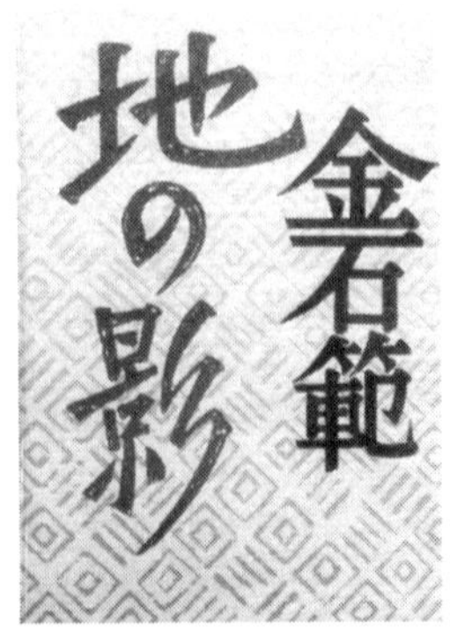

- 저자: 金石範
- 출판사: 集英社
- 자료유형: 단행본
- 출판연도: 1996년
- 총 페이지: 214쪽
- ISBN: 4-08-774200-8

이 소설은 재일조선인작가 김석범이 제1장 「스바루」 1993년 9월호, 제2장 「스바루」 1994년 2월호, 제3장 「스바루」 1995년 12월호에 게재한 소설을 수정 보완하여 출간한 것이다.

"최근 자주 어떤 광경이 뇌리를 멀리 스치는 새 그림자처럼 반짝이며 황량하고 수목이 없는 철광산이 몇십 년의 시간을 현재로 끌어와 눈앞에 펼쳐진다. 여름 태양에 현저한 무인 철광산에서 한 청년이 그 손에 든 다이너마이트의 폭발에 날려가는 한 순간이 작렬하며, 새 그림자가 하늘을 날아간다. 저편에 너도밤나무 원생림으로 뒤덮인 산중턱을 안은 외륜산이 솟아 보이며 계속 이어지는 산들.

그 광경은 선명한 이미지를 갖고 지금에 되살아나지만, 나는 목격한 것이 아니다. 그러나 이상하게도 하나의 기억으로 내가 목격이라도 한 것처럼 되살아난다. 어떤 강렬한 꿈을 본 감각이 어딘가에서 그 상을 기억에 집어넣었던 것일까? 아니, 그것은 감각이어서 꿈의 확실한 기억은 없다. 단지 고립된 상만이 황량한 기운을 띠며 떠오르는 것이었다.

그 다이너마이트가 작렬한 후의 사람 없는 적갈색 광산의 하늘가에 다이너마이트를 손에 들지 않고 서 있는 한 그림자가 보인다. 그것은 나 자신의 모습이며 나는 다이너마이트 자살을 꾀한 청년과 마찬가지로 그 광산에 있었던 것은 아니지만, 그곳에 내 모습이 보이는 것이다.

토호쿠(東北)의 어느 현 경계에 솟은 표고 1,600여 미터의 K화산 중턱에 있는 철광산. 무인 철광산의 다이너마이트 폭발의 메아리가 새 그림자가 되어 사라지는 하늘 저편, 원생림의 저편, 어이, 어이, 만나고 싶었네, 김백담, 만나고 싶었네!

그것은 하늘에 메아리치는 청년의 목소리이며, 멀리 울려퍼지는 다이너마이트의 폭발음을 들은 뒤의 나의, 광산의 하늘에 흩어지는 말이다. 모든 것이 안녕이다. 안녕히 계십시오! 토호쿠 지방 일각의 과거에서 떨어진 시간에 서있는 것은 이른 봄의 진눈깨비 내리는 S역 앞의 나이다. 그리고 언 손으로 무언의 악수를 한 양철승(梁哲承). 자네, 출발을 하루만 늦추면 어떻겠는가? 지금 기차를 반드시 타지 않으면 안 된다는 법은 없으니까. 헤어질 때 나에게 재고를 재촉하는 양철승의 가슴을 찌르는 말에 나는 가만히 있었다. 출발하겠다는 말이었다."

목 차

제1장 작렬하는 어둠   제2장 데코와 코마
제3장 노란 태양, 하얀 달

Z(제트)

- 저자: 梁石日
- 출판사: 每日新聞社
- 자료유형: 단행본
- 출판연도: 1996년
- 총 페이지: 346쪽
- ISBN: 4-620-10541-4

이 소설은 작가 양석일의 작품으로 그는 1950년 후반부터 재일조선인의 해방투쟁에 관련하면서 김시종 등과 함께 동인지『진달래』,『가리온』을 간행했다. 소설의 한 구절을 인용하면 다음과 같다.

"융단을 깐 어슴푸레한 방에서 서른 명 정도의 남녀가 파티를 열고 있었다. 등불을 꺼서인지 전체 윤곽이 희미해서 의식에 거미줄을 쳐놓은 것 같은 기묘한 위화감을 느끼면서 박경덕(朴敬德)은 맥주를 기울이고 있었다. 박경덕의 기묘한 위화감과는 반대로, 모여 있는 남녀의 화기애애한 분위기 속에서 파티는 중반을 넘어서고 있었다.

접시에 담긴 요리를 먹으며 알코올을 마시고, 담배를 피우고 있다. 방이 어슴푸레한 것은 모두가 피는 담배의 자색 연기가 올라서인지도 모른다. 어쨌든 모두는 자주 담배를 피우고 있다. 마치 안개 속에 있는 것 같다. 박경덕은 두세 명의 남자와 담소하고 있었지만, 이 파티가 어떤 파티인지 또 자신이 왜 이곳에 있는지 잘 몰랐고, 담소를 나누고 있는 상대도 모르는 인간

이었다. 그러나 모두 어딘가에서 만난 적이 있는 듯한 인간들이다. 이렇게 말하는 것도 모두가 아주 친숙한 태도로 박경덕을 대하고 있었기 때문이었다. 의식에 달라붙어 있는 점체질의 그들의 시선에 가끔 나타나는 잔인한 미소가 어쩐지 으스스했다.

목 있는 검은 스웨터에 검은 재킷을 입은 오십 넘은 남자가 히죽히죽 웃으면서 박경덕에게 접근하며 귀밑에서 속삭이듯 말했다. "두세 시간 뒤에 당신은 살해당할 것입니다." 그리고 남자는 마치 축복이라도 하는 것처럼 술잔을 쳐들었다. "뭐라고요, 내가 살해당해? 왜 죽게 됩니까?" 박경덕은 놀라서 조심성 없는 남자의 언사를 따졌지만, 남자의 표정에서는 농담인지 진담인지 읽을 수가 없었다. "어째서인지는 모르겠지만, 당신은 살해당하게 되어 있습니다."

흡사 게임이라도 즐기고 있는 것처럼 남자는 태연하게 알려주는 것이었다. "당신이 나를 죽입니까?" "아니, 나는 아닙니다. 여기에 있는 누군가가 당신을 죽이도록 되어 있습니다." 박경덕은 무심코 주위의 인간들을 살펴보았다."

▌ メソッド(메소드(method))

- 저자: 金眞須美
- 출판사: 河出書房新社
- 자료유형: 단행본
- 출판연도: 1996년
- 총 페이지: 174쪽
- ISBN: 4-309-01034-2

이 소설은 1995년 저자가 일본 제32회 문예상우수작을 수상한 작품이다.

"풋내 나는 다다미 위를 서서히 향 연기가 선회하기 시작한다. 회청색 냄새를 가진 미립자가 사진의 흔들림처럼 앉아있는 사람들의 윤곽을 잡기 시작한다. 사람들은 곧 시작될 의식을 공유하는 연대감으로 가볍게 흥분하며 침착함을 잃어가기 시작한다.

낮부터 켜진 전등불은 열두 장 다다미의 화실(和室; 일본식 방) 전체에 영화 세트처럼 거짓말 같은 빛의 고리를 던지고 있다. 방의 정면, 중앙에는 그랜드피아노를 공중에 매단 것처럼 검은 칠을 한 거대한 불단이 기묘한 불안정함을 띠며 침묵하고 있다. 불단 앞에는 상이 두 개 놓여 있고, 풀 먹인 흰 천이 죽은 이의 얼굴을 덮듯이 상에 펼쳐져 있다. 탁상에는 색색의 요리가 무질서한 색채의 불협화음을 연주하며 난립하고 있다.

나무 소반 위에 떡, 과자, 과일, 구운 생선, 고기, 구이가 놓여 있고, 진한 참기름 냄새가 방 가득히 색을 칠한 것처럼 진동한다.

불단 중앙에는 은그릇에 무와 고깃국이 김을 내고, 그 옆에는 마찬가지로 은그릇에 흰 쌀밥이 반원형으로 담아져 한 쌍의 오브제가 되어있다. 가득 담긴 쌀밥은 고분 같다. 쌀밥에는 은수저가 자루만을 보이며 꽂혀 있다.

은수저의 금속적인 차가움과 하얗게 김을 내는 쌀밥의 언밸런스는 이 의식의 전부를 상징하고 있는 듯했다.

사람들이 내는 헛기침이나 속삭이는 소리가 방 전체로 천천히 퍼져갈 즈음, 아버지가 진한 감색 양복 차림으로 다다미를 스치며 나타난다. 그것을 신호처럼 방에는 밀폐용기로 압축한 것 같은 농도의 진한 침묵이 가득하다. 그리고 그것은 꺼림칙할 정도의, 아니 우스울 정도의 진지함으로 시작된다.

먼저 아버지가 중후하게 검은 관음불단 손잡이에 손을 대며 바깥문을 연다. 그 안에서 황금색으로 빛나는 안쪽 문이 나타난다. 그것은 돌아가신 어머니의 방에 있었던 삼면경(三面鏡)으로 만드는 아와세 카가미(合わせ鏡; 두 개 이상의 거울을 사용하여 뒷모습을 볼 수 있는 거울)의 세계를 생각나게 만들어, 미궁의 세계를 생각해낸 나는 아버지가 영원히 문을 계속 열어야만 할 것이라고 믿으며 무서움에 눈을 감는다."

▌キムの十字架(김의 십자가)

• 저자: 和田登
• 출판사: 明石書房
• 자료유형: 단행본
• 출판연도: 1996년
• 총 페이지: 163쪽
• ISBN: 4-7503-0840-4

1944년 11월 11일 11시. 나가노시(長野市)의 동남쪽, 마쓰시로쵸(松代町)의 뒷산 일대에서 하늘을 뚫을 것 같은 발파 굉음이 울려 퍼졌다. 이것이 태평양 전쟁에서 패색이 짙었던 일본군이 본토 결전의 마지막 요새로 응전하고자 했던 대본영 공사의 시작이었다. 세 개의 산중턱을 구멍 뚫어 지하 방공호를 파서 황거(皇居)를 비롯하여 군의 지휘 관계는 물론, 정부기관이나 방송국까지 도쿄에서 이곳으로 옮긴다고 하는 터무니없는 비밀 대공사였다.

그곳으로 7000~8000여명에 달하는 조선인 노동자가 급히 모집되어 온 것이다. 그들 중의 대부분은 조선에서 강제로 끌려온 사람들로, 주로 지하 방공호를 파는 가장 위험한 부분의 일을 했다. 그런 만큼 낙반이나 다이너마이트에 의한 사고의 희생자도 다수가 나왔다. 그 조사에 착수했던 저자는 1977년에 논픽션『슬픔의 요새』(이와자키 서점)라는 한 권의 책으로 그 상황을 정리했다.

그러나 그것만으로는 만족할 수 없어 이번에는 픽션으로 그 소재를 이야기화하려는 생각을 하게 되었다. 막상 시작하려 했을 때, 내게는 강제된 조선인들 쪽에 자신을 둠에 따라 지금까지 보이지 않았던 것들이 보다 선명하게 보이지 않을까 하는 생각이 들었다.

그 간의 사정은 「『김의 십자가』가 완성되기까지, 그리고 그 후」(본서 제2

부)에 상세히 서술되어 있다. 이 작품을 완성시키는 데, 특히 조선 문자 관계에 대해서는 거기에 밝은 역사가들의 신세를 졌다. 또 1930년대부터 45년에 걸친 조선의 기독교 사정을 아는 데에 있어서는 조원국(趙元國) 씨의 도움을 받았다.

목 차

제1부 김의 십자가
제2부 『김의 십자가』가 완성되기까지, 그리고 그 후
후기

▌死者と生者の市(죽은 자와 산 자의 도시)

- 저자: 李恢成
- 출판사: 文藝春秋
- 자료유형: 단행본
- 출판연도: 1996년
- 총 페이지: 214쪽
- ISBN: 4-16-316480-4

이 소설은 작가 이회성이 『문학계』 1996년 5월호에 발표한 작품을 수정·가필한 것이다. "실로 23년 만이었다, 문석(文錫)이 서울에 온 것은. 1995년 11월 1일의 일이다. KAL기가 김포비행장에 내린 것은 정오가 지난 시각이었다. 도중에 비행기 안에서 한반도를 내려다볼 수 없었던 것은 유감이었다. 단체객들과 섞여 이코노미 좌석에 탔기 때문에 생각대로 창가 자리에 앉지 못했다. 화장실에 가려고 일어섰을 때, 현해탄을 잠깐 보았을 뿐이었다.

세관을 지나 출구에 다가간 순간, 플래시가 터졌다. 신문기자들이 기다리고 있었던 것이다. "그런데 '조선국적'인 채로 한국에 오신 인상은 어떻습니까?"라고 한 기자가 물었다. "……발바닥이 간지럽다고나 할까……" 문석은 당혹한 기색으로 답했다. 순간 뭐라 대답해야 할지 몰랐다. 대체로 처음에 말이 막혀버리는 일상의 버릇이 나왔을 뿐인지도 모르겠지만. 지금 기자는 '조선국적'이라고 했는데, 정확하지는 않다고 마음속으로 생각하고 있었다. '조선'적인 것이다. 그러나 이 차이의 의미를 이러저러하다고 설명하는 것으로 시작되지 않는다든가, 알아주어야만 한다든가 머릿속에서 생각해 버린다. 그래서 오히려 아무것도 말할 수 없게 되었다.

"그렇습니까?"하며 다른 기자가 중얼거렸다. 그는 미소 짓고 있었다.

문석은 안심되었다. 이쪽 심정을 이 기자는 이해했는지도 모른다. 입국하면 틀림없이 기자들에게 붙잡힐 것이라는 예상쯤은 하고 있었다. 그러나 아무런 준비도 하지 않았다. 23년만의 방한인 것이다. 새삼스럽게 이러니저러니 할 말도 없다. 마음을 비우고 있으면 되는 것이다. 그렇게 생각하고 있었다.

"발바닥……"은 문득 입에서 나온 말이었다. 비행기 트랩을 내렸을 때는 그런 느낌이 아니었다. 지면에 발을 댔을 때, 왠지 하늘을 올려다보았다. 가을 하늘이 저 멀리 깊었다.

"결국 왔는가?"라고 생각했다. 자신도 의외로 침착했다. 상쾌한 기분마저 들었다. 그런 자신에게 뭔가 납득할 수 있는 것이 있었다. 침착했던 것은 여행에 익숙해서일지도 모른다. 2개월 전에도 구소련에 다녀왔다."

火山島 VI (화산도6)

- 저자: 金石範
- 출판사: 文藝春秋
- 자료유형: 단행본
- 출판연도: 1997년
- 총 페이지: 534쪽
- ISBN: 4-16-363610-2

소설 『화산도』는 저자의 체험 외의 세계인 4·3항쟁이 시대적 배경으로 되어있다. "한대용(韓大用)은 저녁, 자택이 있는 한림우체국에서 전화를 걸어왔다. 출발은 10월 22~23일이 될 것 같지만, 확정은 내일 될 것이라고 듣고, 이방근(李芳根)은 안심했다. 23일이라고 보면 앞으로 며칠이라는 시간이 남았다. 빨리 일을 정리하고 싶지만, 그러나 실제로 유원(有媛)이 유학 때문이라고는 하지만 언제 재회할 수 있을지 모르는 상태에서 일본으로 떠나버릴 것을 생각하면 마음이 아팠다.

같이 가고 싶은 마음이 강렬하게 일어난다. 그녀 자신이 그렇겠지만 지금은 하루라도 출발을 늦추고 싶은 마음까지 생기고 있었다.

밤, 북 신작로의 옥류정(玉流亭)에서 '서북' 제주지부장 함병호(咸炳浩)와 만났지만, 결국은 기생 시중을 들으며 먹고 마셨을 뿐으로 상대에게 한성주(韓成柱)들의 연판장 운동을 화제로 삼을 수도 없어 이방근도 일절 그 같은 이야기는 입에 담는 것을 삼갔다.

옛 벗을 후대한다는 식의 만남을 가졌고 9시가 지나 귀가하고 나서 얼마 후, 의외로 일찍 서울에서 온 전화가 연결되었다. 전화를 받고 이방근은 여동생에게 오늘 아버지와 이야기한 '좋은 결과'를 전하며 아마 내일은 제주 출발 일정이 22~23일로 정해지므로, 내일 밤 이쪽에서 전화를 하기로 했다. 복이를 시켜 부른 아버지와 전화를 바꾸고 그 자리를 떠나 서재로 돌아 갔다.

그리고 딸 다음으로 전화를 바꿔 든 건수(健洙) 숙부와의 긴 통화가 끝나 고 나서 알았는데, 아버지는 응접실에 얼굴을 내민 이방근을 향하여, 이 2 ~3일 중에라도 유원과 만나기 위해 서울로 출발한다고 알려 주었다. 어, 놀랄 일은 아니다, 이게 부모라는 거겠지. 이방근은 이웃마을도 아닌, 교통 차단 상태의 외딴 섬에서 서울까지 간다는 아버지에게 감동마저 느꼈지만, 동시에 이상한 자기 마음의 움직임의 싫은 느낌, 여동생을 방문하러 간다는 아버지에게 왠지 묘하게 질투를 하고 있는 것 같은 자신을 발견하고 놀랐 다. 다음날 19일 한대용이 탄 배의 제주 출항이 22일 밤 10시, 조천면 T리 축항(築港)으로 정해졌다.”

▌火山島Ⅶ(화산도7)

- 저자: 金石範
- 출판사: 文藝春秋
- 자료유형: 단행본
- 출판연도: 1997년
- 총 페이지: 517쪽
- ISBN: 4-16-363620-X

소설 『화산도』는 작가 김석범의 체험 외의 세계인 4·3항쟁이 시대적 배경 으로 되어 있는데, 제1부 집필 당시의 4·3 관계 자료는 김봉현, 김민주 공 편 『제주도 인민들의 〈4·3〉 무장투쟁사』 이외에는 거의 없고, 「까마귀의 죽음」(1957년) 집필 이래, 제주에서 온 밀항자들에게 들었던 이야기가 소설의 소재가 되기도 하고 효소역할도 하고 있다.

지금은 그들 중 많은 사람들이 세상을 떠났다. 1980년대의 한국 민주화 투쟁 속에서 88년 봄의『제주민중항쟁』을 비롯하여 증언집을 포함한 많은 책들이 그 후 출판되었는데(제1차 자료는 현재에 이르기까지 나오지 않고 있다), 제2부 집필 과정에서 그러한 문헌들을 수집하였다.

또한 1988년 11월 40여년 만의 22일간에 걸치는 서울, 제주도 등을 돌아본 한국여행은『화산도』집필에 큰 탄력을 주는 것이었다.『고국행』(1990년, 이와나미서점)은 그때의 기행이다.

4 · 3항쟁은 미국이 강행한 '남'쪽만의 단독선거, 단독정부수립반대 투쟁으로, 주도적인 역할을 담당한 남로당 조직의 극좌적 실수가 중차대하다고 해서 조국통일을 지향한 반국가 테러리즘의 민중봉기라는 의의를 얕보아서는 안 된다. 당시의 구 친일파 세력이 과거 자신들의 '친일애국'을 해방 후의 '반공애국'으로 살짝 바꿔 남조선민 중의 학살 위에 성립된 대한민국의 '정통성'을 유지하기 위해 제주도를 완전한 '빨갱이 섬'으로 만들 필요가 있었다.

"대한민국을 위해서는 제주도에 휘발유를 뿌려 불을 지르고, 30만 전 도민을 한꺼번에 말살시켜야 한다."(정부 경무부장 조병옥). 제주도는 대한민국 정부존립을 위한 희생물이 된 것이며, 미국 군정과 함께 친일파를 정권의 기반으로 한 이승만 정부의 죄업은 지극히 크다. 한국 현대사 연구에 있어서 친일파와 4 · 3항쟁의 관계는 앞으로의 새로운 과제가 될 것이다.

▌孫正義(손정의)

- 저자: 霧生廣
- 출판사: 日本能率協會マネジメントセンター
- 자료유형: 단행본
- 출판연도: 1997년
- 총 페이지: 214쪽
- ISBN: 4-8207-1237-3

이 소설은 일본의 경영자로 가장 주목을 받고 있는 소프트뱅크의 손정의 사장에 관한 이야기이다. 그는 미국의 대학을 졸업한 후, 일본에 귀국하여 24세에 창업, 퍼스널 컴퓨터 소프트의 유통사업과 출판 사업에서 대성공을 하여 일찍부터 경제계와 매스컴으로부터 "젊은 벤처의 기수", "일본의 빌 게이츠」로 기대를 한 몸에 받았지만, 일반 사람들을 포함하여 일본 전국적으로 이름이 알려지며 "시대의 사람", "화제의 인물"이 된 것은 최근의 일이다.

특히 경제계와 매스컴의 손정의 사장에 대한 평가는 종래의 "기대되는 별"에서 돌변하여 '이단', '성급', '폭주', '머니 게임'과 같은 호된 평가로 급변하였다. 어쨌든 '위험인물' 취급이다. 매스컴 보도의 평가가 격변한 것은 손정의 사장의 '자사의 고 주가를 이용한 자금조달방법'과 '약 5천 억 엔이나 투자하여 미국 기업 등을 잇달아 M&A(기업의 매수 · 합병)하고, 사업을 급격히 확대시킨 경영수법'에 대해 호된 비판이 집중되고 있다.

경제계와 매스컴 등이 지적하는 것처럼 손정의 사장의 경영수법은 종래의 일본적 경영수법과는 전혀 다른 방법이다. 이 때문에 손정의 사장의 경영수법은 '이단'인가 '혁신'인가 하는 논의까지 불러일으킬 정도의 강렬한 충격을 주고 있다. 손정의 사장은 M&A로 무엇에 포석을 둔 것일까? 그의 최대 목표는 '디지털 정보산업의 기반사업을 담당하는 세계적인 톱 기업'을 만드는 것이다.

손정의 사장의 표현을 그대로 인용하면 "글로벌 규모로, 또한 굉장한 스피드로 진행되고 있는 디지털 정보혁명에 뒤처지면 기업은 살아남을 수 없다. 지금이 승부 시기이다. 제로에서부터 사업을 키워나가서는 완전히 뒤로 처져 치명적인 결점이 된다. 디지털 정보산업의 인프라 사업과 관련되어 있는 세계적으로 넘버원인 회사를 M&A함으로써 나는 시간을 산 것이다."라고 말했다.

▌分斷を生きる(분단을 살다)

- 저자: 徐京植
- 출판사: 影書房
- 자료유형: 단행본
- 출판연도: 1997년
- 총 페이지: 295쪽
- ISBN: 4-87714-229-0

이 책은 저자가 1989년 이후의 8년 동안에 썼거나 말한 것 중, 재일조선인이 현재 직면하고 있는 상황과 직접 관련된 것을 고른 것이다. 저자의 첫 저서 『멀고 험한 노정』은 가게(影)서방에서 1988년 1월에 간행되었는데, 그것의 속편이라 할 수 있다. 『멀고 험한 노정』을 간행했던 당시는 아직 두 형이 한국에서 수감 중에 있었다. 형들의 옥중 경험과 그것을 통해 보이는 동시대 한국 민중들의 경험을 저자 나름으로 받아들여 숙고하고, 어찌어찌하여 거기에서 보편적 의미를 찾고자 하는 데에 저자 자신의 관심을 집중하고 있었다.

다행히도 1988년 5월과 1990년 2월에 형들이 출옥할 수 있게 되어 이때를 경계로 저자 개인의 인생에도 전환기가 찾아왔다. 대학의 비상근 강사로서 젊은이들과 접하면서 저자 자신의 경험을 '원 소재'로 하여 이 시대의 위기를 이해하고 위기 진행을 막기 위해 계란으로 바위를 치는 입장에 세워졌던 것이다. 많은 일을 할 수는 없었지만 8년 간 버둥거려 왔던 '흔적'이 이렇게 남게 된 것이다.

이 책에 수록된 글을 시계열 상으로 보면 처음의 것은 '제4의 호기'이며, 마지막 것은 금년 1월의 '이제 침묵하고 있어서는 안 된다'이다. '제4의 호기'는 '쇼와(昭和)천황'이 죽었을 때 새삼 자기중심적인 일본국가주의가 부상하는 양상을 보면서 쓴 것이다. 거기에서 나는 천황의 죽음에 의해 주어진 '제4의 호기'에 일본인과 조선인(아시아인)과의 진정한 화해로의 길을 열 수 없다면 일본인은 앞으로도 "항일투쟁에 계속 직면할 수밖에 없다."라고 기술했다. '이제 침묵하고 있어서는 안 된다'는 역사 수정주의적 언설과 일본 국가주의의 결탁이라는 현상에 대해 경고를 발한 것이다. 이처럼 되돌아보면 과거 8년 동안 일본사회의 상황은 저자가 우려한 대로 그 위기가 심각해져 간다고밖에 말할 수 없다.

한편 재일조선인을 전체로서 볼 때 이렇게 신변에 닥치는 위기에 대해 무자각이며 또한 무방비인 것처럼 보인다. 현상 추인이나 시류 영합의 자세를 '있는 그대로'라든가 '자연성' 등으로 바꿔 말하는 것이 재일조선인 자신들 사이에서 유행하고 있다. 너무나 출구가 보이지 않는 처지가 '막다른 곳'을 '출구'로 착각하는 순응주의나 안이한 자기 긍정으로 그들을 내몰고 있는지도 모른다. 그러나 적어도 저자는 "출구가 보이지 않는다."라는 현실을 직시하는 것이 글을 쓰거나 사람들 앞에서 말하는 자의 최소한의 책무라고 믿고 있다.

▌家族シネマ(가족 시네마)

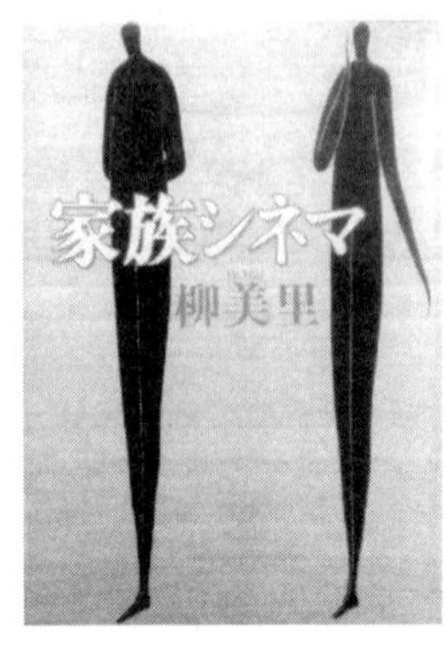

- 저자: 柳美里
- 출판사: 講談社
- 자료유형: 단행본
- 출판연도: 1997년
- 총 페이지: 119쪽
- ISBN: 4-06-208607-7

이 소설은 「유카게구사(夕影草)」라는 타이틀로 『월간 카도가와』에 연재했던 것을 한 권으로 정리하면서 『물가의 요람』으로 제목을 바꾸었다. 모든 것은 '사실'이며, '거짓'이라고 하면 사람들은 어쩐지 수상쩍다고 생각할까? 저자는 역사이든 정치이든 다른 사람의 신상 이야기라도 그것은 사실임과 동시에 거짓이라고 생각하는, 자신의 감각을 믿고 있다. 아쿠타가와 류노스케(芥川龍之介)의 유명한 소설 「덤불 속」에 등장하는 덤불, 카오스야말로 저자에게 있어서 '진실'이다.

그럼 도대체 이것은 무엇일까? 어떤 사람은 '자전(自伝)'이라고 하고, 어떤 사람은 '소설'이라고 하며, '에세이'라고 하는 사람도 있을지 모른다. 여기에 등장하는 사람들은 실제로 내 앞에 나타난 사람들이라고 단언한다. 그립고 슬픈 생각을 부채질하는 사람들이다. 그들은 존재했으며, 지금도 존재하고 있다. 내가 바닷가에서 본 환각이라 하더라도 그렇다. 이 세상은 일종의 환각인 것이다. 많은 사람들이 나타나고 사라진다. 그런 일은 나뿐 아니라 누구나가 경험하는 '슬픔'일 것이다. 남는 것은 추억, 기억에 지나지 않는다. 그리고 그 기억이야말로 이야기이며, 이야기의 '변용' 일체이다. 이것은 '자전'도 아니고 '소설'도 아니라고 저자는 말한다. 이것은 말의 누적이다, 말의 토사(土砂)이다.

목 차
- 다다미 아래 해협
- 극장의 모래사장
- 교정의 아지랑이
- 후기

愛と悲しみのレクイエム(사랑과 슬픔의 레퀴엠)

- 저자: 朴秀男
- 출판사: 朝日出版社
- 자료유형: 단행본
- 출판연도: 1997년
- 총 페이지: 128쪽
- ISBN: 4-255-97044-0

이 소설의 주인공은 일본에서 태어나 일본 식민지지배 중 창씨개명으로 일본이름 야마모토라는 성으로 개명하였다. 조선이름을 사용했기 때문에 학급의 악동이나 둘러싼 무리로부터 이유 없이 구타당하기도 하였다.

소설은 프랑스 유학 후의 장면에서 시작되고 있다.

"나는 몽마르트 언덕에 솟아있는 백아의 서크라케일 사원의 테라스에 서서 눈 밑의 파리 거리를 내려다보았다. 룩상부르그 공원의 철책으로 에워싸인 정문 앞 대로를 북쪽을 향하여 센강에 이르는 언덕길을 내려가면 주변 일대는 상미셀 번화가의 여러 상점들이 늘어서 있다.

나는 1시간 정도 전에 지났던 그 상미셀 대로를 눈으로 찾았다. 그 대로에 쏟아지는 여름의 빛나는 햇살은 불타고 있었다. 격렬하게 작열하는 빛의 파도는 열어젖힌 상점가에 쏟아지며 공기를 숨쉬기 힘든 것으로 만들고 있었다. 대로변에 있는 집들 멀리에 교회 첨탑이 두드러지게 울창한 숲 같은 한쪽에 솟아있다. 나는 그 교회를 목표로 하여 번화가의 보도를 걷고 있었다. 건조한 아스팔트 길. 먼지, 잡답(雜踏). 시끄럽고 북적거리는 사람들의 훈김과 땀 냄새와 차의 배기가스. 이러한 복잡한 상점가를 빠져나와 대로를 한 걸음 동쪽으로 가면 조용한 오르막길이 되고, 수목이 무성한 교회에 도착한다.

교회 담 입구의 문을 지나 마당을 지나면 교회 건물의 현관 입구인 문이 눈에 들어왔다. 나는 문을 밀고 안내를 청하려 불렀다. 안에서 여승이 나왔다. 나는 이자벨의 묘를 물었다. 여승은 나를 교회의 예배당 뒤뜰에 면한 묘지에 안내했다. 그곳에는 이십몇 기의 십자가와 끝이 삼각인 석비(石碑), 지하납골당 등의 묘지로 되어 있다. 이자벨의 묘는 그중 하나였다.

나는 그녀의 묘 앞에 서서 경련이 일듯이 얼굴을 돌리고 솟구치는 눈물에 눈을 흐렸다. 나는 입을 다물었다. 머리를 숙이고 멍하니 묘석을 바라보며 생활의 숨겨진 진실에 조금이라도 마주해보고 싶다는 생각에 나는 꽃다발을 바쳤다. 그것이 우리들의 사랑의 공양일지도 모른다. 여승은 그러한 나를 주시했다. "아시는 분입니까?" 나는 미소를 보이며 끄덕였다."

▌アボジの履歴書(아버지의 이력서)

• 저자: 金乙星
• 출판사: 神戸學生靑年センター出版社
• 자료유형: 단행본
• 출판연도: 1997년
• 총 페이지: 134쪽
• ISBN: 4-90640-33-X

인생 70년이 눈 깜짝 할 새에 지나가버린다. 저자는 평소 그렇게 건강에 세심한 주의를 기울이지도 않았고, 술도 꽤 자주 마셨다. 2년 정도 전까지는 담배도 하루에 4갑에서 5갑 정도 피웠다. 저자는 70이 넘어서까지 살 수 있을 것이라고는 도저히 생각지도 못했지만, 현재도 지극히 건강하며, 특별한 사고라도 없는 한 앞으로 몇 년 정도는 더 살아갈 수 있을 것 같다. 많은 선배들이나 동료들이 저 세상 사람이 되었다. 저자는 이미 조선인 동료나 일본 친구들 사이에서도 최고 연장자의 부류에 속하게 되었다.

생각하면 저자가 20살이었던 때가 종전이었다. 지원까지 해서 일본 군대에 갔던 군국주의 청년이 전후에 무언가를 깨닫고, 일본의 공산당에 입당하여 조국 조선의 독립과 평화적 통일을 바라며 그를 위한 투쟁에 참가했다.

그로부터 50년의 세월이 지났다. 조국의 통일은 아직 이루어지지 않았고, 밝은 전망도 여전히 보이지 않는다. 저자는 죽을 때까지 꼭 한 번은 통일된 조국에 돌아가 보기를 바라고 있다. 저자가 태어난 고향은 경상남도 진해이다. 지금도 가끔 고향에 돌아간 꿈을 꾸는 일이 있다. 그러나 이 바람도 저자가 살아있는 동안에 실현되는 것은 무리일 것 같은 기분이 든다. 저자는 통일되지 않은 조국에는 북이든 남이든 돌아가고 싶은 마음이 없다.

우리 재일 1세나 2세들 대부분의 사람이 전후 공화국의 사회주의 건설에 꿈을 걸었다. 당시 남조선의 이승만 정권을 비롯하여 그 후의 군사쿠데타에 의한 역대의 군사정권에 꿈을 맡길 생각은 들지 않았다. 그리고 그것이 맞다고 생각하며 아무런 의문도 갖지 않았다.

그러나 그것이 소련, 동구의 공산당 정권의 붕괴, 사회주의 건설의 좌절로 우리들의 전후 50년은 무엇이었는지 되묻지 않으면 안 되게 되었다. 그러나 이 문제에 대해서는 아무런 해명도 없고 우리들도 모른다. 공산주의, 사회주의 건설을 위해 19세기부터 20세기에 걸친 장대한 드라마라고 해야 할까? 엄청난 희생 하에 펼쳐졌던 경험과 실패의 교훈에 대해 마르크스·레닌주의가 틀렸는지, 마르크스는 좋았지만 레닌이 나빴는지, 이론은 맞지만 하는 방식에 문제가 있었는지, 우리들의 이런 의문을 풀어줄 이론적인 해명을 바라고 있지만, 그것은 후세의 역사가에게 맡길 수밖에 없다.

목 차
제1장 조선에서 일본으로(소년시대)
제2장 징용과 군대생활(중국전선을 가다)
제3장 일본의 패전(단바에 복원)
제4장 조련중앙고등학원에 가다(공산당에 입당)
제5장 산타마지구 위원회에서 활동
제6장 한신조선인 교육투쟁
제7장 도호쟁의(도쿄 산타마에서 당 활동)
제8장 빨간 배지의 폭풍(니자키, 고베에서 당 활동) 등등

▌一九四五年の原点(1945년의 원점)

- 저자: 金一勉
- 출판사: 三一書房
- 자료유형: 단행본
- 출판연도: 1997년
- 총 페이지: 232쪽

인간(인생)에 있어서 '원점'이라는 것은 의식형성이라는 점에서 말하면 정신의 고향 같은 것이리라. 원점을 갖느냐 아니냐에 따라 그 삶의 방식과 행동이 달라진다. 그 시대와 사회 환경이 좋든 싫든 의식의 원점을 부여해 주는 것이 보통이다. 그 경우, 사람들은 그 자신의 '체험'을 '경험'의 단계로까지 승화시키는 것이 요건이 될 것이다. 아무리 혹독한 쓴 맛을 보더라도 씻은 듯이 잊어버리고 아무 일도 없었던 것처럼 행동하는 인간도 있지만, 그에게

는 '원점' 같은 것이 있을 리 없다. 그렇기는커녕 이윽고 자신이 경험한 쓴 경험을 뒤집어서 응용하여 다른 자에게 쓴 경험을 강요하는 경우가 많다.

예를 들면 구 일본군 부대에서 가혹한 따귀를 때리거나 사형(私刑)이 일상에서 다반사로 통용되었던 무렵, 어떤 자는 '자신들도 초년병 때 혹독하게 당했으니까 이번에는 자신이 신병들을 학대한다.'라고 기를 쓰는 부류이다. 옛날 지주나 부자에게 착취당하여 가난에 울었던 자가 무슨 짓을 해서라도 돈을 벌겠노라고 생각하여 결국 창녀집을 차려 가난한 집 딸을 창부로 내세워서 생피를 빨아먹었다는 예도 그것이다. 그들에게는 '원점'이 있을 수가 없다.

또 '원점'이라는 것은 체험이나 경험과는 관계없이 이론과 교양에 의해 발견되는 것이다. 지난날 작가이며 영문학자인 고 아베 토모지(阿部知二)는 전후의 유럽여행에 나서 런던 거리에 서있을 때, 우연히 영국 노동청년의 연설을 듣고 자신의 의식이 바뀌었다고 술회하고 있다.

지난날 식민지 조선의 대지주 자식들이 총독부 관리가 되려고 도쿄로 유학했었다. 그러나 그들은 요시노 사쿠조(吉野作造) 등의 저서를 읽고 나서 농민해방운동을 익히고, 흔히 말하는 빨갱이가 된 예가 많이 알려져 있다. 이 경우 사상으로 연결되는 "한 권의 책"이 그들의 '원점'이라고 할 수 있을 것이다.

그 악몽 같은 전쟁 중, 쟁쟁한 '군국소년'들이 전후, 혁신사상의 깃발을 흔들었던 일을 필자는 알고 있다. 그들에게는 확고한 원점이 새겨져 있었을 것이다.

▌姜琪東俳句集(강기동 하이쿠집)

- 저자: 姜琪東
- 출판사: 石風社
- 자료유형: 단행본
- 출판연도: 1997년
- 총 페이지: 255쪽

저자의 인생에서 특필한 만한 점은 평생의 스승 가토(加藤楸邨) 선생님과의 만남이다. 30대 후반부터 50대 후반까지의 이십 수년간 선생님과의 헛기침과 만나고자 하는 일념으로 하이쿠(俳句)를 계속 만들어 왔다. 저자의 생활 중심에는 늘 하이쿠와 가토 선생님이 존재했다.

1993년 7월에 가토 선생님이 돌아가시고 나서 4년이 지나자. 저자의 마음속에서 하이쿠에 대한 정열이 급격하게 식어가고 있었다. 이대로 하이쿠에서 멀어져 가버릴지도 모른다. 그래서 저자는 하이쿠집(句集)을 엮을 것을 마음먹고 실행에 옮겼다.

목차

- 조선 나팔꽃 〈재일 120구〉
- 사색 때 〈사계 120구〉
- 가는 곳 모르고 〈동물 120구〉
- 친절놀이 〈생활 120구〉
- 고드름의 눈물 〈여행 120구〉

▌朝鮮の夜明けを求めて第一部(조선의 여명을 찾아서 제1부)

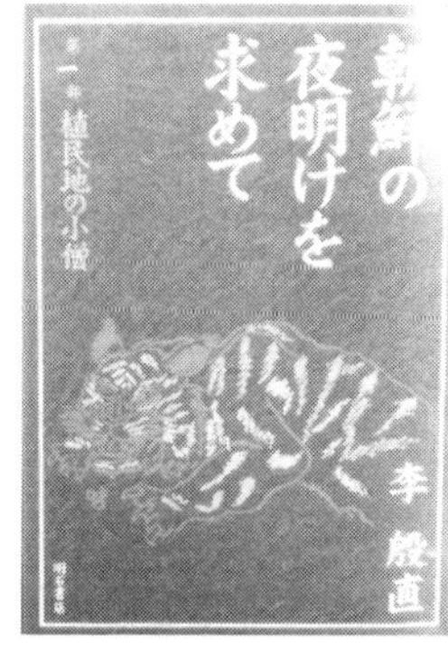

- 저자: 李殷直
- 출판사: 明石書店
- 자료유형: 단행본
- 출판연도: 1997년
- 총 페이지: 340쪽
- ISBN: 4-7503-0963-X

[제1부 식민지의 소년점원]

이상근(李相根)이 약국을 개업하고자 하는 아가와(阿川)의 가게에 점원으로 고용된 것은 1929년 1월 중순, 싸라기눈이 흩날리는 추운 날이었다. 공립보통학교(당시 조선인 학생들만 다니던 소학교)를 졸업했다고는 하지만, 갓 만 11세가 된 어린 상근에 있어서는 불안한 출발이었다. 상근이 태어난 곳은 조선 서남부에서도 곡창지대로 알려져 있는 호남평야 한쪽의 작은 농촌이었다. 가난한 소작농의 다섯 번째 아들인 상근이 철들 무렵에는 이미 장남 부부는 15km나 떨어진 곳으로 이사한 후이며, 손윗누이 넷도 각각 멀리 떨어진 마을로 시집갔다.

집에는 11세, 7세, 3세 위인 세 형과 세 살 아래인 막내 여동생이 있었다. 아버지는 순전한 농민으로 서당(한문을 가르치는 데라코야 같은 곳)도 다녀본 적 없는 일자무식의 인간이었지만, 세상의 동향에는 민감했던 모양으로 1894년의 동학농민전쟁에 죽창을 들고 참가한 경력을 갖고 있었다. 그 관계로 열렬한 천도교(동학계 민족종교) 신자가 된 아버지는 파란만장한 삶을 사는 가운데 한방의의 기술을 익혀 주변에서는 평판이 좋은 의원(한방의)이 되어 있었다.

평판 좋은 의원이라면 돈을 벌어 당연히 유복한 생활을 할 수 있었을 테지만 어려운 사람들에게는 약값도 받지 않고 나을 때까지 돌보는 아버지이고 집에는 손님들 출입이 끊긴 적이 없어 어머니는 일 년 내내 살림에 쫓기고 있었다.

그러한 아버지가 1922년 가을, 집의 사랑방(응접실)에서 마을 아이들과 청년들에게 새로운 학문을 가르치는 학교를 열었다. 1919년의 3·1독립운동이 실패로 끝난 후, 애국적인 청년들의 교육보급운동이 전국적으로 확산되어 갔다. "조선이 망하고 일본제국주의의 식민지가 된 것은 대다수 국민들이 무지하여 자신의 이해만을 생각하고 태연스레 국가를 팔아먹는 패거리에 국정을 맡겼기 때문이다.", "아는 것이 힘이다!", "배워서 힘을 기르는 것이다!" 이러한 말들이 청년들의 슬로건으로 되어 갔다.

▌朝鮮の夜明けを求めて第二部(조선의 여명을 찾아서 제2부)

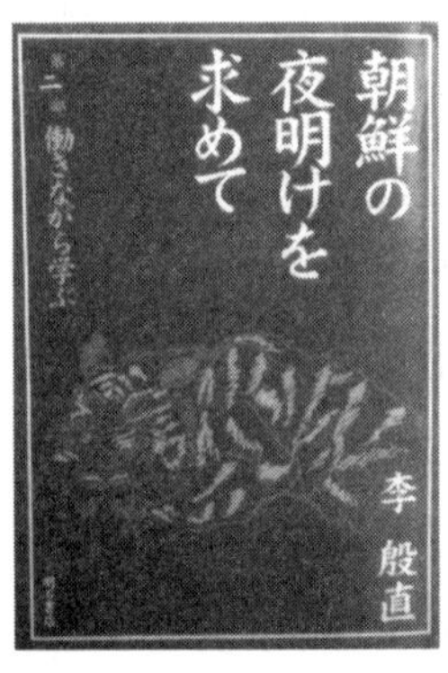

- 저자: 李殷直
- 출판사: 明石書店
- 자료유형: 단행본
- 출판연도: 1997년
- 총 페이지: 344쪽
- ISBN: 978-4-7503-0964-4

[제2부 일하면서 공부하다]

이상근(李相根)이 시모노세키(下關)와 여수 사이를 오가는 관려(關麗) 연락선에 탄 것은 1933년 5월 12일의 오후였다. 아직 만 15세 소년의 몸이었지만, 일본에 가면 일하면서 야학에 다닐 수 있다는 것을 알고 향학열에 불타 경찰서에 이십 몇 차례나 쫓아다닌 끝에 결국 일본에 가도 된다는 도항증명서를 받을 수 있었기 때문이었다. 더구나 자신 혼자가 아니라 고향에서는 살아갈 수 없다는 11살 위의 형님 부부와 그 두 아이들을 동행한 여행이었다.

고향 마을의 일본인 상점에서 4년 남짓 사환으로 일했지만, 미래에 대한 아무런 희망도 없을 뿐 아니라 하루하루 생활도 고통의 연속이었기 때문에 그 어려움에서 벗어나고자 하는 필사의 발버둥이기도 했다. 태어나 처음으로 긴 기차여행을 하고 여수항에 도착하여 드넓은 바다를 바라보았을 때, 상근은 기쁨과 감격으로 가슴이 요동쳤다. 그리고 그들이 탄 연락선은 2천 톤 정도의 배였지만, 처음 보는 기선이었던 까닭에 상근에게는 터무니없이 거대한 것으로 보였다.

연락선에 탑승하기 전, 여수 경찰서의 일본인 형사들이 상근이 내놓은 도항증명서를 펼치고 고약한 눈길로 그들 일행을 노려보면서 "어디로 가는가? 무엇 때문에 가는가? 돈은 얼마 갖고 있는가?"하며 집요하게 물어댔지만, 일본에 갈 수 있다는 기쁨으로 들뜬 상근은 그러한 형사들의 태도도 그다지 거슬리지 않아 시원시원하게 대답하여 무사히 배의 갑판으로 올라설 수 있었다. 그러나 승선 때, 다른 줄에 서있던 일본인들 쪽은 형사들로부터 무엇 하나 질문 받지 않고 의기양양하게 배에 타는 모습을 보고 상근은 분노와 비참함을 느끼지 않을 수 없었다. 큰 징소리와 함께 출항한 연락선이 먼 바다로 나가자, 배는 상당히 심하게 흔들리기 시작했다. 그러나 상근은 갑판에 나와 멀리 사라져 가는 저편 산들을 바라보면서 이것으로 고향을 떠났다는, 아련한 감개에 젖어 들었다.

▌朝鮮の夜明けを求めて第三部(조선의 여명을 찾아서 제3부)

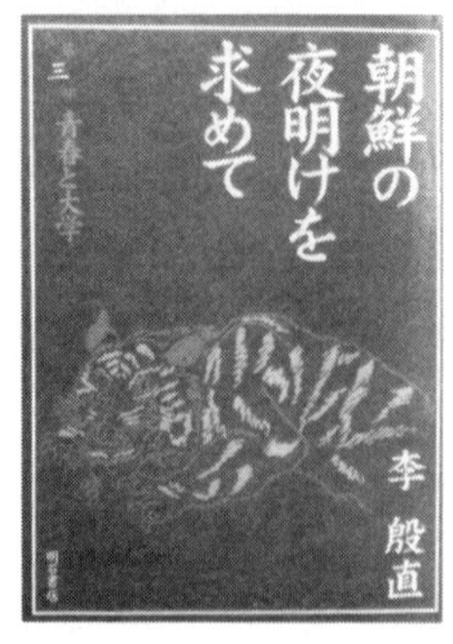

- 저자: 李殷直
- 출판사: 明石書店
- 자료유형: 단행본
- 출판연도: 1997년
- 총 페이지: 338쪽
- ISBN: 978-4750309651

[제3부 청춘과 대학]

1936년 8월, 베를린에서 올림픽대회가 열렸다.

일본에서는 1940년에 도쿄에서 올림픽대회가 개최되기로 예정되어있었기 때문에 올림픽 붐은 급속하게 높아져 갔다. 일본은 베를린에 사상 최대의 선수단을 파견한다는 일로 연일 신문의 스포츠 면에 대서특필되었다.

어렸을 때부터 사환으로 일했기 때문에 운동경기에 참가할 기회가 없었던 상근이었지만, 스포츠에는 흥미가 있어서 신문을 볼 때 우선 맨 처음 스포츠 면을 읽는 버릇이 들어 있었다.

도쿄에 오고서는 동경했던 6대학 야구를 보기 위해 맨 먼저 진구(神宮) 구장으로 갔고, 메이지절(明治節)을 중심으로 가을에 행해지는 진구 경기대회에는 매일 구경하러 나섰다. 1935년의 가을, 조선에서 온 손기정 선수가 마라톤에서 세계 최고기록을 냈을 때에도 상근은 진구의 육상경기장에서 그의 우승을 목격하고 뛰어오르며 박수를 쳤던 것이었다.

그뿐 아니라 올림픽 마라톤 경기에 출장하는 선수를 결정하는 최종 예선에도 이상한 관심을 기울였다. 당일은 후덥지근한 날씨로 선수들의 기록이 저조한 상황에서 남승룡이라는 예상치 못했던 선수가 우승하고 손 선수는

2위로 들어왔다. 신문의 보도 기사 등을 통하여 상근은 남 선수가 신문배달을 하면서 메이지(明治) 대학의 전문부에 다니고 있는 고학생이라는 것을 알았다.

손 선수는 신의주 출신이지만, 서울의 어떤 유지에게 그 자질을 인정받아 육상경기로 전통 있는 양정고등보통학교에 다니고 있었는데, 세계 최고기록을 냈을 때, 그는 그 학교의 4학년이었다. 그러나 나이는 상군보다 세 살이나 위라는 것이었다.

올림픽이 시작되자, 연일 심야에 라디오 실황 방송이 있었는데, 누나 집에는 라디오가 없어서 상근은 그 방송을 듣기 위해 매일 밤, 학근 형님이 있는 릿세키(立石) 집으로 갔다. 누나 집에서 저녁을 먹고 형님 집에 가면 형님은 다음 날 아침 가게 문을 열 준비를 위해 닭을 삶거나 떡을 씻거나 하는 일에 쫓기고 있었다.

매일 밤늦게까지 혼자서 작업을 계속했다는 것인데, 상근이 거들기 시작했기 때문에 10시 전에 일이 끝나 10시 경부터 실황방송을 여유 있게 들을 수 있었다.

朝鮮の夜明けを求めて第四部(조선의 여명을 찾아서 제4부)

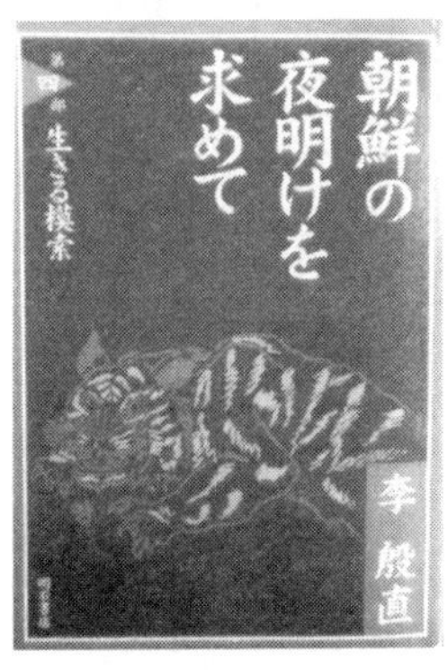

- 저자: 李殷直
- 출판사: 明石書店
- 자료유형: 단행본
- 출판연도: 1997년
- 총 페이지: 334쪽
- ISBN: 978-4750309668

[제4부 살아가는 모색]

나카노(中野)와 합숙을 하고 있었기 때문에 예년보다는 1주일 정도 늦게 시모노세키(下關)에 돌아갔더니 학근 형은 기다렸다는 듯이 이야기하기 시작했다.

"우리 성(姓)은 이(李)에서 구니모토(國本)라는 성씨로 바뀌었단다. 원군 형님에게서 온 편지에 따르면 조선인의 성을 일본식으로 바꾸라는 고지가 1년 전에 내려졌지만, 1년이라는 기한이 다 지나도 성을 바꾸는 자가 거의 없어서 속이 끓은 조선총독부가 성을 바꾸지 않으면 살아갈 수 없도록 탄압하기 시작하여 할 수 없이 성을 바꾸게 된 것 같아.

그래도 혈통만은 밝히지 않으면 안 되니까 일가문중이 그것을 나타내면서 성을 바꾸기로 했단다. 이씨라도 본관이 여럿 있는데, 전주 이씨는 구니모토와 미야모토(宮本)로 한 것 같구나. 국가나 궁전의 중심이었다는 것을 나타낸단다. 우리 덕천군(德泉君)파는 구니모토가 되었다고 한다. 그래서 본적지 면사무소의 호적부도 이씨 성을 지우고 구니모토 씨로 되었다고 하는구나.

일본에서도 새 호적등본이 필요하면 보내주겠다는데, 나는 이곳 경찰에게서 별 말 없어서 그대로 놔두고 있다. 너에게는 경찰이나 학교에서 무슨 말 없더냐?"

상근도 창씨개명에 관한 것을 신문으로 알고 있었지만, 1년이 지나도 신고하는 자가 극소수라서 총독 통치는 암초에 부딪힌 형국이라는 기사를 읽었을 뿐이고, 관할 경찰이나 학교에서는 별다른 말이 없었다. 「나가토 쵸(長門町) 시장 위쪽에 동포만 전문으로 상대하는 작은 시장 있잖니. 그곳이 지금, 가게 간판 바꾸는 일로 엄청 시끄러운 것 같더라.

지금까지 생활방편으로 제멋대로 일본 이름을 붙였던 사람들이 많았었잖아. 우리들이 다케무라(武村)라는 이름을 붙인 것처럼. 그렇지만 민족의식이 강한 동포는 가게 간판도 이씨니 김씨로 통하고 있었지.

그런데 시모노세키 경찰이 본적 성이 바뀌었으니까 새 이름으로 된 간판을 내걸라고 해 온 것 같아. 그것을 계기로 지금까지 멋대로 붙인 일본 이름 간판을 내건 사람들도 본적지의 새 이름으로 간판을 바꾸기 시작한 것이겠지. 본국에서는 개명을 거부하며 자살자까지 나왔다는데….” 형은 계속해서 말했다.

▌朝鮮の夜明けを求めて第五部(조선의 여명을 찾아서 제5부)

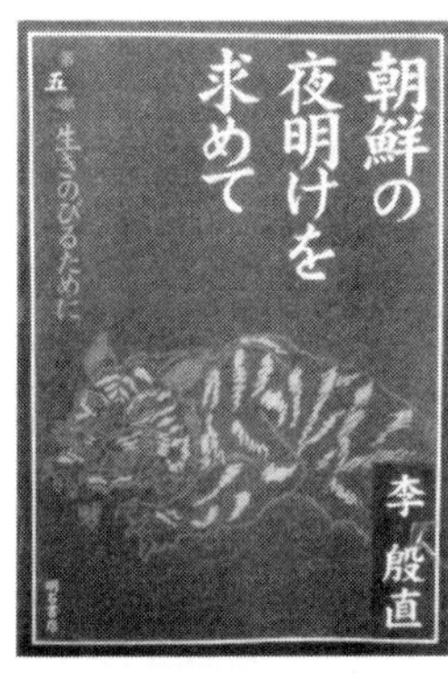

- 저자: 李殷直
- 출판사: 明石書店
- 자료유형: 단행본
- 출판연도: 1997년
- 총 페이지: 329쪽
- ISBN: 978-4750309675

[제5부 살아남기 위해]

일본군이 아득한 카다가날 섬에서 미군과 장렬한 전투를 4개월이나 계속한 끝에 결국 패배하고 후퇴하게 되었다는 것이 보도금지령과 함께 통신사에까지 통지되어 통신사에 대한 당국의 압력도 급속하게 강화된 것 같았다.

설날 아침, 사원 전원이 궁성요배를 하며 전승을 기원한다는 긴급통지 엽서가 사장 앞으로 그믐날에 도착했다. 오전 10시에 니쥬바시(二重橋) 앞에서 모이라고 적혀 있어서 상근은 그 시간에 늦지 않도록 설날 아침에 나섰다. 그런데 긴급통지여서 엽서를 보지 못한 사람들이 많았던 탓인지 중역 부장들은 전원 모였지만, 사원들은 3분의 1도 채 오지 않았다. 편집부에서는 사사키(佐々木) 군만 와 있었다.

 “자네가 와주어서 다행이네!” 사장은 의미 있는 듯이 말했지만, 어딘지 모르게 힘이 없었다. 참배를 끝내고 만세 삼창을 한 후 해산했는데, 상근은 왠지 불길한 예감이 들었다. 그래서 소아이(相愛) 학원 원장인 마루야마(丸山)에게 가보면 뭔가 심상찮은 이야기라도 들을 수 있지 않을까 생각하여 2일 아침, 세츠코(節子)를 데리고 새해 인사를 하러 갔다. 결혼 피로연에 와준 답례도 겸한 것이었다.

 마루야마는 흔쾌히 맞이해 주며 세츠코에게 세뱃돈까지 주었다. 별다른 말은 아무것도 해주지 않았다. 세츠코가 어째서인지 놀러가고 싶다고 해서 우에노(上野)에 데리고 갔지만, 추워서 걷기를 관두고 한산한 역 앞 큰 식당 2층으로 갔다. 간단한 먹을거리밖에 팔지 않았지만, 상근은 한 사람당 1병으로 제한되어 있는 일본정종을 마셨다.

 아까 받은 세뱃돈 주머니를 열어본 세츠코는 “어머나, 10엔(円)짜리가 들어있어! 나 이렇게 세뱃돈을 많이 받아보는 것은 태어나서 처음이야.”라며 아이가 된 것처럼 떠들었다.

▌算學武芸帳(산학무예장)

- 저자: 金重明
- 출판사: 朝日新聞社
- 자료유형: 단행본
- 출판연도: 1997년
- 총 페이지: 224
- ISBN: 4-02-257186-1

 이 책은 『소설 여행자』 1997년 여름 호에 게재된 제8회 아사히(朝日)신인문학상 수상작『봉적술(鳳積術)』을 개제(改題)하여 가필·정정한 것이다.

이 소설을 쓰기 위해 저자는 많은 화산(和算) 연구서를 참고로 하였다. 특히 후카가와 히데토시(深川英俊), 던·페드 씨의 역작『일본의 기하(幾何)-몇 문제 풀 수 있습니까?』(모리키타 출판주식회사)와, 그 속편이라고도 할 수 있는『일본의 수학―몇 문제 풀 수 있습니까?』(상하 2권, 후카가와 에이준, 던·소코로프스키 공저, 모리키타 출판주식회사)는 화산에 대해 눈을 뜨게 해 준 작품이었다. 이 책을 만나지 못했더라면『산학무예장(算學武芸帳)』을 쓸 수 없었을지도 모른다.

목 차

제1장 비전서(秘伝書)　　　　제2장 봉상(鳳翔)
제3장 도장(道場) 파괴　　　　제4장 불혹
제5장 기량 겨루기　　　　　　제6장 목이버섯

AV.オデッセイ (AV. 오디세이)

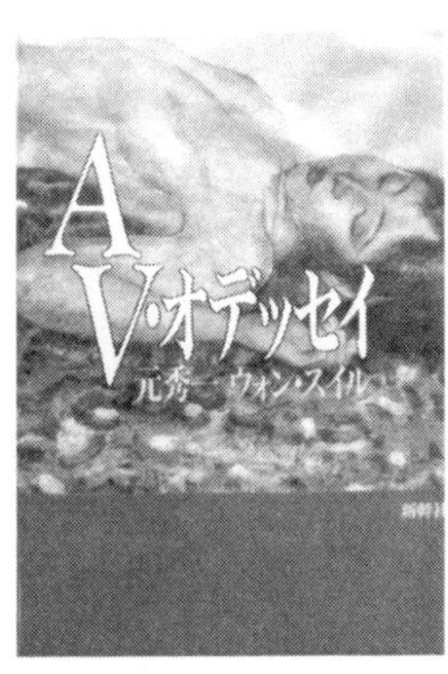

- 저자: 元秀一
- 출판사: 新幹社
- 자료유형: 단행본
- 출판연도: 1997년
- 총 페이지: 318쪽
- ISBN: 4-915924-80-7

이 소설 제1작인『이카이노 이야기(猪飼野物語)』(草風館, 1987년 발행)는 이국 일본에 표착한 제주도 여자의 녹록지 않은 삶의 모습을 주제로 한 단편집이라고 할 수 있다. 이카이노에서 자란 저자의 심상풍경에는 이국에서 살며 또 풍화되는 일 없는 제주도 어머니들이 마치 신화적 우상과도 같은 상태로 존재하고 있었다.

그런데 현실 생활에서는 피할 수 없는 동화에 색 바랜 재일 2세, 3세가 일본의 라이프스타일을 몸에 익히는 것은 자연스러운 추세일 것이다. 불가피한 동화를 부정하려 해도 유감스럽지만, 재일 2세, 3세는 기대어 설 수 있는 근거를 갖고 있지 않다. 뿌리 없는 풀이란 우리들에게 있는 말처럼 생각된다.

저자의 소설은 심상풍경에 있어서 신화적 우상의 존재인 어머니들에게 구제받으면서도 속박당하는 형상으로 되어있다. 제1작인 『이카이노 이야기』를 내고 햇수로 10년이라는 세월이 흐른 것은 결코 저자가 안일을 탐했기 때문이 아니다. 소설을 쓰는 일을 계속하기는 했지만, 거의 속박 당한 형세로 생각대로 할 수 없었던 것이 사실이었다.

소설 창작의 어려움을 크게 맛본 한 마리 괴로운 양이었던 저자에게 전기가 찾아온 것은 3년 전인 1994년 5월이었다. 그전부터 질타와 격려를 받고 있던 '화산도를 읽는 모임'의 기타오카(北岡敏範) 씨로부터 『신 일본문학』에 단편을 쓰지 않겠느냐는 고마운 권유가 있었다. 애당초 저자는 40매 정도의 가벼운 터치의 단편이라면 어찌어찌 쓸 수 있을 것이라고 생각하여 그 즉시 받아들였다.

그 해의 6월 초순, 용무가 있어서 캐나다에 체재하게 되었는데, 선천적으로 예민한 저자는 시차적응을 못하고 불면으로 고생하며 시카고 갑수를 A6판의 카드에 등장시켰다. 그것이 「서울 서울 서울」이었다.

다만 「서울 서울 서울」의 끝내기 방식은 다음으로 이야기를 이어가는 여운을 남기고 있었다. 무의식 중에 단편연작을 의도하고 있었는지도 모르겠다. 어쨌든 『재일조선인 일본어문학론』(신간사)의 저자이기도 한 하야시 코우지(林浩治) 씨가 『신 일본문학』의 편집과 관련되어 있던 덕택에 「서울 서울 서울」을 시작으로 여러 작품을 계속해서 써나갈 수 있었다.

▌別冊身世打鈴(별책 신세타령)

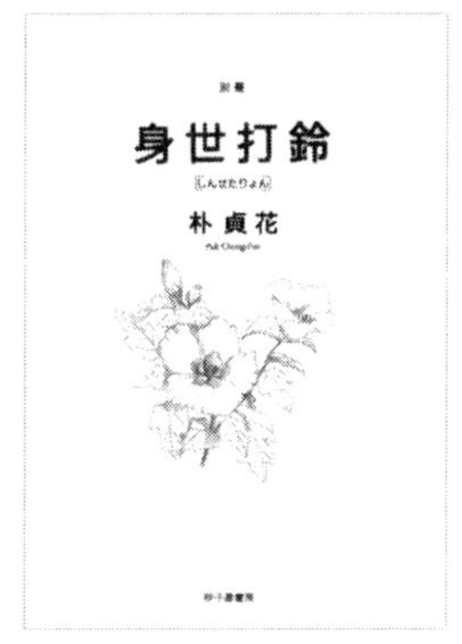

- 저자: 朴貞花
- 출판사: 砂子屋書房
- 자료유형: 단행본
- 출판연도: 1998년
- 총 페이지: 32쪽

저자가 국어가 조선어라는 것을 알게 된 것은 중학교 3학년 때였다. 그리고 국어를 배울 수 있었던 것은 그로부터 훨씬 뒤의 일이다. 그렇다고 해도 책으로 하는 독학이지만, 조선의 역사를 어렴풋하게나마 알게 된 것도 결혼을 하고 아이의 부모가 되어서였다.

조선인인 자신이 자기 자식에게 국어도 역사도 가르칠 수 없다는 것에 계속 구애받았다. 조선학교에 아이를 통학시키기 위해 모든 것을 버리고 상경한 것은 1971년이다. 여자로서 아이를 키워내는 것은 용이하지 않았지만, 대학에 보내고 결혼도 대학을 나온 동포와 맺어줄 수 있었다.

현재 저자는 자신을 조선인으로 키우고 있다. 독학이기는 하지만, 조선어를 배우고 조선의 역사를 배우며, 조선인의 삶의 방식을 배우고 있다. 그러나 아무리 열심히 책을 읽어도 노화한 뇌는 좀처럼 지식을 흡수해 주지 않는다.

그런 저자에게 늘 옆에 있어 주고 저자가 신세를 지고 있는 책이 있다. 헤본샤(平凡社)의 『조선을 알게 하는 사전』이다. 생활, 풍속습관, 특징적인 사물, 역사, 문화 등에 걸치는 1,200항목이 50음 배열에 따른 항목별로 정리되어 있다. 아리랑, 온돌 등 무엇이든 대답해 준다. 그림도 있고, 사진, 연표도 있어 서비스 만점이다. 문헌안내도 있어서 색인란을 보면 어디에 게재되어 있는지가 일목요연하다는 점도 반갑다. 가장 기뻤던 것은 한국에 있는 아버지의 본가에서 맡긴 '조선 책'의 필자가 확인되었던 때이다.

「박연(朴堧)」. 조선 시대 음악가. 1427년, 자작(自作)한 황종(黃鐘)과 편경에 의해 12율의 음계를 완성하여 악제(樂制)를 정리하고, 그 악보가 『세종실록』에 남는다. 고구려 왕산악, 신라의 우륵과 함께 조선의 3악성(樂聖)이라고 칭해진 우리 선조였다.

목 차

- 지금이니까 말할 수 있는 것
- 날아가지 못하는 새라면
- 임수향 씨
- 딸에게
- 나의 어머니
- 일본에 호소하고 싶은 것
- 4월 8일
- 거짓말
- 편지
- 웃는 얼굴
- 나의 마을
- 피는 생명 하나 되어

▌歌集 身世打鈴(가집 신세타령)

- 저자: 朴貞花
- 출판사: 砂子屋書房
- 자료유형: 단행본
- 출판연도: 1998년
- 총 페이지: 212쪽

박정화 씨가 만든 노래가 단가(短歌)로서 기교적으로 완성된 것이라고는 할 수 없다. 그러나 그것들은 노래해야 하는 사실과 생각으로 넘치고 표현은 세찬 목소리인 채 때로는 격한 절규가 되기도 하고, 호소가 되고 있는 것이리라. 그리하여 우리들은 그 절규이며 호소인 것을 반드시 듣지 않으면 안 될 것이다.

아버지는 강제징용에 의해 죠반(常磐)탄광에서 노동하게 되었다. 전쟁 때이다. 그리고 그 도망을 막기 위해 어머니도 조선에서 불려 왔다. 언니와 아직 2살이 되지 않은 저자를 어머니가 데리고 일본으로 왔다고 한다. 노동의 고단함에 견디지 못하고 일가는 도망친다. 전전하다가 아이즈(會津)에서 패전을 맞이했다고 한다.

조국은 독립하였지만, 귀국 기회를 놓치고 그 후 재일조선인으로서 괴로운 생애가 시작된다. 조선국적인 탓에 이중의 유형무형의 차별을 받아야 했을 것이다. 결혼하여 두 아이의 엄마가 된다. 그 아이들을 조선학교에서 배우게 하고 싶어 집을 나와 상경한다. 어려운 생활 속에서 별거 중인 남편의 죽음을 알게 된다.

그런 와중에 단가(短歌)를 만들어 '아사히 가단(朝日歌壇)'에 투고하여 채택된다. 1973년이라고 하니까 그로부터 25년이나 된다. 그 동안 살아가는 실제 인생의 괴로움 중에서 단가를 만들고 '아사히 가단'으로의 투고를 계속했다. 그것들은 반드시 기교적이라고는 할 수 없었지만, 소박하고 외곬이었으며 항상 '재일'이라는 가쇄(枷鎖)를 지고서 민족 생각에 넘치고 있었다.

그와 같은 작품 중의 한 수를 나는 매년 「아사히 가단 상」에 추천한 적도 있다. 1996년이라고 한다. 어린 그녀를 데리고 일본으로 와서 그대로 늙고 병든 어머니에 대한 그리움의 노래이다. 아버지도 늙어 토장(土葬)되기를 바라 한국국적으로 바꿔서 고향으로 돌아간다. 그보다 전에 지금의 남편인 사람과의 재혼, 겨우 인생의 평안을 얻을 수 있었던 것일까? 우연히 단가 수업에서 만난 것을 계기로 '아사히 문화센터'라는 곳의 저자의 단가 강좌 출석자 중 한 사람이 되기도 했다.

목 차

- 자립
- 나의 조국
- 요설
- 본명
- 망향
- 대국의 악수
- 차별을 견디고
- 치맛바람
- 광주사건
- 카사블랑카

- 남편 급서
- 인형의 꿈
- 여행
- 밀조주
- 달맞이꽃
- 묶어 올린 머리
- 외국인등록증명서
- 춤
- 일본인 처
- 위험한 배에 등등

▌わが文學と生活(우리 문학과 생활)

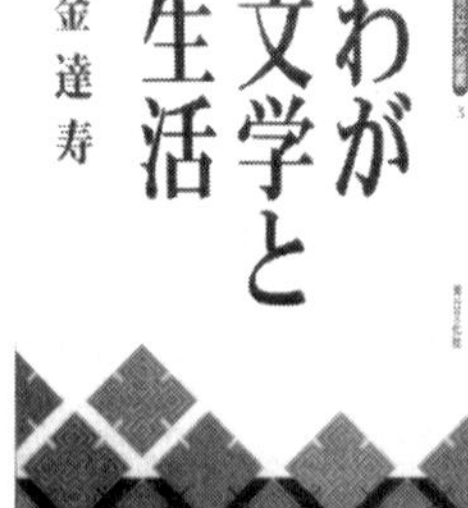

- 저자: 金達壽
- 출판사: 靑丘文化社
- 자료유형: 단행본
- 출판연도: 1998년
- 총 페이지: 281쪽
- ISBN: 4-87924-079-6

저자 김달수는 전에 『우리 아리랑노래』(중공신서)라는, 어렸을 무렵부터 전후인 1945년 8·15에 이르는 25년간의 전전(戰前)·전중사(戰中史)라고 할 수 있는 자서전을 쓴 적이 있다. 그리고 이것은 그 이후의 문학과 생활을 중심으로 한 저자의 전후사라고도 할 수 있다. 따라서 여기에 적힌 것은 1945년 8·15 이후, 35년간에 걸치는 문학과 생활이 중심이 되는 것은 말할 것도 없지만, 그러나 전후 돌연히 문학을 목표로 하는 자가 아니므로 당연히 그 전사(前史)라고 할 수 있다. 그리고 이 전사는 전번의 『우리 아리랑노래』에서의 문학과 중복된다.

저자가 태어난 곳은 남부조선의 경상남도인데, 그곳에서 일본으로 건너온 것은 1930년의 10월인가 11월이었다. 도착한 곳은 도쿄로, 만 10세, 조금 있으면 11세가 될 무렵이었는데, 아직 일본어는 물론, 글자 하나 몰랐다.

이미 2년 전에 아버지가 돌아가셔서 저자는 즉시 낫토(納豆)팔이, 폐품 줍기 등을 하면서 다음 해인 1931년 4월, 시나가와구(品川區) 오이쵸(大井町)에 있는 야마나카(山中) 소학교에 병설되어 있던 야학에 입학하였다. 저자는 오랫동안 이 야학이 야마나카 소학교의 야간부라고만 생각하고 있었던 것인데,『우리 아리랑노래』를 쓸 때, 본『시나가와구사(品川區史)』「통사편」에 의하면 그것은 다음과 같다.

다이쇼기(大正期)에 들어서 의무교육제도가 확립되어 소학교로의 취학률이 대단히 높아지기는 했지만, 여전히 취학을 할 수 없는 빈궁가정의 아동들도 존재했다. 그를 위해 심상(보통)소학교에 야학을 설치하게 되어 우선 시나가와 관내의 두 학교에 다이쇼 7년부터 설치된 것이 심상 야학교의 기원이다. 이 학교에 취학하는 것은 12세 이상인 자들로 3년의 수업기간으로 의무교육을 끝내게 하는 것이었다.

목 차

- 우리문학과 생활(1)
- 우리문학과 생활(2)
- 승전 우리문학과 생활
- 해설대담
- 격동의 시대를 살아온 작가
- 강재언 · 이진희
- 연보

▌生まれたらそこがふるさと (태어난 그곳이 고향)

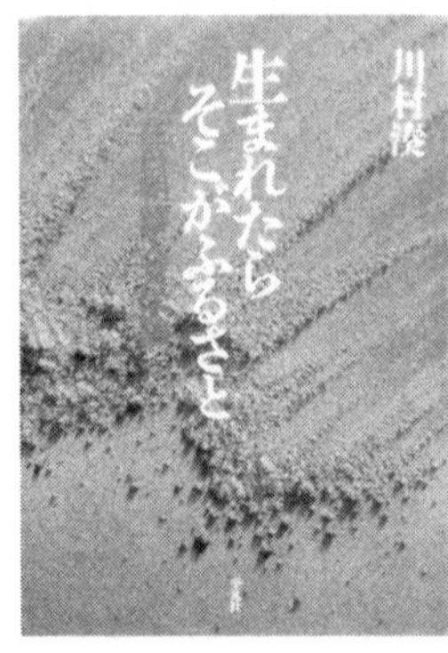

- 저자: 川村湊
- 출판사: 平凡社
- 자료유형: 단행본
- 출판연도: 1999년
- 총 페이지: 395쪽
- ISBN: 4-582-84195-3

이 책의 제목은 이정자(李正子) 씨의 단가(短歌) 중 가미노쿠(上の句)에서 딴 것이다(양해를 구하지 않았지만).

단, 이씨의 노래에서도 가미노쿠에 괄호가 쳐져 있는 것은 인용구이다. 가집 『나그네타령』(1991년, 가와데쇼보신샤(河出書房新社))의 「후기」에 "태어났으면 그곳이 고향, 우리들은 고향의 형제"라는 인용문이 있고, 그것은 『아득한 종소리』라는 그림책(나는 보지 못 했다)에 있는 말이라고 한다.

'식민지 하의 조선에서 태어나 자란 일본인 소녀 미유키'가 '지금은 고향이라고 생각하지 않을 수 없는 조선에 대한 망향 생각과 함께 지울 수 없는 가해 의식과의 갈등'에서 자유로워지는 계기가 된 것이 이 말이라고 한다.

물론 이것은 재일조선인이 일본에 품고 있는 '갈등'이라는 말로 읽어도 될 것이라고 생각한다. '태어난 그곳이 고향', 그것을 말 그대로 받아들이는 사람은 행복한 사람일 것이다. '태어난 그곳'을 '고향'이라고 부를 수 없는 사람들, 부르고 싶지 않은 사람들이 일본에는 있고, '고향'과 '고향이 아닌 곳'과의 사이에서 흔들리고 있는 것을 아는 것은 이른바 「재일조선인문학」을 읽기 시작하고 나서의 일이었다.

'조국', '민족', '통일', '혁명'이라는 '강한' 언어의 뒤쪽에 '고향'이라는 말이 있고 그 감상적이며 약한 듯한 모습에 감동을 받은 것이다.

오해 받는 일은 없을 것이라고 생각하지만, 다짐해 두자면 나는 이 책으로 "태어났으면 그곳이 고향이(어야 한)다"라고 말하고 싶은 것은 아니다. 그러한 '아름다운 말'에 상처 받고 괴로워하지 않으면 안 되는 사람들의 존재를 상기하는 것이 필요하다고 말하고 싶을 뿐이다.

그것은 우리들이 모두 '고향 상실자'로서 살아가고 있다는 고바야시 히데오(小林秀雄) 등의 근대문학 저류에 있는 절규의 메아리일지도 모르고, 홋카이도(北海道)라는 '국내식민지'에서 태어나 자란 저자 개인의 '고향'에 대한 생각과 겹쳐져 있는 것일지도 모른다.

고향 상실자, 데라시네, 디아스포라, 나그네라는 말에 내가 과민하게 감상적인 것은 아마도 그러한 몇 개의 시대적인 것과 개인적인 것이 상승(相乘)된 결과일 것이다.

목 차

서론 식민지문학에서 재일문학으로
제1부 김사량과 장혁주–식민지인의 정신구조
제2부 재일조선인 작가론
제3부 장르로서 재일문학
제4부 해질녘 어린이들

▌庭のぬし (정원의 주인)

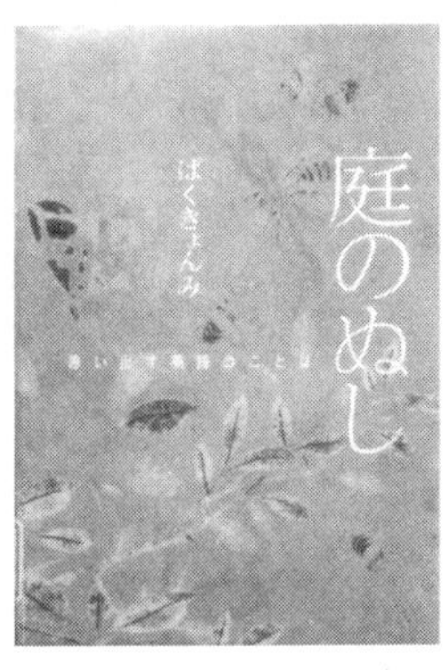

- 저자: ぱくきょんみ
- 출판사: エディションq
- 자료유형: 단행본
- 출판연도: 1999년
- 총 페이지: 219쪽
- ISBN: 4-87417-615-1

이 책에 수록된 에세이는 1992년 4월부터 1997년 6월까지 아사이 위클리 잡지에 'Words to Remember'로서 게재된 것을 가필·수정하여 한권의 책으로 출간한 것이다.

본문의 내용을 소개하면, "나와 영어의 만남을 생각하면 그 작은 방의 커다란 테이블 위에 손을 올려놓은 때의 일이 눈앞에 떠오른다. 그 커다란 테이블은 매우 따뜻한 색조의 빛으로 싸여 있어서 방 전체가 어슴푸레하여 정말 몽롱하고 부드럽게 반짝이는 것이었다. 손에는 테이블 나무의 따뜻함이 전해져 와 안심되었다. 처음 방문한 집의, 그것도 처음으로 영어를 배우는 시간을 가진, 겨우 2~3분 사이의 일이다. 손에서 눈을 떼어 다시 한 번, 방의 모양을 쭈뼛쭈뼛 눈을 위로 치켜뜨며 바라보았다.

점점 눈이 익숙해지자, 따뜻한 색조의 빛은 천장에 매달린 램프 같은 것에서 나오는 것을 알았다. 노랗고, 테이블 위 주변을 둥글게 감싸는 듯한 빛이었다. 그것이 방 전체의 어둠에 아련하게 번지고 있는 점이 이상한 기분으로 만들었다.

대단히 두툼한 빛으로, 손을 내밀어 보면 양손으로 건질 수 있을 것 같은 그런 질량감이 있는 것이었다. 나의 양손은 스멀스멀 움직일 것처럼 되었지만, 여기에 앉아 영어 선생님을 기다린다는 긴장감이 팔을 들어올리려 하지 않았다. 다만 볼이 멋대로 달아올라 빛을 응시하는 눈을 깜박거리게 할 뿐. 졸음 같은 것도 점점 머릿속에 가득 차오르는 것 같았다. '아함'하고 턱을 내민 형태로 두툼한 빛에 잠깐 졸았다. 내 집에서도, 친구 집에서도, 지금까지 느낀 적이 없는 방의 빛, 그것만은 분명했지만. 그러자 방 가득히 커다란 숨소리가 울렸다. 나는 깜짝 놀라 등을 펴고, 턱을 당기며, 테이블에 손을 붙인 상태로 일어서려 해서 의자를 덜컹거리게 해버렸다.

처음 만나는 M 영어선생님이었다. 키가 커서 올려 봐도 얼굴이 보이지 않아 깜짝 놀랐다. 그러나 그것은 내가 당황하고 있었던 탓으로 테이블 위의 둥근 빛 안으로 들어와 있지 않아 얼굴이 그림자 져서 잘 보이지 않았던 것이었다. M 선생님은 안경을 쓰고 있었고, 그 렌즈 너머에서 반짝거리는 눈은 빛나고 있었다. 이목구비가 뚜렷한 얼굴로 쿨—한 분위기를 띄우고 있어서 외국사람 같다고 느꼈다.

목 차

- 머리말-어느 날 영어를 만나
- 정원의 주인
- 안녕 삼각
- 뱀 딸기의 온기
- 집 창문으로부터
- 아무도 없다
- 4시 10분
- 서랍
- 언어가 힘을 갖는다
- 캐시와 함께
- 늪과 돌멩이
- 빛에 손을 쳐들다
- 돌차기 길
- 분홍빛 등불
- 어머니의 손가락
- 귀를 기울이다 등등

제5장

2000년대

┃ タイル(TILE)

- 저자: 柳美里
- 출판사: 文藝春秋
- 자료유형: 단행본
- 출판연도: 2000년
- 총 페이지: 183쪽
- ISBN: 4-16-317300-5

이 책은 작가 유미리가 『문학계』 1997년 9월호에 게재된 작품에 가필한 것이다. 또한 『디자이너를 위한 스타일 북-타이틀 사용방법의 모든 것』, 『모자이크를 시작하는 사람을 위하여』 등을 참고로 하였다. 소설의 일부내용을 발췌하면 다음과 같다.

"방의 불빛을 베개 맡의 전기 스탠드만으로 하고 누워서 주간지를 폈더니, "극도의 무기력 상태에서 여성을 눈뜨게 하는 것은 아무것도 없다"라는 연재소설의 한 줄이 눈에 들어왔다. 남자는 전라로 침대에 누워있는 여자가 되어 현실 세계로부터 멀리 떨어져 있었다. 이 여자는 몇 날 며칠을 침대 위에서 한 남자와 몸을 섞고 있다. 남자는 소설 속의 여자와 자신의 정신상태가 혹사당하고 있는 것을 기쁘게 생각하며 숨을 멈추듯 하며 페이지를 넘겼다.

이 작가가 나를 알 가능성은 어느 정도일까? 편집자는 소문을 퍼뜨리는 것이 즐거움이어서 바보 같은 작가와의 만남을 계속 갖고 있다고 무라카미(村上)가 말했었다. 뭐, 됐지, 중요한 것은 이 소설 속에 내가 존재하고 있다는 것뿐이다. 그래도 왜 이렇게 더운 것일까? 에어컨이 전혀 듣지 않는다. 이 방도 소설 속의 방도 8월이라는 사실이 단순히 우연이라고는 생각되지 않을 만큼 덥다.

부동산업자에게 빈 방을 안내 받으며 새 건물에 가보니 일조, 수납공간 수, 역까지의 거리 같은 조건을 비교하는 데 지겨워서 이웃과 만나지 않아도 되고 12만 엔 이내인 원룸이 있으면 보지 않고 즉시 결제하겠다고 말해, 팩스로 보내준 이 방으로 어제 이사한 것이었다.

전 주인이 남겨 놓은 흰 블라인드 끈을 당겨 유리창 너머로 밖을 보았을 때, 20미터밖에 떨어져있지 않은 선로를 달리는 야마노테선(山手線) 손잡이에 매달린 승객과 눈이 마주쳐 막 조립한 침대로 쓰러지며 후회했지만, 손목시계를 보며 시간을 쟀더니, 거의 3분 간격으로 들려오는 전차 소리에 기묘한 힘이 생기는 것을 느꼈다.

180초에 한 번, 통과음은 메시지를 보내준다. 얼마 안 가 무엇을 전하고 있는지 알 수 있게 될 것이다. 그것이 사람들의 비명인지, 욕인지 하는 구별 정도는. 남자는 가벼운 하품을 하며 주간지를 놓고, 자려고 시도해 보았지만 실패하자, 단호하게 침대에서 몸을 일으켰다. 반대 방향에서 오는 전차가 통과하며 건물이 흔들리는 듯한 굉음이 등에 쏟아졌다. 남자는 열쇠의 들쭉날쭉한 부분을 손으로 쓰다듬으며 구멍에 꽂았다.”

▌血と骨(피와 뼈)

- 저자: 梁石日
- 출판사: 幻冬舍
- 자료유형: 단행본
- 출판연도: 2001년
- 총 페이지: 466쪽
- ISBN: 978-4344401051

이 소설은 원래『산사라』1996년 7월호～1997년 4월호까지 연재된 원고를 대폭 수정·가필한 것이다. 1923년. 출세를 꿈꾸며 조국을 등지고 제주도에서 오사카로 건너 온 주인공 김준평. 그러나 그곳에서 그를 기다린 것은 차별과 열악한 노동조건이었다. 수완 좋은 어묵공장 노동자이기도 했던 준평은 마침내 자신의 어묵공장을 세우는 데 성공하지만 돈에 대한 집착 때문에 고리대금업에 손을 댄다. 여러 차례 직면한 위기를 특유의 강인한 육체와 근성으로 헤쳐 나가는 준평. 하지만 그가 함께 지녔던 흉포함과 욕망이 주변 사람들을 불행에 빠뜨린다. 생애를 통틀어 그 어느 누구에게도 마음을 열지 못하고 처절한 고독 속에 살다간 이 남자가 진정 바랐던 것은 무엇보다 가족이라는 이름의 '피의 유대'였다.『피와 뼈(血と骨)』라는 이 소설로 양석일(梁石日)은 제11회 야마모토 슈고로상을 수상한 바 있다.

소설의 일부내용을 발췌하면 다음과 같다.

"모두 일어나! 언제까지 잘 생각이야. 일해야지" 십장인 다나베 지로(田辺治郎)는 오후 2시가 되면, 큰 방에서 자고 있는 숙식 일꾼들을 깨우는 것이 일과로 되어 있었다. 일상의 일이지만, 일어나려 하지 않는 일꾼들을 두 번, 세 번, 큰 소리를 질러서 깨워야 한다. 그래도 일어나지 않을 때는 이불을 잡아채고 일꾼들을 발로 걷어찼다.

공장 2층의 8첩 다다미방에 여섯 명의 일꾼이 먹고 자고 생활한다. 술에 취해서 흙투성이 옷을 입은 채 잠들어 있는 자도 있고, 싸움을 해서 피투성이가 된 얼굴을 치료도 하지 않고 자는 자도 있다. 1개월 이상 목욕탕에 가지 않은 네모토 노부타카(根本信高)는 온 몸에서 쉰 것 같은 냄새를 발산하고 있었다. 솜이 불거져 나온 이불은 피와 때와 기름에 절어 끝 부분이 반들거리고 있었다.

게다가 1년 이상이나 이불을 갠 적이 없고, 청소도 하지 않는 방은 쓰레기와 넝마처럼 된 속옷 종류가 흩어져 있어서 돼지우리보다 못한 상태였다. 천장 귀퉁이나 벽장 안에는 거미줄이 쳐져 있고, 겨울인데도 바퀴벌레가 기어 다니고 있었다. 기둥과 벽의 틈새를 일꾼들의 피를 빨아먹고 통통하게 살이 찐 빈대떼가 행진하고 있다. 벼룩이 신나게 뛰어다니며, 광란적인 파티에 흥거워한다.

다나베 십장이 두 번, 세 번 깨우자 일꾼들은 겨우 무거운 몸을 일으켜, 멍한 눈을 문지르며 마치 족쇄로 연결된 죄수들처럼 줄줄이 계단을 내려가 공장 안의 변소로 간다. 여기에서도 차례를 기다리는 일꾼들 사이에서 말썽이 일어난다. 변소에 들어가서 좀처럼 나오지 않는 아라이 겐지(新井健二)에게 술이 덜 깬 노구치 요시유키(野口嘉之)가 "빨리 안 나올래. 뭐 하는 거야?" 하며 소리 지르고 있다. "치질이야. 엉덩이가 아파 죽겠네. 조금만 더 기다려." 아라이는 고통스러운 듯한 목소리로 대답한다. 그 고통스러운 목소리가 그때의 신음소리처럼 들리는 것이었다. "이상한 짓 하는 것 아냐? 어지간히 좀 해, 이 멍청아."

참고문헌

許南麒. 1960. 『現代朝鮮詩選』. 朝鮮文化社.

貴司山治・中澤啓作. 1964. 『間島パルチザンの歌』. 新日本出版社.

李禎樹. 1964. 『京城からソウルへ』. 東洋図書出版株式會社.

孫性祖. 1965. 『亡命記』. みすず叢書.

姜魏堂. 1966. 『生きている虜囚』. 新興書房.

齊藤尙子. 1966. 『消えた國旗』. だかぽの會.

鄭貴文. 1966. 『民族の歌』. 東方社版

李沂東. 1967. 『詩集　記憶の空』. 昭森社.

南原繁. 1968. 『歌集形相』. 図書月販.

柳周鉉. 1968. 『小說朝鮮總督府(中)』. 講談社.

金達壽. 1969. 『太白山脈』. 筑摩書房.

姜舜. 1970. 『詩集なるなり』. 思潮社.

世良絹子. 1971. 『海にひらく道』. 太平出版社.

申來鉉. 1971. 『朝鮮の神話と伝説』. 太平出版社.

金石範. 1971. 『万德幽靈奇譚』. 筑摩書房.

金達壽. 1972. 『朴達の裁判』. 東邦出版社.

金石範. 1972. 『ことばの呪縛』. 筑摩書房.

金石範. 1973. 『夜』. 文芸春秋.

吳林俊. 1973. 『海峽』. 風媒社.

成允植. 1973. 『朝鮮人部落』. 同成社版.

車潤順. 1973. 『不死鳥のうた』. 小峰書店.

朴秀男. 1974. 『島家の人々』. 南北社.

金石範. 1974. 『詐欺師』. 講談社.

金石範. 1975. 『口あるものは語れ』. 筑摩書房.

金達壽. 1975. 『小說在日朝鮮人史　上』. 創樹社.

金達壽. 1975.『小說在日朝鮮人史　下』. 創樹社.

大庭さら子. 1975.『李朝悲史』. 集英社.

金達壽. 1976.『わが文學 上』. 筑摩書房.

金達壽. 1976.『わが文學 下』. 筑摩書房.

韓丘庸. 1976.『ソウルの春にさよならを』. 講談社.

金石範. 1976.『民族・ことば・文學 』. 創樹社.

金奉鉉. 1976.『朝鮮の民話』. 國書刊行會.

金石範. 1977.『遺された記憶』. 河出書房新社

林英樹. 1977.『銀杏の木よ　語れ！』. 成甲書房.

長坂覺. 1977.『隣の國で考えたこと』. 日本経濟新聞社.

韓明錫. 1978.『韓國人から日本人へ』. ビジネス社.

小田實. 1978.『「北朝鮮」の人びと』. 潮出版社.

李哲さんを救う會全國連絡會議. 1978.『我生きんと欲すれど』. JCA.

金石範. 1978.『マンドギ物語』. 筑摩書房.

金時鐘. 1978.『猪飼野詩集』. 東京新聞出版局.

本木心掌. 1978.『峠をこえて』. 曉和出版.

李恢成. 1978.『燕よ, なぜ來ない』. 講談社.

李恢成. 1978.『七月のサ-カス』. 講談社.

李恢成. 1978.『はらからの空』. 講談社.

李恢成. 1978.『引き裂かれる日々』. 講談社.

金達壽. 1979.『落照』. 筑摩書房.

金石範. 1979.『往生異聞』. 集英社.

成允植. 1979.『海を渡ればわがふる里』. 晴文社選書.

磯貝治良. 1979.『始源の光』. 創樹社.

許南麒. 1979.『許南麒の詩』. 同成社.

李恢成. 1979.『魂が呼ぶ荒野』. 講談社.

尹在賢. 1979.『凍土の青春』. 講談社.

飯尾憲士. 1980.『ソウルの位牌』. 集英社.

李恢成. 1980.『流民伝』. 河出書房新社.

熊谷達. 1980.『流言蜚語』. 精興社.

栗生詩話會編. 1980.『詩集 骨片文字』. 皓星社.

金錫滿. 1980. 『火と水の語法』. 皓星社.

金達壽. 1980. 『金達壽小說全集一』. 筑摩書房.

金達壽. 1980. 『金達壽小說全集二』. 筑摩書房.

金達壽. 1980. 『金達壽小說全集三』. 筑摩書房.

金達壽. 1980. 『金達壽小說全集四』. 筑摩書房.

金達壽. 1980. 『金達壽小說全集五』. 筑摩書房.

金達壽. 1980. 『金達壽小說全集六』. 筑摩書房.

金達壽. 1980. 『金達壽小說全集七』. 筑摩書房.

大阪市外國人敎育硏究協議會. 1980. 『韓國の旅』. 大阪市外國人敎育硏究協議會.

瀨川拓男・松谷みよ子. 1980. 『朝鮮の民話(上)』. 偕成社.

松原正. 1980. 『知的怠惰の時代』. PHP硏究社.

梁石日. 1981. 『狂躁曲』. 筑摩書房.

在日朝鮮人敎育分科會. 1981. 『娘に語るアボジの歷史』. 池田市立豊島中學校.

金石範. 1982. 『幽冥の肖像』. 筑摩書房.

姜一生. 1982. 『私の學校』. 同時代社.

金達壽. 1982. 『私の少年時代』. ポプラ社.

黑田勝弘. 1983. 『韓國社會をみつめて』. 亞紀書房.

谷眞介. 1983. 『ジュリア・おたあ』. 女子パウロ會.

竹田靑嗣. 1983. 『〈 在日 〉という根拠』. 國文社.

權五宅. 1983. 『詩集火の鳥』. 紀尾井書房.

新井徹著作刊行委員會. 1983. 『新井徹の全仕事』. 創樹社.

鄭貴文. 1983. 『故國祖國』. 創生社.

金時鐘. 1983. 『光州詩片』. 福武書店.

金石範. 1983. 『火山島Ⅰ』. 文藝春秋.

金石範. 1983. 『火山島Ⅱ』. 文藝春秋.

金石範. 1983. 『火山島Ⅲ』. 文藝春秋.

鄭貴文. 1984. 『透明の街』. 創生社.

飯尾憲士. 1984. 『隻眼の人』. 文藝春秋刊.

瀧澤秀樹. 1984. 『ソウル讚歌』. 田畑書店.

淸水洋充. 1984. 『鳳仙花』. 皆美社.

李和美. 1984. 『私の名前はファミ』. 「障碍者」の文化敎室事務局.

關川夏央. 1984. 『ソウルの練習問題』. 情報センタ出版局.

關川夏央. 1984. 『海峡を越えたホームラン』. 双葉社.

澤正彦. 1984. 『ソウルからの手紙』. 草風館.

李正子. 1984. 『鳳仙花のうた』. 雁書館.

崔華國. 1984. 『詩集　猫談義』. 花神社.

細谷美火. 1984. 『興亡のうた』. 近代文藝社.

高甲淳. 1985. 『望郷―ハルモ二のお話』. とんふあの會.

金泰生. 1985. 『私の人間地図』. 青弓社.

李良枝. 1985. 『刻』. 講談社.

黑田勝弘. 1985. 『ソウル原体験』. 亞紀書房.

金平允. 1985. 『青い点描』. 作家社.

堀內純子. 1985. 『ソウルは快晴』. けやき書房.

成允植. 1985. 『オモ二の壺』. 彩流社.

元靜美. 1985. 『ウリハッキョのつむじ風』. ほるぷ出版.

李相哲. 1985. 『アボジ』. 近代文藝社.

李恢成. 1986. 『禁じられた土地』. 講談社.

金鶴泳. 1986. 『金鶴泳作品集』. 作品社.

姜舜. 1986. 『断章』. 書舍カリオン.

趙南哲. 1986. 『連作詩　風の朝鮮』. れんが書房新社.

菊地澄子. 1986. 『因の木と少女たちの40年』. 汐文社.

申英傑. 1986. 『天に架ける橋』. 新教出版社.

日吉史郎. 1987. 『襄陽 上』. AA出版株式會社.

日吉史郎. 1987. 『襄陽 下』. AA出版株式會社.

リー ソンヒ. 1987. 『恩讐の國』. サンケイ出版.

千田夏光. 1987. 『沈黙の風』. 汐文社.

元秀一. 1987. 『猪飼野物語』. 草風社.

關川夏央. 1987. 『東京からきたナグネ』. 筑摩書房.

島博美. 1988. 『詩集 父の國母の國』. 素人社.

戶田郁子. 1988. 『ふだん着のソウル案内』. 晶文社.

薩摩劍八郎. 1988. 『ゴジラが見た北朝鮮』. ネスコ.

西田哲雄. 1988. 『虚構の映像』. 批評社.

崔華國. 1988.『詩集 ピーターとG』. 花神社.

韓丘庸. 1989.『ゆずの花の祭壇』. 素人社.

李良枝. 1989.『ユヒ(由熙)』. 講談社.

日本兒童文學者協會編. 1989.『ねこのマタキチいい天氣』. 國土社.

澤正彦・金纓. 1989.『弱き時にこそ』. 日本基督教団出版局.

趙南哲. 1989.『詩集　樹の部落』. れんが書房新社.

仲村修・韓丘庸・しかたしん. 1989.『兒童文學と朝鮮』. 神戸學生青年センター
　　出版部.

アーソン・グレブスト著・高演義・河在龍譯. 1989.『悲劇の朝鮮』. 白帝社.

萩原遼. 1989.『ソウルと平壤』. 大月書店.

梁石日. 1989.『族譜の果て』. 立風書房.

朴重鎬. 1989.『犬の鑑札』. 青弓社.

佐藤健志. 1990.『チング! 韓國の友人!』. 新潮社.

朴重鎬. 1990.『澪木』. 青弓社.

金重明. 1990.『幻の大國手』. 新幹社.

林浩治. 1991.『在日朝鮮人日本語文學論』. 新幹社.

李正子. 1991.『ナグネタリョン』. 河出書房新社.

宮脇俊三. 1991.『韓國・サハリン鐵道紀行』. 文藝春秋.

李恢成. 1992.『流域へ』. 講談社.

鄭大均. 1992.『日韓のパラレリズム』. 三交社.

深澤夏衣. 1992.『夜の子供』. 講談社.

高貞子・金石出. 1992.『ハラボジのタンベトン』. 杉崎ビル株式會社.

高甲淳. 1992.『ハルモ二のお話　II』. とんふあ(童話)の會.

鄭承博. 1993.『ある日の海峽』. 新幹社.

黑田勝弘. 1993.『ソウル烈々』. 德間書店.

川野順. 1993.『狂いたる磁石盤』. 新幹社.

鄭承博. 1993.『裸の捕虜』. 新幹社.

鄭承博. 1994.『ゴミ捨て場』. 新幹社.

鄭承博. 1994.『松葉賣り』. 新幹社.

李英和. 1994.『北朝鮮秘密集會の夜』. ザ・マサダ.

齊藤泰彦. 1994.『わが心の安重根』. 五月書房.

李龍海. 1994.『ソウル』. 新幹社.

中村欽一. 1994.『ハルモニは宇宙人？』. 岩崎書店.

金錦汝・金正愛. 1995.『ぼくはぼうけんいちねんせい』. 朝鮮青年社.

プリスターフキン著・三浦みどり譯. 1995.『コーカサスの金色の雲』. 君像社.

金石範. 1995.『夢, 草深し』. 講談社.

湯淺克衛. 1995.『カンナニ』. インパクト出版社.

チャンキホン. 1995.『北朝鮮普通の人々』. イーストプレス株式會社.

李優蘭. 1995.『川べりの家族』. 山梨日日新聞社.

宋在星. 1996.『血の錆』. 東方出版.

柳美里. 1996.『フルハウス』. 文藝春秋.

元靜美. 1996.『おはなしハルマンさま』. 新幹社.

金石範. 1996.『火山島　IV』. 文藝春秋.

金石範. 1996.『地の影』. 集英社.

梁石日. 1996.『Z』. 毎日新聞社.

金眞須美. 1996.『メソッド』. 河出書房新社.

和田 登. 1996.『キムの十字架』. 明石書房.

李恢成. 1996.『死者と生者の市』. 文藝春秋.

金石範. 1997.『火山島　VI』. 文藝春秋.

金石範. 1997.『火山島　VII』. 文藝春秋.

霧生廣. 1997.『孫正義』. 日本能率協會マネジメントセンター.

徐京植. 1997.『分断を生きる』. 影書房.

柳美里. 1997.『家族シネマ』. 講談社.

朴秀男. 1997.『愛と悲しみのレクイエム』. 朝日出版社.

金乙星. 1997.『アボジの履歴書』. 神戸學生青年センター出版社.

金一勉. 1997.『一九四五年の原点』. 三一書房.

姜琪東. 1997.『姜琪東俳句集』. 石風社.

李殷直. 1997.『朝鮮の夜明けを求めて第一部』. 明石書店.

李殷直. 1997.『朝鮮の夜明けを求めて第二部』. 明石書店.

李殷直. 1997.『朝鮮の夜明けを求めて第三部』. 明石書店.

李殷直. 1997.『朝鮮の夜明けを求めて第四部』. 明石書店.

李殷直. 1997.『朝鮮の夜明けを求めて第五部』. 明石書店.

金重明. 1997.『算學武芸帳』. 朝日新聞社.

元秀一. 1997.『AV.オデッセイ』. 新幹社.

朴貞花. 1998.『別冊身世打鈴』. 砂子屋書房.

朴貞花. 1998.『歌集身世打鈴』. 砂子屋書房.

金達壽. 1998.『わが文學と生活』. 青丘文化社.

川村湊. 1999.『生まれたらそこがふるさと』. 平凡社.

ぱくきょんみ. 1999.『庭のぬし』. エディションq.

柳美里. 2000.『タイル』. 文藝春秋.

梁石日. 2001.『血と骨』. 幻冬舎.

足立伸子〔編著〕吉田正紀・伊藤雅俊〔譯〕. 2008.『ジャパニーズ・ディアス
　　　ポラ』新泉社.

『民団新聞』2006年 8月 15日付.

고봉준. 2008.「재일조선인 문학에서 ‘기억’과 ‘망각’의 문제」『우리어연구 30집 ·
　　　현대문학』.

구재진. 2010.「제국의 타자와 재일(在日)의 괴물 남성성-양석일의『피와 뼈』연구-」
　　　『민족문학사연구』.

권성우. 2009.「재일 디아스포라 여성소설에 나타난 우울증의 양상-고 이양지의
　　　작품을 중심으로-」『한민족문화연구 第30輯』.

김영화. 1998.「재일 제주인의 세계-양석일의『피와 뼈』」『탐라문화』19권, 제주
　　　대 탐라문화연구소.

김환기. 2009.「재일 디아스포라 문학의 ‘혼종성’과 세계문학으로서의 가치」『日
　　　本學報第78輯』.

김환기. 2011.「재일 코리언 문학과 디아스포라-이회성의『流域』을 중심으로-」『일
　　　본학 제32집』.

김종회편. 2003.『한민족 문화권의 문학』국학자료원.

이영미. 2005.「가네시로 가즈키의 ≪고(GO)≫에 나타난 ‘국적(國籍)’의 역사적 의
　　　미」『현대소설연구 37』.

이한창. 1996.『재일 교포문학의 작품성향 연구-정치의식 변화를 중심으로』중앙
　　　대학교박사학위논문.

이회성. 2007.『나의 삶, 나의 문학』동국대 문화학술원.

유미리. 2004. 김남주 옮김『8월의 저편』동아일보사.

윤인진. 2005. 『코리안 디아스포라』 고려대학교출판부.

전북대학교재일동포연구소편. 2008. 『재일 동포문학과 디아스포라 1』 제이앤씨.

장사선. 2010. 「재일한민족 소설에서의 폭력」 『현대소설 45』.

정형. 2009. 『일본 일본인 일본문화』 다락원.

하상일. 2009. 「해방 이후 재일 디아스포라 시문학의 역사와 의미」 『한국문학논총』 제51집, 한국문학회.

최정. 2010. 「재일 한국인 정의신 희곡 연구」 『韓國言語文學第74輯』.

허명숙. 2009. 「민족정체성 서사로서 재일동포 한국어 소설」 『현대소설 40』.